ROMANISTISCHE BEITRÄGE ZUR RECHTSGESCHICHTE

BEGRÜNDET VON

L. MITTEIS, J. PARTSCH, E. RABEL

UNTER MITWIRKUNG VON

P. KOSCHAKER, O. LENEL, F. PRINGSHEIM, F. SCHULZ,
H. SIBER, L. WENGER, M. WLASSAK, F. v. WOESS

HERAUSGEGEBEN VON

E. RABEL UND E. LEVY

FÜNFTES HEFT

BERLIN UND LEIPZIG 1932

WALTER DE GRUYTER & CO.

VORMALS G. J. GÖSCHEN'SCHE VERLAGSHANDLUNG — J. GUTTENTAG, VERLAGSBUCHHANDLUNG — GEORG REIMER — KARL J. TRÜBNER — VEIT & COMP.

PRÄTORISCHE BEREICHERUNGSKLAGEN

VON

DR. GEORG H. MAIER

BERLIN UND LEIPZIG 1932

WALTER DE GRUYTER & CO.

VORMALS G. J. GÖSCHEN'SCHE VERLAGSHANDLUNG — J. GUTTENTAG, VERLAGSBUCHHANDLUNG — GEORG REIMER — KARL J. TRÜBNER — VEIT & COMP.

Archiv-Nr. 24 18 32.

Vorbemerkung.

Meinem hochverehrten Lehrer, Herrn Geheimrat Rabel, verdanke ich die Anregung zur Untersuchung der Klagen auf id quod pervenit. Ihr ist der erste Teil dieser Arbeit gewidmet.

Daß ich diesem ersten einen zweiten und dritten Teil hinzugefügt habe, wird, wie ich hoffe, ihr Inhalt rechtfertigen.

Auf die nach Abschluß des Manuskripts erschienenen Bücher von Kaser (Restituere als Prozeßgegenstand) und v. Lübtow (Ediktstitel Quod metus causa) konnte überall noch kurz hingewiesen werden.

Die Abkürzungen folgen grundsätzlich dem System des Interpolationen-Index. Nur mit dem Namen der Verfasser sind jedoch zitiert:

Beseler Beiträge; De Francisci Azioni penali; Levy Privatstrafe; v. Lübtow Ediktstitel Quod metus causa; im zweiten Teil der Arbeit auch: Schulz Lehre vom erzwungenen Rechtsgeschäft (SZ. 43, 171 ff.).

Ferner bezeichnet:

Albertario RL. und Bull. (ohne Bandzahl) die Aufsätze in Rend. Lomb. 46 und Bull. 26; Schulz Diss. die Dissertation von F. Schulz (Breslau 1905) über die actiones in id quod pervenit.

Berlin-Grunewald, im Oktober 1932.

G. H. Maier.

Inhalt.

Seite

Zweiter Teil.

Dritter Teil.

§ 1.

Einleitung.

Die Aufgabe.

Ein noch heute beliebter Sprachgebrauch setzt Ansprüche auf ungerechtfertigte Bereicherung mit Kondiktionen gleich. Darin findet die geschichtliche Tatsache ihren Ausdruck, daß das jüngere gemeine Recht seinen allgemeinen Bereicherungsanspruch aus der römischen condictio und ihren justinianischen Verallgemeinerungen entwickelt hat. Die condictio war aber, wie niemand bezweifelt, im klassischen Recht kein allgemeiner und, wenn unsere (justinianischen) Quellen verläßlich sind, auch nicht der einzige, sondern lediglich der älteste und zu allen Zeiten wichtigste Bereicherungsanspruch. Um sie legt sich — immer die Reinheit des aus der Kompilation gewonnenen Bildes vorausgesetzt — ein reicher Kranz von zweckverwandten Klagen des prätorischen und des jüngeren Zivilrechts.

Sie entspringen den verschiedenartigsten Tatbeständen. Aus annalen Deliktsklagen lassen Prätor und Juristen den Täter nach Ablauf der Jahresfrist immer noch auf das haften, was aus dem Delikt an ihn gelangt ist. Nach Amtsrecht haftet auch der Erbe aus Delikten seiner Erblasser, der Gewalthaber aus solchen gewaltunterworfener Personen, beide in Höhe ihrer Bereicherung. Entsprechend haftet im Anschluß an ein Reskript des Kaisers Pius der Mündel aus Delikten des Vormundes. Eine Bereicherungshaftung aus (fremdem) Delikt finden wir auch bei der actio Fabiana und namentlich bei der actio quod metus causa gegen den gutgläubigen Erwerber erpreßter Gegenstände. Endlich gehören hierher die Haftung des Mündels aus nicht autorisierten Geschäften, die gleichfalls auf das Piusreskript zurückgeführt wird, die zivilrechtliche Verpflichtung des Ehegatten, der durch eine verbotswidrige Schenkung bereichert ist, und die des Ehemanns, der einen Dotalsklaven freigelassen, aus der lex Iulia de mar. ord.[1]).

[1]) S. unten S. 13.

Die gemeinrechtlichen Darstellungen haben diese und andere Fälle an ihrem Ort — bei den Eheschenkungen, der Erbenhaftung usw. — berücksichtigt, nicht aber zusammenfassend bei der Lehre von der ungerechtfertigten Bereicherung verwertet. Nur die Monographie von Witte[1]) macht eine Ausnahme. In neuerer Zeit hat F. Schulz in seiner (Breslauer) Dissertation[2]) die meisten hierher gehörigen Fälle gesammelt, den Namen Bereicherungsklagen aber bewußt vermieden. Als erster hat, soviel ich sehe, E. Levy[3]) unter der Bezeichnung „prätorische Bereicherungsklagen“[4]) die Hauptgruppen dieser Klagen zusammengefaßt, und von den Gesamtdarstellungen hat erst die Siber'sche[5]) neben die volksrechtliche condictio eine selbständige Gruppe dieses Namens gestellt.

Von Bereicherungsklagen darf man nun freilich — darin hat Schulz mit seinen Bedenken sicher recht — nur dann unbedenklich sprechen, wenn man sich vor Augen hält, daß der Anspruchsgrund ungerechtfertigter Erwerb sein kann, ohne daß das Anspruchsziel die beim Gegner noch vorhandene Bereicherung zu sein braucht. Jenes ist bei den „prätorischen Bereicherungsklagen“ durchweg, dieses nur in beschränktem Umfange der Fall. Allein der Satz des deutschen Bürgerlichen Gesetzbuchs, daß der Wegfall der Bereicherung den Anspruch ausschließt, ist mit unserer Vorstellung von Bereicherungsansprüchen nicht unzertrennlich verbunden[6]); er bildet auch heute nur die Regel. Seine rechtspolitisch anfechtbare[7]) Konsequenz, daß Untergang oder unwirtschaftliche Verwendung auch vertretbarer Sachen den Schuldner befreit, war im gemeinen Recht[8]) und noch bei der Beratung des Bürgerlichen Gesetzbuchs[9]) umstritten, und ist dem preußischen und dem französischen Recht, vor allem aber der klassischen condictio certi immer fremd geblieben[10]). Mit gleichem oder vielleicht sogar besserem Recht als bei dieser darf daher der bequeme und eingelebte Ausdruck auch für jene besonderen Klagen beibehalten

---

[1]) Die Bereicherungsklagen des gemeinen Rechts, 1859.

[2]) Die actiones in id quod pervenit und in quantum locupletior factus est, 1905; im Folgenden: Schulz Diss.

[3]) Privatstrafe und Schadensersatz 88 ff.; im Folgenden: Levy. — Über Albertario, der gleichfalls die meisten dieser Fälle als Bereicherungsklagen behandelt, s. unt. S. 3 f.

[4]) Mitteis SZ. 37, 333 findet den Ausdruck „etwas fremdartig“.

[5]) Röm. PrivR. 221 f.

[6]) Vgl. BGB. §§ 818 IV, 819 f.

[7]) Siber a. a. O. 220, 222.

[8]) Vgl. Windscheid § 424 Anm. 3.

[9]) Vgl. Prot. 2, 703 ff.

[10]) Rabel Grundz. 471 (§ 76 a. E.).

werden. Es empfiehlt sich dies umsomehr, als unsere Quellen dafür eine einheitliche oder auch nur eine feste Terminologie nicht erkennen lassen.

Id quod ad eum pervenit und quatenus locupletior factus est sind die beiden technischen Wendungen, mit denen die „Bereicherung" des Beklagten bezeichnet wird. Ihr Verhältnis zu einander ist nicht klar; bald werden beide für dieselbe Klage, also synonym, gebraucht [1], bald in interessanter Weise kombiniert [2]. Nur ein bestimmter Eindruck läßt sich gewinnen [3]: bei der Erbenhaftung kommt quod pervenit im Sprachgebrauch der Juristen überwiegend, in dem des Albums ausschließlich [4] zur Anwendung, während im gesamten Bereich des Piusreskripts und bei den Eheschenkungen quo locupletior factus est vorzuherrschen scheint. Ob sich ein sachlicher Unterschied hinter dem terminologischen verbirgt, ob insbesondere mit quo locupletior factus est die zur Zeit der Litiskontestation noch vorhandene, mit quod pervenit die überhaupt einmal eingetretene Bereicherung bezeichnet wird [5], das zu entscheiden ist bei dem Stand der Quellen für das justinianische Recht überhaupt nicht, für das klassische mindestens zur Zeit nicht möglich.

Zahlreiche Interpolationsvermutungen haben das ohnehin bunte Bild noch weiter kompliziert. Zuerst leugnete Beseler [6] die Bereicherungsklage gegen den Dritterwerber von erpreßtem Gut für das klassische Recht. Seine Lehre, zunächst wenig beachtet, wurde durch Schulz [7] vertieft und zu großem Ansehen [8] gebracht. Dann sprach De Francisci [9] die Bereicherungshaftung des Erben aus Delikten des Erblassers für die Mehrzahl der Anwendungsfälle und namentlich ihre Geltung als allgemeines Prinzip den Klassikern ab. Unabhängig von ihm kam Albertario [10] zu verwandten Ergebnissen: für ihn

---

[1] Vgl. z. B. D. 47, 8, 2, 27; D. 4, 3, 28 mit 26 und 27 eod.

[2] Vgl. D. 4, 3, 26: quatenus ad eum pervenerit, id est quatenus ex ea re locupletior ad eum hereditas venerit.

[3] Vgl. Schulz Diss. 12; Mitteis RPR. 109 N. 34; Levy 93 N. 5; Siber Röm. PrivR. 221 f., 237.

[4] Levy a. a. O., zustimmend Mitteis SZ. 37, 336.

[5] So Schulz Diss. 13 ff.; vgl. Rabel Grundz. 471 zu N. 3, Siber Röm. PrivR. 221 f.; 237.

[6] Beiträge 1, 74 ff.

[7] SZ. 43, insbes. 240 ff.

[8] Näheres s. unten S. 91 ff.

[9] Azioni penali ... (etc.); im Folgenden: De Francisci.

[10] Bull. 26, 90 ff. 94; 132 und besonders 247 ff.; im Folgenden: Albertario Bull.; vgl. Rend. Lomb. 46, 298 ff., 340 ff., 449 ff., 575 ff., 845 ff.; im Folgenden: Albertario RL.

ist die Bereicherungshaftung in allen ihren Erscheinungsformen — Alb. rechnet selbst die beschränkte Haftung des gutgläubigen Vindikationsbeklagten hierher — ein den Römern völlig unbekannter Gedanke der Spätzeit. Albertarios Anschauungen begegnen sich so mit denen Rotondis [1]), dem wir den Nachweis verdanken, daß eine (in der Kompilation nur gelegentlich zum Sieg gelangte) byzantinische Schulrichtung auch die Vertragshaftung des Erben auf die Bereicherung einzuschränken trachtete [2]).

Auch Albertario hat vielfach Beifall gefunden: Siber [3]) tritt ihm für das ganze Gebiet der Haftung auf quod locupletior factus est, De Francisci [4]) für die postannalen Klagen bei; seine Lehre von der Haftung des Erben auf simplum, die von beiden Forschern [5]) abgelehnt wird, hat wiederum die Zustimmung Solazzis [6]) und Bonfantes [7]) gewonnen. Andere Schriftsteller [8]) nehmen eine eklektische Haltung ein, ohne daß die Motive der Einzelentscheidung immer sichtbar werden [9]). — Gegen Albertarios weitreichende Bestrebungen hat es nicht an Reaktion gefehlt. Rabel [10]) lehnte sie sogleich kurz, aber entschieden ab. Nahezu gleichzeitig suchte E. Levy [11]) die Klassizität der „sekundären" Bereicherungsklagen (post annum und gegen den Erben) zu erweisen, wobei er — minder überzeugend — dem siegreich verteidigten Bestand klassischer actiones in id quod pervenit [12]) einen weiteren Anwendungsfall hinzufügte [13]). Später folgten mit ihrem Widerspruch Betti [14]), Wlassak [15]) und mit einigen Einschränkungen

---

[1]) Scr. giur. 2, 127 ff., 371 ff.

[2]) Die gegenseitige Ergänzung beider Thesen wird von Rotondi a. a. O. 409 N. 2 und Albertario Bull. 114 N. 1 hervorgehoben. Vgl. auch De Francisci 88 und Bonfante Ist.[8] 136 N. 1; corso 6, 129 N. 2.

[3]) Röm. PrivR. 221.

[4]) Synall. 2, 91 f.

[5]) a. a. O. (bei De Francisci S. 119 N. 2).

[6]) RL. 58, 310 N. 3.

[7]) Ist.[8] 136 N. 1; corso 6, 128 f.

[8]) Vgl. Arangio-Ruiz Ist.[2] 93 f.; Perozzi Ist.[2] 1, 875; 2, 92 N. 2, 383 N. 1; Krüger Nov. Suppl. zu D. 4, 2, 19; s. im einzelnen unten.

[9]) Dies gilt besonders von Perozzi ll. cc.

[10]) Grundz. 456 N. 5; 471 N. 3.

[11]) Privatstr. 88 ff.; ihm stimmen Mitteis SZ. 37, 336, Berger Grünh. Z. 42, 740, Thayer lex Aquilia 81 und anscheinend auch Beseler 4, 264 (vgl. aber auch SZ. 45, 546) zu.

[12]) Im Folgenden: i. i. qu. p.

[13]) Darüber vgl. unten S. 59 ff.

[14]) Rend. Lomb. 49, 230 ff., 244 N. 2, 247 N. 1.

[15]) Anklage 126 N. 5.

auch Lenel [1]) und Siber [2]). Eine eingehendere Widerlegung Albertarios, die Betti [3]) angekündigt hat, ist mir bisher nicht zu Gesicht gekommen — ebensowenig eine von De Francisci geplante [4]) Erörterung.

Die Unsicherheit in allem ist groß, besonders da, wo auch die Umgebung, in die sich die Bereicherungshaftung einzufügen hat, brüchig geworden ist. So liegt, wenn gewaltunterworfene Personen stehlen, rauben oder ihrem Ehegatten entwenden, das Verhältnis von Pekuliar-, Noxal- und Bereicherungshaftung des Gewalthabers im Chaos [5]); bei der Erbenhaftung spielt die Frage nach der Vererblichkeit einzelner Interdikte, bei den Eheschenkungen die Streitfrage über die condictio incerti herein. Eine erschöpfende Klarstellung aller genannten Probleme kann nicht die Aufgabe dieser Arbeit sein — schon deshalb nicht, weil sie für viele von ihnen wenigstens zur Zeit unmöglich sein wird. So ist z. B. gegenüber der „Legende" [6]) um das Reskript des Divus Pius kaum mehr zu erreichen als die Feststellung, daß eben eine solche Legendenbildung aus dem Nichts nicht recht plausibel ist [7]).

Für die sekundären Bereicherungsklagen aber, die aus Delikten und Interdiktstatbeständen nach Ablauf der Jahresfrist oder gegen den Erben erwachsen, und die zugleich wohl die wichtigste Gruppe unter den erwähnten Erscheinungen bilden, ist, wie ich glaube, ein in der Hauptsache sicheres Ergebnis zu erreichen. Wenn daneben dem Problem der Metusklage gegen den Dritten eine breitere Erörterung gewidmet wird, so scheint mir dies nicht nur durch die Eigenartigkeit der Figur und die Reichhaltigkeit des Materials gerechtfertigt; sehe ich recht, so hat diese Klage eine Schlüsselstellung für die Erkenntnis einiger Seiten des seit Levys grundlegenden Untersuchungen [8]) viel besprochenen [9]) Begriffs „restituere" und damit zugleich für die systematische Einordnung der pervenit-Haftung.

---

[1]) EP.³ 112; 466; vgl. aber auch 273.

[2]) Röm. PrivR. 221; 237; s. aber auch oben S. 4 N. 3.

[3]) a. a. O. 232 N. 1.

[4]) Synall. 2, 92 N. 1.

[5]) Vgl. D. 15, 1, 3, 12; 25, 2, 3, 4. 4. 5; C. 3, 41, 4 pr.; Rabel SZ. 46, 479 zu Betti Att. tor. 51, 1363 ff.; Levy Konk. 1, 437 ff.; Biondi actiones noxales 104 ff.

[6]) Siber Röm. PrivR. 222.

[7]) In gleichem Sinne schon Rabel Grundz. 471 N. 3.

[8]) SZ. 36, 31 ff.

[9]) Neuestens Kaser Restituere als Prozeßgegenstand, München 1932 (s. Vorbem.).

Erster Teil.

Bereicherungsklagen aus Delikten post annum und gegen den Erben.

1. Kapitel.

Grundlagen.

§ 2.

Unvererblichkeit der Deliktsklagen und Bereicherungshaftung des Erben aus Delikten.

1. Unverbrüchlich gilt in der ganzen klassischen Zeit der alte Satz, daß Strafklagen auf der Seite des Täters nicht vererblich sind: die Rache wird durch den Tod des Schuldigen vereitelt. Ein Vorbehalt für die auf die Bereicherung beschränkte Haftung wird diesem Satz nirgends hinzugefügt. De Francisci [1]) folgert daraus unter dem Beifall Albertarios [2]), daß der Erbe aus Delikten des Erblassers überhaupt nicht, also auch nicht in Höhe seiner Bereicherung in Anspruch genommen werden dürfe. Stellen, die von einer Bereicherungshaftung des Erben sprechen, hält er für justinianische Neuschöpfungen — oder er sucht sie auf die condictio und andere Zivilklagen zu beziehen. Nur für wenige, freilich gerade für die wichtigsten Fälle läßt De Francisci [3]) im Ergebnis die Bereicherungshaftung des Erben zu, aber diese wird nicht durch die quantitativ beschränkte Strafklage, sondern durch eine b e s o n d e r e actio in factum vermittelt. Dieser Unterscheidung legt er — ebenso wie anscheinend Rotondi [4]) — fundamentale Bedeutung bei.

---

[1]) S. 12 ff.; s. auch S. 70, 73, wo De F. die Erbenklage aus Sachbeschädigung und Aufruhr mit eben dieser Begründung leugnet.

[2]) Bull. 92.

[3]) 82 ff. (dolus und metus). Daß das depositum nicht hierhergehört, hat De Francisci später (Synall. 2, 92) auf die Einwendungen Albertarios (RL. 452) hin selbst stillschweigend zugegeben.

[4]) Bull. 26, 189 N.; vgl. Betti Rend. Lomb. 49, 242 N. 3 und passim. Siber Röm. PrivR. 221, 234, 236.

Gegen ihn hat E. Levy unter Zustimmung von Mitteis [1]) treffend eingewandt, daß die Bereicherungsklage gegen den Erben von der Strafklage gegen den Erblasser auch dann grundverschieden ist, wenn ihre Formel sich von der Deliktsformel nur durch einen Zusatz in der condemnatio unterscheidet. Die actio poenalis als solche blieb unvererblich; eine Klage, die dem Erben grundsätzlich nicht Mehr nahm, als er ohne Grund hatte, konnte nicht als Strafklage und daher auch nicht als Ausnahme von dem Dogma der Unvererblichkeit gelten. Selbst wo man diesen Grundsatz aufstellte, hatte man also keinen Anlaß, auf sie hinzuweisen. Blieb doch selbst die ältere und wichtigere, mindestens in historischer Zeit stets auch gegen den Erben zulässige [2]) condictio furtiva unerwähnt [3]), obwohl diese eine Bereicherung bei dem Erben überhaupt nicht voraussetzte und deshalb noch eher als Strafklage hätte erscheinen können.

2. Die Bereicherungshaftung konnte aber in den uns erhaltenen Fragmenten wahrscheinlich schon deshalb beiseite bleiben, weil diese den Satz von der Unvererblichkeit aller Strafklagen zwar voraussetzen und anwenden [4]), aber gar nicht ausdrücklich aufstellen. In Betracht kommen überhaupt nur fünf Fragmente: Gai. Inst. 4, 112; I. 4, 12, 1; Gai. D. 50, 17, 111, 1; Ulp. D. 47, 1, 1 pr.; Paul. D. 48, 19, 20. Davon bezieht sich die letzte auf öffentliches Recht [5]), während die Institutionenstelle eine wörtliche, das Gaiusfragment aus den Digesten eine freie Wiederholung der ersten Stelle ist:

> Est certissima iuris regula ex maleficiis poenales actiones in heredem nec competere nec dari solere, velut furti, vi bonorum raptorum, iniuriarum, damni iniuriae.

Wären maleficia bei den Klassikern immer nur die vier bekannten Hauptdelikte, wie Albertario [6]) annimmt, so wäre gewiß und offenkundig, daß Gaius keinen allgemeinen Satz von der Unvererblichkeit a l l e r Deliktsklagen aufstellen wollte. Albertarios Meinung läßt sich

---

[1]) Levy 89 N. 6, 98 ff., 106 ff.; vgl. auch Betti a. a. O. 248; Mitteis SZ. 37, 336.

[2]) Stellen bei Levy Konk. 1, 282 N. 2.

[3]) Dabei wird in den Hauptbelegsstellen für den Unvererblichkeitssatz (s. unten) die unvererbliche a c t i o furti besonders genannt.

[4]) Eine Auswahl dieser Stellen gibt Korošec Erbenhaftung 3 N. 1; 4 N. 2.

[5]) Bonfante corso 6, 127.

[6]) Riv. dir. comm. 23 (1921) 1, 500; Stud. Perozzi 223 ff. A. meint offenbar stets die vier Delikte, wenn er auch manchmal (ungenau; vgl. Levy SZ. 46, 416) von zivilen Delikten spricht.

nicht halten[1]; aber daß Gaius in 4, 112 nur an jene vier Delikte denkt, ist wenn nicht sicher[2], so doch wahrscheinlich.

Kein Gewicht hat der Einwand, den Segrè[3] schon gegen Albertario erhoben hat: daß Gaius unerträglich unvollständig wäre, wenn er nur von den vier Delikten aussprach, was von allen galt. Denn auf Vollständigkeit legt Gaius überall keinen Wert, und mindestens bei den Obligationen hat seine Unvollständigkeit Methode: was nicht zu den markanten Erscheinungen gehört, die von den ersten theoretischen Zusammenfassungen ergriffen wurden[4], bleibt auch bei Gaius unberücksichtigt. Neben alten Zivilklagen werden so namentlich die Schöpfungen des Amtsrechts ignoriert. Prätorische Klagen, die dennoch ausnahmsweise Aufnahme in den Katalog oder bei Gaius beiläufige Erwähnung gefunden haben, verdanken dies ihrer Verwandtschaft mit altzivilen Instituten; so die actiones furti manifesti, iniuriarum, in factum ad exemplum legis Aquiliae und vor allen die Raubklage. Betrug und Erpressung, deren Ahndung durch den Praetor kaum jünger[5] ist als die des Raubes, fehlen unter den Verpflichtungsgründen[6] bei Gaius durchweg — eben weil sie nicht in den Standardkatalog gelangt sind. Wie konsequent Gaius diese Linie einhält, zeigt am verblüffendsten seine Aufzählung der infamierenden Klagen, die dem Edikt de postulando (D. 3, 2, 1) wortgetreu folgt und unter neun Klagen allein die actio de dolo ausläßt[7]. Die Lücke ist umso bezeichnender, als diese Klage bereits in der Tafel von Heraklea (111) unter den Infamiefällen erscheint[8], während die von Gaius mit angeführte Raubklage dort noch fehlt[9]. Man müßte umgekehrt nach Gründen

---

[1] Gegen ihn Levy SZ. a. a. O. und 51, 554; Segrè, Stud. Bonfante 3, 563 N. 183.

[2] Für sicher scheint es Perozzi Ist.[2] 2, 91 zu halten.

[3] a. a. O.

[4] Marchi, Obbl. rom. 36; Rabel Grundz. 407.

[5] Vgl. auch unten S. 152 N. 4.

[6] Anders bei den Einreden 4, 117. 121 (wegen der Echtheit s. u. S. 102); ähnlich wird das Geldkonstitut nur bei der restipulatio dimidiae partis erwähnt.

[7] 4, 182; von Albertario Riv. dir. comm. 23 (1921) 1, 505 richtig beobachtet; gegen die weitgehenden Folgerungen, die er daraus zieht, vgl. Segrè Stud. Bonfante 3, 510 N. 31; Segrès eigne Erklärung, Gaius wolle hier unvollständig sein und bringe das durch sein velut zum Ausdruck, befriedigt auch nicht; vgl. auch unten S. 9 N. 1.

[8] Segrè a. a. O.; freilich wohl in einem späteren Zusatz: Gradenwitz Gemeindeord. v. Heraklea 17.

[9] Über die Gründe, aus denen sie fehlt, vgl. Pernice Labeo 1, 249; anders Kübler SZ. 28, 413 und Mitteis SZ. 33, 163; noch anders Karlowa RG. 2, 1341. — Die Lücken des Gaius sind also hier wenigstens nicht aus dem hohen Alter seines Systems zu erklären (dazu Kübler RE. s. v. Gaius 7, 497, gegen Krüger

suchen [1]), die uns zu der Annahme berechtigten, daß Gaius hier den „alt anerkannten" Satz auch auf jüngere, von ihm sonst so planmäßig ignorierte Gebilde bezog. Solche sind nicht dargetan. Allerdings scheidet er in 4, 110 f. zivilrechtliche Aktionen von solchen, die ex iurisdictione praetoris proficiscuntur, und in § 112 competere und dari solere. Aber beides ist auch unter den vier Hauptklagen am Platz, wie er ja auch in 4, 76 als zivile Noxalfälle furtum und Sachbeschädigung, als amtsrechtliche iniuria und Raub nennt. Und wenn er in 4, 112 als aktiv unvererblich die Injurienklage et si qua alia similis inveniatur actio [2]) anführt, so liegt darin wohl ein Hinweis auf prätorische Klagen, zugleich aber auch die Erklärung, sich mit dergleichen nicht weiter abgeben zu wollen. Es bleibt also mindestens wahrscheinlich, daß Gaius den Satz von der Unvererblichkeit nur für die vier kanonischen Delikte ausspricht.

Nur von ihnen wird auch der letzte allgemeine Quellenbeleg zu verstehen sein, D. 47, 1, 1 pr. (Ulp. ad Sab.):

Civilis constitutio est poenalibus actionibus heredes non teneri [—]: idcirco nec furti conveniri possunt.

Selbst wenn man hier mit Beseler [3]) civilis constitutio streicht, spricht doch der Ursprung aus Ulpians Sabinuskommentar (oder von Sabinus selbst?) [4]) entschieden dafür, daß es sich um eine für die zivilrechtlichen Klagen geformte Regel handelt.

Allgemein ausgesprochen wird das Prinzip der Unvererblichkeit der Strafklagen also nirgends. Wo es aber nur für die vier Hauptdelikte formuliert wird, wäre es nicht nur überflüssig, sondern sinnlos gewesen, einen Hinweis auf die Erbenhaftung i. i. qu. p. daranzuknüpfen. Das wird sich erweisen, sobald wir den Geltungsbereich dieser Haftung näher untersuchen [5]).

Quellen, 2. Aufl., 210 N. 57). Aber auch die von Kübler a. a. O. betonte Rücksicht auf den Anfänger erklärt für sich allein solche Auslassungen nicht. Das Richtige wird eine Kombination beider Gesichtspunkte sein: es war pädagogisch, sich an das historisch gegebene, von Anfang an lückenhafte und nur in Einzelheiten ergänzte System zu halten — und wegzulassen, was nicht zu diesem gehörte.

[1]) Levy a. a. O. und Segrè a. a. O. (510 N. 31; 563 N. 183) betonen, daß Gaius poenales actiones v e l u t ... sagt; aber velut zeigt nicht immer Unvollständigkeit der Aufzählung an (vgl. Wlassak SZ. 33, 121 N. 3 mit Stellen) und leitet z. B. in Gai. 4, 182 die Liste der infamierenden iudicia, nicht auch die der pacta ein, obwohl beide den dolus (und nur diesen) auslassen.

[2]) Von Albertario a. a. O. ohne Not verdächtigt.

[3]) 1, 43; vgl. dazu Bonfante corso 6, 127.

[4]) Lenel Paling. äußert zu der Stelle keine dahingehende Vermutung, ebensowenig Schulz Sabinusfragmente.

[5]) Vgl. unten S. 25 ff.

§ 3.

Bereicherungsklage und actio in simplum.

1. Albertario sieht in der Bereicherungsklage, die er — radikaler als De Francisci — den Klassikern auf allen Gebieten abspricht, einen „neuen, großen, fundamentalen Gedanken" der Byzantiner [1]). An die Stelle der postannalen [2]) und der gegen den Erben gerichteten Bereicherungsklagen setzt er im klassischen Recht eine actio in factum, die auf das simplum geht und deren nicht pönalen Charakter er stark betont. Während also der Erbe nach De Francisci in der Regel mit einer Haftung auch nur auf seine Bereicherung verschont blieb, schuldete er nach Albertario sogar Schadensersatz; während die justinianische Reform für De Francisci in einer Ausweitung über die klassischen Grenzen hinaus bestand, führte sie nach Albertario umgekehrt zu einer Beschränkung der ursprünglichen Haftung, zur Ersetzung der Schadensersatz- durch die Bereicherungsidee [3]). Wie groß Albertario sich das Anwendungsgebiet dieser Haftung denkt, ob er eine solche vom Vorhandensein einer Bereicherung unabhängige [4]) Klage z. B. auch bei Sachbeschädigung und Ehrverletzung annehmen will, ist schwer zu sagen; nach seinen zeitlich letzten Äußerungen haben wir es jedenfalls mit einem „principio generale" [5]), dem gegenüber das Versagen der actio in D. 47, 8, 2, 27 (nach Albertarios Rekonstruktion [6]) einer actio auf das simplum) als Ausnahme erscheint.

2. Soweit sich im Folgenden die Klassizität der pervenit-Haftung ergibt, widerlegt sich die Lehre Albertarios von selbst. Allgemeine Erwägungen empfehlen sie nicht: wie De Francisci unter Albertarios Beifall aus der Unvererblichkeit der Strafklagen die Unmöglichkeit einer Bereicherungshaftung des Erben folgern wollte, so läßt sich mit sehr viel größerem Recht behaupten, daß eine annale Klage regelmäßig nicht mehr annal, eine Strafklage nicht mehr unvererblich sein

---

[1]) Vgl. Bull. 94. 132.

[2]) Insoweit zustimmend De Francisci Synall. 2, 92.

[3]) Wie Alb. auch Bonfante Ist. (8. A.) 136 N. 1; corso 6, 128 f.; Solazzi Rend. Lomb. 58, 310 N. 3. — Diesen Unterschied zwischen Alb. und De Francisci übersieht Perozzi Ist ^{2} 2, 92 N. 2; 383 N. 1, wenn er beide Schriftsteller zusammen nennt — das eine Mal ablehnend, das zweite Mal, um ihnen zuzustimmen.

[4]) Und deshalb durch das unten S. 27 ff. Gesagte nicht betroffene.

[5]) RL. 301, 451 f.; Bull. 130 vgl. 112 N. 1: „Il dir. class. contro gli eredi che non potevano essere convenuti coll'azione penale accordava un a. in f."

[6]) Bull. 112 N. 1; vgl. dazu unten S. 26.

würde, wenn nach Jahresfrist oder gegen die Erben eine Haftung in der vollen Höhe des simplum fortbestünde. Da die Formel dieser „sekundären" Klagen in engster Anlehnung an die Hauptformel gebildet wurde [1]), würde sich etwa eine postannale actio in simplum aus Betrug durch nichts von der annalen Hauptklage abheben [2]); sie würde notwendig auch Strafklage sein, und die ganze Befristung würde sinnlos [3]). Selbst wenn aber eine solche actio in simplum im Sinne Albertarios möglich wäre, würde doch ihr Unterschied von der Hauptklage in den meisten Fällen fast bedeutungslos sein [4]).

Der Quellenstand ist Albertario nicht günstig: eine sekundäre, nicht pönale Klage auf das simplum ist nirgends überliefert. Die drei postannalen Klagen aus Raub, Erpressung und Aufruhr, auf die Albertario sich beruft [5]), sind weder sekundär noch sachverfolgend: sie werden nicht in Anhangsedikten, sondern im selben Edikt wie die Hauptklage verheißen; und sie sind — damit zusammenhängend [6]) — echte Strafklagen [7]). Wenn aber, worauf Albertario weiterhin verweist, in den Fällen der Nothinterlegung für den Dolus des Verwahrers auch der Erbe in Höhe des simplum haftete, so wird das seine besonderen Gründe gehabt haben: nachdem das gewöhnliche Depositum ins Zivilrecht rezipiert und mit einer — natürlich vererblichen [8]) — b.-f.-Klage ausgerüstet war, mußte unter ihrem Einfluß auch die formula in factum aus Nothinterlegung gegen den Erben zulässig werden [9]). Übrigens ging auch hier nicht eine neue, sondern d i e formula depositi gegen den Erben [10]). — Schließlich darf man fragen, warum die Kompilatoren — wenn s i e die Urheber der Bereicherungshaftung gewesen wären — doch eine beträchtliche Zahl von actiones in simplum hätten stehen lassen [11]).

---

[1]) Vgl. unten S. 88 ff.

[2]) So offenbar auch Lenel EP.[3] 114 N. 16.

[3]) Besonders wird dies zum Bewußtsein gebracht, wenn De Francisci Synall. 2, 92 mit Alb. eine postannale actio de dolo auf simplum annimmt und in D. 4, 3, 28 id quod-esset durch simplum ersetzt mit der Begründung: da auch die Dolusklage eine actio in factum gewesen sei, habe man hier zur Unterscheidung die Richtung auf das simplum betonen müssen.

[4]) So auch Siber Röm. PrivR. 237 N. 13.

[5]) RL. 452, 457; Bull. 130.

[6]) Vgl. Levy 143.

[7]) Vgl. unten S. 33. 59.

[8]) Vgl. Rotondi Scr. giur. 2, 49. 123.

[9]) Levy 144; s. aber auch Rotondi a. a. O. 122 ff.

[10]) Anders wohl auch nicht Levy, der hier zwar von einer besonderen Klage spricht, zugleich aber wie sonst die Einheit des Edikts betont.

[11]) Über das System, das sie dabei befolgt haben müßten, vgl. unten S. 33 f.

3. Entscheidenden Wert legt Albertario einem Ulpianfragment bei, D. 44, 7, 35 pr.:

> honorariae (actiones) autem, quae post annum non dantur, nec in heredem dandae sunt, ut tamen lucrum ei extorqueatur, sicut fit in actione doli mali et interdicto unde vi et similibus.

Der Schluß von ut tamen ab ist ohne Zweifel nicht von Ulpian geschrieben. Extorquere (erpressen) konnte ein Klassiker nie von obrigkeitlichem Einschreiten sagen. Albertario, dem wir diesen Nachweis [1]) verdanken, zieht daraus aber den Schluß, daß die Bereicherungshaftung überall — auch in den besonders hervorgehobenen Fällen der actio de dolo und des Interdikts unde vi — justinianisch sein müsse. Die sichere Interpolation der lex 35 pr. wird ihm zum „argomento fondamentale per ritenere l'alterazione ovunque si trovi la responsabilità dell' erede" [2]), und auf sie verweist er wiederholt [3]) als auf den Beweis schlechthin. — Solche Schlußfolgerung wäre auch dann unzulässig, wenn der Satz von ut tamen ab Wort für Wort den Kompilatoren gehörte. In Wahrheit wird er kaum mehr sein als eine „ungeschickte Verkürzung" [4]); denn die beiden Beispiele könnten nicht besser gewählt sein — vielleicht [5]), weil sie im Gegensatz zu anderen im Album selbst geregelt waren, und sicher, weil für sie das Material am reichsten und daher auch anscheinend das Interesse der Juristen am lebhaftesten ist.

Albertarios Nachweis der Interpolation in lex 35. pr. enthebt uns also nicht einer Prüfung des übrigen Materials.

§ 4.

Die pervenit-Haftung des Zivilrechts; ihre Verwandtschaft mit der des Amtsrechts.

1. Gegenüber einer Lehre, die die Haftung auf id quod pervenit ganz aus dem klassischen Recht verbannen will, ist auf eine große Anzahl von Fällen hinzuweisen, in denen die Gesetzes- und Formularsprache der klassischen oder gar der republikanischen Zeit diesen Begriff oder doch den des pervenire verwendet. F. Schulz [6]) hat diese

[1]) SZ. 32, 313 f.; zustimmend De Francisci 16; Levy 112 N. 7 (113); Lenel EP.[3] 112. 466; Siber Röm. PrivR. 227.

[2]) RL. 302, vgl. auch 450.

[3]) RL. 450, 454; Bull. 91, 115 f.

[4]) Levy 112 N. 7, 92 N. 1.

[5]) Levy 112 N. 7 (113); Lenel EP.[3] 466 und 114; s. jedoch auch unten S. 84 ff.

[6]) Diss. 10 f.

Fälle großenteils gesammelt. Neben der viel erörterten[1]) Bestimmung der leges de repetundis, zuletzt der lex Iulia, wonach u. U. ein Verfahren gegen denjenigen möglich war, quo ea pecunia pervenit[2]), sind zu nennen:

der servilische Ackergesetzentwurf (64 v. Chr.) sah eine Bestimmung vor[3]):

> quod ad quemque p e r v e n i t p e r v e n e r i t ex praeda ..., quod ... neque in aerarium relatum sit, id ad decemviros referri;

das Stadtrecht von Malaca (c. 67) ordnete an:

> ad quem pecunia communis municipum eiius municipi p e r v e n e r i t ... in diebus XXX proximis, quibus ea pecunia ad eum p e r v e n e r i t, in publicum municipum eiius municipi eam referto;

die Kaution der Munizipalmagistrate lautete in Tarent[4]):

> quae pequnia publica ... ad se in suo magistratu p e r v e n e r i t, eam pequniam ... salvam recte esse futuram;

der Ehemann, der einen Dotalsklaven freigelassen hat, haftete nach der lex Iulia (de mar. ord.)[5]) mit einer besonderen actio[6]) dahin[7]):

> quod ad eum p e r v e n i t aut dolo malo fecit, quo minus p e r v e n i a t ... quanta pecunia erit, tantam pecuniam dato;

der Erbschaftskäufer stipulierte beim Erbschaftskauf[8]):

> quanta pecunia ad te p e r v e n e r i t dolove malo tuo factum est eritve, quo minus p e r v e n i a t;

---

[1]) Mommsen Strafr. 731 f.; Schulz Diss. 1 f.; Mitteis RPR. 109; Levy 89 f.; s. auch unten S. 156 ff.

[2]) quo und nicht ad quos (so Schulz a. a. O.) lautete das Gesetz; vgl. die Stellen bei Mommsen Strafr. 731 N. 6.

[3]) Cic. leg. agr. 1, 12 (etwas anders und wohl ungenau 2, 59); vgl. Schulz Diss. 1 N. 1.

[4]) Lex Tar. 10 f., 17; vgl. dazu Mommsen jur. Schr. 1, 156. 312.

[5]) Schulz Diss. 10; D. 24, 3, 61. 63. 64; 48, 10, 14, 2. Die letzte spricht von consequi ex lege Iulia, während nach den übrigen auch die lex Papia (wo das Erbrecht des Patrons geregelt ist, vgl. Jörs Lex Iulia 53) in Betracht käme. Der Zusammenhang in der lex Iulia ist dunkel — ebenso die Bedeutung der Zustimmung der Frau (64 pr. cit.) und das Verhältnis zur actio rei uxoriae, bei der Ulpian D. 24, 3, 24, 4. 62 Rechtssätze erörtert, die ohne Frage auf die lex zurückgehen. Wahrscheinlich bewirkte diese auch eine Ausdehnung (Jörs a. a. O. 19) der Dotalklage; ebenso anscheinend Buckland Slavery 584; Bonfante corso 1, 356 N. 6; vgl. auch Leist b. Glück 37/38 Bd. 4, 452 ff.; Lenel Pal. 1, 834 N. 9.

[6]) D. 24, 3, 65; vgl. Lenel Pal. 2, 283 N. 1; aber auch vor. Note.

[7]) D. 24, 3, 64, 6. 7. 10; dazu § 9 eod. (aestimationem — non ipsam hereditatem); trotzdem bezeichnen die Juristen die Verpflichtung des Ehemanns durch restituere (s. die in N. 5 genannten Stellen).

[8]) D. 45, 1, 50, 1; 50, 16, 97; vgl. Gaius 2, 252; D. 15, 1, 37 pr.; 18, 4, 2, 3 ff.; Schulz a. a. O.

das ädilizische Edikt[1]) und vermutlich[2]) auch die Wandlungsklage setzten u. a. voraus:

> sive quid ex ea re fructus p e r v e n e r i t ad emptorem ... restituat (pervenit ad A^m A^m ... restituetur);

der Verkäufer, dem der verkaufte Sklave redhibiert wurde, konnte eine Kaution verlangen, die sachlich und formular mit der des Erbschaftskäufers aufs engste übereinstimmt[3]):

> si quid ex eo quod egerit (sc. servi nomine), ad eum p e r v e n e r i t dolove malo[4]) eius factum sit, quo minus p e r v e n i r e t;

der Erblasser, der ein Universalfideikommiß anordnete, schrieb[5]):

> quidquid ad te ex hereditate mea p e r v e n e r i t, restituas;

das SC. Iuventianum verpflichtete die Erbschaftsbesitzer[6])

> pretia, quae ad eos rerum ex hereditate venditarum p e r v e n i s s e n t ... restituere;

das Edikt: Si is qui testamento liber esse iussus (Lenel § 135) bestrafte den testamentarisch Freigelassenen[7]):

> si dolo malo eius factum esse dicetur, quo minus ex his (sc. testatoris) bonis ad heredem aliquid p e r v e n i r e t;

und das fabianische Edikt wandte sich[8]) u. a. gegen ein:

> dolo malo liberti ... factum, quo minus quam pars debita bonorum ad eorum quem p e r v e n i a t, qui ...

2. Jene erstgenannte Klausel der Repetundengesetze nötigt zu der Frage, a n w e n bestimmte Vermögensgegenstände gekommen sind; sie macht die Passivlegitimation von der Tatsache des pervenit, nicht aber die Höhe der Haftung von der Höhe des pervenit abhängig. In ähnlicher Bedeutung finden wir pervenire mitunter in der Kondiktionenlehre verwandt[9]). Im Gegensatz dazu[10]) gehen die übrigen Belegstellen von dem Vermögen einer bestimmten Person aus; sie fragen, w o h e r

---

[1]) D. 21, 1, 1, 1.

[2]) Lenel EP.[3] 559, vgl. unten S. 16 N. 4.

[3]) Wie auch umgekehrt die Indemnitätsstipulation des wandelnden Sklavenkäufers mit der des Erbschaftsverkäufers, vgl. D. 21, 1, 21, 2. 30 pr. mit Gaius 2, 252.

[4]) L. 21, 2 cit. fährt fort: vel culpa, doch ist dies wahrscheinlich wie die culpa in 23, 9 eod. (Lenel EP.[3] 559 N. 7) itp.; vgl. auch unten S. 16 N. 4.

[5]) D. 32, 41, 14 und sonst; Schulz a. a. O.

[6]) D. 5, 3, 20, 6 b.

[7]) D. 47, 4, 1 pr.

[8]) D. 38, 5, 1 pr.; Lenel EP.[3] 352.

[9]) Z. B. in D. 12, 1, 19, 1. 32.

[10]) Beide Bedeutungen stellt schon Levy 91 N. 1 im Hinblick auf D. 4, 2, 14, 5 einander gegenüber.

seine einzelnen Stücke kommen, welche von ihnen aus einem bestimmten Anlaß erworben sind. Es kommt nicht auf das Ob?, sondern auf das Was? oder das Wieviel? an — und gerade diese Fragestellung schreibt nach unseren Quellen auch der Prätor vor, wenn er z. B. die Haftung des Erben auf das beschränkt, was an ihn aus dem Delikt des Erblassers gelangt ist.

In den meisten von den angeführten Stellen [1]) wird aber pervenire in noch engerem, geradezu technischem Sinn verwendet, um auszudrücken, was vom gegenwärtigen Vermögen einer Person durch Erbgang, aus einer bestimmten Erbschaft, an sie gelangt ist. In derselben Bedeutung steht pervenire auch bei Cicero in seiner berühmten Definition der hereditas:

> pecunia quae morte alicuius ad quempiam pervenit iure (Top. 29) [2]),

und sonst oft, zum Teil — besonders charakteristisch — in bildlichem [3]), immer aber in prägnantem Sinn [4]). Wenn daher nach der justinianischen Überlieferung der Prätor aus einer Anzahl von Tatbeständen die Haftung des Beklagten danach bemißt, was aus diesen Tatbeständen durch Erbgang an ihn gelangt ist, und wenn diese Höhe durch id quod ad eum pervenit bezeichnet wird, so steht jedenfalls diese Terminologie in vollem Einklang mit einem festen Gebrauch der Legal- und Juristensprache.

3. Die Übereinstimmung reicht aber noch weiter: die Feststellung, was aus einem bestimmten Anlaß einer Person erworben ist, ist naturgemäß vor allem dann von Interesse, wenn der ganze Erwerb an einen Anderen herauszugeben ist, insbesondere wenn er den Gegenstand einer restituere-Pflicht [5]) bildet. In den meisten unserer Fälle [6]) handelt es sich um solche Verpflichtungen. Das Objekt aber, dessen Restitution vom Schuldner verlangt wird, ist eben das, was an ihn pervenit; restituere und quod pervenit sind also dort korrespondierende Begriffe, Inhalt und Gegenstand eines und desselben Anspruchs auf

---

[1]) Anders nur in den leges Tarent. und Malacit., im servilischen Entwurf und in der Kaution des wandelnden Sklavenkäufers.

[2]) Vgl. auch Alf. D. 48, 22, 3.

[3]) Z. B. off. 3, 74; Murena 66.

[4]) Vgl. Caec. 74; Quint. 38; vgl. auch Verr. II, 1, 123.

[5]) Dazu eingehend Levy SZ. 36, 31 ff., vgl. auch unten S. 160 ff.

[6]) Außer bei den Repetundengesetzen, die überhaupt abseits von den übrigen Fällen stehen. Daß die lex Iulia nur eine Verpflichtung zum pecuniam dare begründet, verschlägt nichts; vgl. oben S. 13 N. 7.

restituere id quod ad eum pervenit [1]). Es ist schwerlich ein Zufall, daß unter den Bereicherungsklagen aus Delikten die älteste, sicherste und weitaus wichtigste Gruppe aus solchen Aktionen und Interdikten hervorgeht, die unzweifelhaft eine Restitutionspflicht erzeugen oder voraussetzen: die Dolus- und die Metus-Klage kraft ihrer Restitutionsklausel, die (restitutorischen) Interdikte kraft ihres „restituas". Freilich geht hier das restituere nicht nur, aber doch auch auf Rückstellung dessen, was der Täter hat; und insoweit ist die pervenit-Haftung des Erben nichts als die geradlinige Fortsetzung der Restitutionshaftung des Erblassers [2]).

4. Aus der obigen Zusammenstellung der zivilrechtlichen Fälle der pervenit-Haftung ist auch zu ersehen, wie auf das pervenit bei den Restitutionspflichten fast stereotyp ein dolove malo fecit (factum est) quominus perveniret (perveniat) folgt [3]). Dieselbe Ergänzung wird auch in der Praxis zum Iuventianum nicht gefehlt haben, ebensowenig wie in der redhibitorischen Formel, obwohl sie in beiden Fällen nicht überliefert ist [4]). Die beiden oben an letzter Stelle genannten Edikte (D. 38, 5, 1 pr.; 47, 4, 1 pr.) endlich treffen nur den, der dolo fecit quominus perveniret.

Im Bereich der prätorischen Klagen i. i. qu. p. kehrt nun die genannte Erweiterung zwar nicht überall, aber doch oft genug [5]) wieder: bei der Haftung des Erben aus der actio doli, dem Unde vi und dem Demolitorium, und bei der postannalen Klage aus dem fraudatorischen Interdikt, sowie nach der Kompilation bei der Haftung des Gewalthabers für die Tochter mit der actio rerum amotarum. Wer die zivilrechtlichen oder doch andern Gebieten angehörenden Fälle einer pervenit-Haftung mit ihrer ständigen Erstreckung auf dolus malus beachtet, und wer die postannale und Erbenhaftung i. i. qu. p. für klassisch

---

[1]) Wie sehr dieser formellen eine innerliche Korrelation entspricht, darüber vgl. unten S. 164 ff.

[2]) Alles weitere unten S. 160. 164 ff.

[3]) Vgl. auch Probus Einsidl. 15—17: DVMTFE., das man auf das seltene Interdikt de liberis ducendis bezieht (Lenel EP.[3] 488) und das vielleicht eher zu diesen doch zum Teil alltäglichen Stipulationen gehört; auch die Gegenstipulation (His) R(ebus) R(ecte) P(raestare) (vgl. D. 21, 1, 21, 2, wo Beseler SZ. 47, 369 his rebus ohne sichtbaren Grund streicht) ist bei Probus 58 vertreten.

[4]) Das vel culpa non pervenit des ädilizischen Edikts in D. 21, 1, 23, 9 ist itp. (s. oben S. 14 N. 4), vielleicht aber nur ein verkürztes dolo malo [vel culpa] fecit quo minus perveniret. Die Stipulationen (21, 2. 30 pr. eod.) haben diese Erweiterung in ganz parallelem Zusammenhang; daß das zugehörige Edikt sie nicht aufnahm, beweist jedenfalls nichts dagegen; vgl. unten S. 88.

[5]) Die einzelnen Belege werden an ihrem Ort vorgelegt werden.

hält, wird es nur als Zufall [1]) ansehen können, wenn die Erweiterung bei der Dolus-Klage gegen den Erben steht, bei der Metusklage aber nicht, wenn sie bei der postannalen actio aus dem fraudatorischen Interdikt und bei der Erbenklage aus dem Unde vi, aber nicht auch bei der Erbenklage aus dem Fraudatorium und der postannalen Klage unde vi [2]) überliefert ist. Eine absichtliche Unterscheidung zwischen den einzelnen Fällen wäre — wer immer der Urheber der ganzen Bereicherungshaftung sein mag — willkürlich und ohne jeden ersichtlichen Grund. —

In solchen Umrissen gesehen, steht also die von Albertario dem klassischen Recht streitig gemachte Bereicherungshaftung in engster Verwandtschaft mit einer stattlichen Reihe unzweifelhaft klassischer und sogar frühklassischer Gebilde. Die übereinstimmende Terminologie (pervenit), die gleiche Korrelation mit dem Begriff restituere, die parallele Ausdehnung auf arglistig verhindertes pervenire — wer Albertario zustimmen will, muß diese dreifache Verankerung im klassischen Recht für nichts achten.

Von ganz besonderer Bedeutung für die Echtheitsfrage ist aber der zuletzt genannte Punkt: die stehende Klausel

§ 5.

... dolove malo factum est, quo minus perveniret.

1. Dreimal — bei Paulus D. 4, 3, 27; 43, 16, 2 und bei Pomp. D. 25, 2, 4 — macht dieser Satz den einzigen Inhalt eines Fragments aus. Natürlich fordert er ein vorausgehendes pervenit, wie wir es in den Digesten finden, und wie es Lenel in seiner Palingenesie auch in allen drei Fällen ergänzt hat. Die Tatsache aber, daß die Kompilatoren ihren Text aus zwei Juristenfragmenten zusammensetzen, scheint ein zwingendes Argument dagegen, daß der Schluß des einen und das ganze zweite ihre freie Erfindung sind. Albertario [3]) streicht gleichwohl die drei Fragmente gänzlich und mit dem, was ihnen in der Kompilation als Anknüpfung dient. Er rechtfertigt diesen Schritt mit einer Lehre

[1]) a. M. wohl auch nicht Lenel EP.^{3} 114 N. 16.

[2]) Ubbelohde-Glück 1, 520 meint, eine Ausdehnung auf dolose Erwerbsvereitelung hätte hier die Einschränkung illusorisch gemacht. Das ist an sich nicht richtig (s. unten S. 132, 64) und nicht richtiger als sonst bei postannalen Klagen. Quellenbelege fehlen, da wir hier (vgl. unten S. 62, 71) nur ein Zitat des Edikts haben und das Edikt auch sonst die Erweiterung nicht aufgenommen haben wird (unten S. 88).

[3]) RL. 302. 304. 456; Bull. 118.

Longos [1]), die er übernimmt und ausbaut: die Kompilatoren „mußten" in ihren Zitaten abwechseln; sie „mußten" insbesondere auch regelmäßig Paulus benützen. In dieser Zwangslage sollen sie daher öfters, wo keine geeignete Paulusstelle gefunden, eine solche erfunden und die Inskription von benachbarten Fragmenten entlehnt haben. So wird ungeachtet der richtigen Inskription für Albertario jede kurze, in einen anderen Juristen eingeschaltete Stelle und insbesondere jede solche Stelle von Paulus — denn sein Name soll vor anderen mißbraucht worden sein — um ihrer Kürze willen verdächtig.

Das hat Levy [2]) mit Recht kritisiert. Wo wirklich einmal ein ganzes Fragment itp. ist, mag in einem ersten Entwurf des betr. Titels mehr und Echtes gestanden haben, das bei der endgültigen Redaktion fortfiel. Unvorstellbar ist, daß die Kompilatoren zahlreiche Inskriptionen und mit so großem Scharfsinn gefälscht haben sollten; da wo sie ausnahmsweise dergleichen versucht haben, wie in D. 3, 2, 1 [3]), war das Ergebnis kläglich genug. — Im Falle des Unde vi wäre überdies erschwerend hinzugekommen, daß im Titel 43, 16 unter 6 Paulusstellen das Buch 65 nur noch einmal, in lex 9, vertreten ist, und daß drei Fragmente aus anderen Büchern des Paulus dazwischenliegen [4]). Die beiden anderen Ein-Satz-Fragmente aber, deren Inskriptionen im selben Titel sich mehrfach wiederholen, können schon deshalb nicht von Tribonian stammen, weil sie an das Vorausgehende gar nicht unmittelbar anschließen: dieselbe Feder kann nicht (D. 25, 2, 3, 4 und 4) geschrieben haben: quatenus locupletior sit dolove .... perveniret oder (D. 4, 3, 26 f.) locupletior hereditas venerit dolove ... per venerit. — Den Ausschlag für die Echtheit der genannten und all der anderen Stellen, in denen die Dolusklausel vorkommt, gibt endlich die Erwägung, daß die Byzantiner diesen mustergültigen Satz von sich aus gar nicht zustandegebracht hätten.

2. Schon das altertümlich korrekte dolus m a l u s ist den Leuten Justinians nicht mehr mundrecht. So entschieden es in den republikanischen Gesetzen, in den Formeln und Edikten und selbst noch in den Institutionen des Gaius vorherrscht — in den Kaisererlassen ist

[1]) Bull. 15, 283 N. 1. 19, 139; zustimmend auch Rotondi Scr. giur. 2, 387.
[2]) S. 113.
[3]) Iulianus libro primo ad edictum; dazu Lenel EP.[3] 77 und SZ. 2, 56.
[4]) Die Stellen bei Longo a. a. O. weisen auch alle eine Inskription auf, die im selben Titel überwiegend oder ausschließlich vorkommt. Nur die von D. 4, 7, 5 (Paulus 11) steht in ihrem Titel allein, paßt aber auch gar nicht her. Wie wäre Tribonian gerade auf sie verfallen?

es durch das einfache dolus stark zurückgedrängt [1]). Grammatiker der Prinzipatszeit empfinden den Ausdruck als altertümlich [2]) und bemühen sich um seine Erklärung. In den Konstitutionen verschwindet dolus malus nach Diokletian vollständig und taucht erst bei Justinian wieder auf. Aber der Schluß wäre verfehlt, daß Justinians Historismus auch hier längst Abgestorbenes zu neuem Leben erweckt hätte. Denn abgesehen von der Codexrubrik de dolo malo, die aus dem Theodosianus (2, 15) und mittelbar aus dem Edikt stammt, hat auch Justinian nur 5mal dolus malus neben 14mal einfach dolus. Von den Konstitutionen mit dolus malus ist aber C. 2, 3, 29, 1 wörtlich dem Edikt de pactis nachgeschrieben; in C. 5, 13, 1, 7 [3]) steht der Ausdruck in einem Referat über den klassischen Rechtszustand, und C. 6, 49, 7, 1 b besteht aus Referat und Entscheidung einer klassischen Streitfrage; die stilistische Abhängigkeit von der Vorlage ist in allen drei Fällen deutlich. — In den Institutionen findet sich in den von Longo in seinem Vokabular [4]) verarbeiteten, vermutlich tribonianischen Partien dolus m a l u s dreimal: in I. 4, 18, 6 und 7, einer fast wörtlichen [5]) Wiedergabe von zwei republikanischen Gesetzen, und in I. 4, 6, 30 (exceptio!), wo über das rescriptum divi Marci berichtet wird. So bleibt eine einzige Stelle mit dolus malus, die aus Justinians Zeit stammt und nicht unmittelbar auf eine klassische Quelle zurückzuführen ist, C. 4, 21, 21, 2.

Aus alledem folgt natürlich nicht, daß in interpolierten Fragmenten dolus malus überhaupt nicht vorkommen dürfe. Wenn es schon in dem überarbeiteten klassischen Text stand, so konnte es dem Kompilator oder Glossator, der es vor Augen hatte, leicht unwillkürlich in die Feder fließen — genau wie es in den Codexstellen der Fall ist [6]).

3. Noch ungewöhnlicher wäre aber im Munde Justinians die Partikel ve. Ihre Geschichte innerhalb der juristischen Sprache und Literatur verläuft in einer Parallele zu einer Entwicklung, die auf dem Gebiet der allgemeinen Sprache und Literatur schon Jahrhunderte

[1]) Am häufigsten ist es hier in der Wendung exceptio doli mali.

[2]) Vgl. besonders Aelius Donatus zu Ter. Eun. 515 (dolo malo): ... aut ἀρχαισμὸς est, quia sic in duodecim tabulis a veteribus scriptum est...

[3]) Hier steht zweimal d. malus.

[4]) Bull. 10.

[5]) Vgl. Mommsen Strafrecht 86 N. 4 und zu § 6: D. 48, 9, 1; zu § 7: Paulus Sent. 5, 25, 1.

[6]) So möchte ich z. B. D. 14, 3, 17, 4 erklären, wo das zweite d. m. unecht (vgl. neuestens Schulz SZ. 50, 244), das erste aber sicher echt ist; ebenso vor allem D. 44, 7, 35 pr. (dazu oben S. 12).

früher zum Abschluß gekommen ist[1]). Ve steht — ähnlich wie que und wie dieses seit Urzeiten der lateinischen Sprache angehörend — in historischer Zeit deutlich auf dem Aussterbeetat. Die älteste Alternativpartikel, die gerade ursprünglich auch S ä t z e verbindet[2]), hat nur noch in festen oder doch typischen Wendungen einen Platz; sie verbindet fast nur noch einzelne Satzteile, ganze Sätze aber nur, wenn sie sich an eine Konjunktion oder ein Pronomen (quive, quidve, nive usw.) anhängt. Im übrigen ist sie durch aut und vel verdrängt[3]). Nur in der Gesetzes- und Amtssprache hat sich ve in der klassischen Zeit behauptet, wie am besten ein Blick in den Gradenwitzschen Index zu Bruns' Fontes zeigt. Daß es eben deshalb auch den Juristen geläufig bleibt, ist selbstverständlich. Wenn es nun seit Beginn der Kaiserzeit in der Volkssprache fehlt, und wenn, wie nicht zu bezweifeln, um die Wende des 3. Jahrhunderts mit der klassischen Rechtswissenschaft auch die klassische Rechtssprache zugrunde gegangen ist, so kann fast a priori gefolgert werden, daß auch die Partikel ve in der nachklassischen Zeit aus den Rechtsquellen verschwindet. Wie vollständig sie ihren jüngeren Konkurrentinnen das Feld überlassen mußte, zeigt schon eine rohe Statistik, die die Stellen lediglich zählt: im Veroneser Gaius lesen wir rund 170 mal ve, in dem Gaius von Autun 3 mal, in der Epitome gar nur 2 mal. In den Gesetzen und sonstigen Quellen, die bei Bruns gesammelt sind, steht es etwa 12 mal häufiger als vel — im Theodosianus ist das Verhältnis ziemlich genau das Umgekehrte. Im justinianischen Codex steht ve mehr als 160 mal — gegenüber einer etwa 20 fachen Zahl von vel; von den 160 Stellen aber entfallen wiederum nur drei auf Konstitutionen Justinians und 5 auf Titelrubriken.

Im Widerspruch damit scheint es zwar zu stehen, wenn von der Gesamtzahl der Codexstellen doch die Hauptmasse auf die Zeit nach Diokletian entfällt. Das Rätsel löst sich indessen einfach: die typischen Figuren, die sich in der nichtjuristischen Sprache am zähesten gehalten haben[4]), herrschen auch in diesen nachklassischen Konstitutionen ausschließlich vor; quive und aliusve, plus minusve, publicus privatusve, nepos neptisve, legatum fideicommissumve — in diesen und ähnlichen Wendungen lebt allein das alte ve noch fort. Das gilt

[1]) Über sie vgl. Stolz-Schmalz-Hofmann Lateinische Grammatik[5] 676 f.

[2]) Hofmann a. a. O.

[3]) Die künstliche Neubelebung in der Poesie beruht auf metrischen Gründen (Hofmann a. a. O.) und interessiert uns nicht.

[4]) Hofmann a. a. O. 676 f.; s. oben.

insbesondere auch von den 8 Stellen, die auf Justinian zurückgehen. Indessen handelt es sich auch hier — genau betrachtet — meist gar nicht um Proben des justinianischen Sprachgebrauchs: wie bei jenen Fragmenten mit dolus malus teils sicher, teils wahrscheinlich, so geht auch hier der Kern dieser justinianischen Gesetze und mit ihm das ve auf ältere Vorlagen zurück. Denn C. 5, 9, 10, 4 (emancipati emancipataeve) ist aus einer älteren Konstitution (5, 9, 6, 3) wörtlich übernommen; C. 6, 24, 14, 3 gibt sich als Entscheidung einer klassischen Streitfrage und verrät durchgängig die enge stilistische Anlehnung an ein klassisches Vorbild, besonders in der in klassischer Zeit bei Substitutionen üblichen [1]) Wendung in locum partemve vocari [2]). Von den fünf [3]) Titelrubriken endlich ist C. 2, 19 sicher [4]), die anderen doch wohl wahrscheinlich aus den älteren Codices übernommen; denn bei enger Anlehnung an diese im allgemeinen wurde „auch hier von Justinian zusammengezogen, nicht weiter spezialisiert" [5]), sodaß wir mit neuen justinianischen Rubriken im allgemeinen nicht zu rechnen haben. — In Institutionenstellen, die als Beleg für Justinians Sprachgebrauch dienen können, finden wir gleichfalls nur jene festen Typen; die bei Longo zitierte I. 4, 18, 7 ist ein Referat über ein sullanisches Gesetz.

Das völlige Fehlen von ve in sicher justinianischen Texten gewinnt erst rechte Bedeutung, wenn man hinzunimmt, daß die in der alten Amtssprache noch so seltene [6]) Partikel vel bei Justinian nach Longos Vokabular wohl zwei bis dreitausend mal vorkommt. Vel ist denn auch das eigentliche Lieblingswort dieses Kaisers, wie aus zahllosen Interpolationen allbekannt ist [7]). Wie vel geradezu als Interpolationskriterium verwandt worden ist, so kann ve auch, und mit größerem Recht, einen prima-facie-Beweis für die Echtheit [8]) einer Stelle liefern.

[1]) Vgl. Pap. D. 28, 6, 41, 8; Scaev. D. 32, 37, 2; partemve ist in den verschiedensten Verbindungen häufig.

[2]) Auch in der dritten Konstitution, C. 6, 43, 3, 2 a (pignoris hypothecaeve), ist eine solche Anlehnung nicht unwahrscheinlich.

[3]) C. 1, 22. 1, 52. 2, 19. 3, 4. 3, 23.

[4]) = D. 4, 2 (vi metusve causa), vgl. Lenel EP.^{3} 110.

[5]) Huschke ZRG. 6, 318. Krüger Quellen^2 320 zu N. 16.

[6]) Eisele SZ. 21, 3 ff.; Lenel Festschr. A. S. Schultze 5 N. 6 und EP.^{3} 69 N. 3; Gradenwitz Index zu Bruns Fontes^7 s. v. vel.

[7]) Vgl. Gradenwitz Bull. 2, 5 und bes. Seckel s. v. vel, 1.

[8]) So in der Tat Levy Konk. 1, 251 N. 7 (z. D. 15, 1, 27, 8: duorum pluriumve; socio sociisve... „und das beanstandet Beseler!"); dazu Beseler 4, 277 („geradezu schön durch das elegante ve"). B. meint aber, auch ein Byzantiner hätte die beiden ve fertigbringen können; in der Tat handelt es sich um stehende Wendungen. Wenn B. aber als Zeugnis byzantinischer „Kompletomanie" D. 15, 1, 32 pr. (v e l pluribus) herbeizieht, so kann das unsere obigen Ergebnisse nur bestätigen.

Eine mechanische Handhabung dieses Kriteriums ist natürlich unzulässig [1]). Denn es gibt verschiedene Grade von Überarbeitung [2]), von einer bloßen Umarbeitung, die die Worte des Urtextes verwendet, bis zur reinen byzantinischen Neuschöpfung. Nur die letztere ist ein sicheres Denkmal der justinianischen Sprache, während bei allen anderen die Möglichkeit klassischer Rudimente und bewußter [3]) oder unbewußter Anpassung an den Urtext besteht [4]).

Fassen wir zusammen: Wo Justinians Leute unabhängig von einer Vorlage arbeiten, schreiben sie weder ve noch dolus malus. Daß aber gar ein ganzer Satz durch ve angeknüpft wird, kommt — von quive u. ä. abgesehen — in der ganzen nachklassischen Rechtssprache überhaupt nicht vor. Enthält ein solcher Satz obendrein noch ein dolo malo, steht er in einem Fragment mit sachlich zutreffender Inskription und bildet er sogar den einzigen Inhalt dieses Fragments, ist er endlich eine aus Gesetzen und Formularen der klassischen Zeit wohlbekannte Wendung, so kann seine Echtheit mit einer Sicherheit angenommen werden, wie sie in dergleichen Fragen nicht oft zu erreichen ist [5]).

4. Nur e i n Vorbehalt ist für jene Ein-Satz-Fragmente am Platz: die Echtheit unserer Klausel beweist hier noch nicht, daß auch der klassische Jurist sie in dem Zusammenhang geschrieben hat, in den sie die Kompilatoren stellen. Wo die Inskription nicht eindeutig auf eine bestimmte Materie hinweist, ist der Beweis auf diesem Wege allein nicht zu führen. Nun ist für die beiden Paulusstellen ein Zweifel allerdings ausgeschlossen: Paulus behandelte in Buch 11 außer der actio de dolo nur noch e i n e Klage, die Metusklage; er muß also D. 4, 3, 27, wenn nicht bei der Dolusklage, so doch in entsprechendem Zu-

---

[1]) und zum Glück gegenwärtig unmöglich, da bei der Herstellung des Berliner Digestenindex für ve kein Artikel vorgesehen wurde (anders bei den später exzerpierten „minora", jetzt bei Levy Ergänzungsindex und Zanzucchi Vocabolario s. v. ve). — Auch bei den Wörtern, an die ve angehängt wird, ist die Verbindung mit ve nicht immer gesondert aufgeführt.

[2]) Kalb Jagd 14 ff.

[3]) So Pernice Labeo 3, 1, 186. Dagegen Kalb a. a. O.

[4]) So Kalb a. a. O.; vgl. das oben S. 19 über dolus malus Gesagte.

[5]) Ich kann es aus diesem Grunde nicht für zutreffend halten, wenn Wlassak (SZ. 42, 447 ff.) in der aquilianischen Stipulation (I. 3, 29, 2) das allerdings wohl nicht ursprüngliche Stück dolove malo fecisti quo minus possideas den Kompilatoren zuschreiben will; das Präsens possideas, das W. a. a. O. 450 rügt, ist wenn nicht unbedenklich (vgl. z. B. D. 24, 3, 64, 7; 45, 1, 50, 1; 38, 5, 1 pr., sämtlich oben S. 13 f.) so doch einer der zahllosen Fälle, in denen die Kompilatoren Tempora und Modi verändern (Kalb JL. 66 f.; s. unten S. 123 N. 1).

sammenhang im Metusrecht geschrieben haben. Der Gewinn für unsere Untersuchung wäre ganz derselbe. — Die zweite Paulusstelle (D. 43, 16, 2) ist aus Buch 65 und kann überhaupt nur auf das Unde vi bezogen werden; denn von den anderen Interdikten, die Paulus hier behandelt hat [1]) oder haben kann [2]), sind die Mehrzahl prohibitorisch, das Interdikt quem fundum und die Interdikte (bei Lenel) §§ 241, 242 zwar restitutorisch, aber auf einen gegenwärtigen Zustand (habes, possides) abgestellt: sie alle bieten also einer Haftung i. i. qu. p. keinen Raum [3]).

Auch bei D. 25, 2, 4 [4]) zweifelt man [5]) nicht, daß sie von Pomponius im gleichen Zusammenhang, wie in der Kompilation, geschrieben wurde. Ebenso allgemein aber nimmt man mit Lenel [6]) an, daß sie mit der dem gleichen Buch entnommenen D. 50, 16, 171 zu verbinden sei:

> (Pater tenetur quatenus ad eum pervenit) L. 4: dolove malo fecerit, quo minus ad eum perveniret. L. 171: 'Pervenisse ad te' recte dicitur, quod per te ad alium pervenerit, ut in hereditate a liberto per patronum filium familias patri eius adoptivo adquisita responsum est.

Daß beide Fragmente zusammengehören, ist allerdings wahrscheinlich; anstatt aber um dieser Verbundenheit willen gewaltsam eine Beziehung der lex 171 zu der actio rerum amotarum zu suchen — was hätte diese auch mit dem in der lex zitierten Responsum zu tun? — ist umgekehrt der ursprüngliche Zusammenhang von D. 25, 2, 4 aus dem der anderen Stelle und aus dem konkreten Inhalt des Responsums zu erschließen. Diesem liegt folgender Fall zugrunde: Bei Lebzeiten des Freigelassenen begibt sich der Patron einem Anderen in Arrogation. Das Patronatsrecht geht — in rätselhafter und bisher anscheinend fast nirgends [7]) beachteter Abweichung von der Re-

---

[1]) Uti possidetis und das zum Schutz des damni infecti causa missus (Lenel § 246 f.).

[2]) Das Interdikt ne quid in loco publico (Lenel § 237) ist noch bei Paulus 64, das de itinere (Lenel § 250) schon in Buch 66 abgehandelt.

[3]) Vgl. unten S. 64 ff.

[4]) Obwohl es sich um Haftung des Gewalthabers handelt, sei hier kurz darauf eingegangen.

[5]) Lenel Pomponius 631; Schulz Diss. 5; Albertario Bull. 118.

[6]) a. a. O.; Kr. z. beiden St.

[7]) Vgl. jedoch Desserteaux cap. dem. 2, 286 N. 4; seine scharfsinnige Erklärung scheint mir aber unhaltbar: der patronus der Stelle sei ein filius patronae. Auf einen solchen gehen allerdings (Gaius 3, 53) die Patronatsrechte über, auch (D. 37, 14, 22) wenn er in fremder Gewalt steht; vielleicht behält er sie auch analog (so D.), wenn er später arrogiert wird. Aber patronus heißt, soviel ich sehe, bei den Juristen stets nur der Freilasser selbst. Die ihn beerbenden Söhne, die ja auch nicht ganz dieselbe Stellung wie er haben, sind liberi patroni;

gel[1]) — hier offenbar nicht unter. Der nunmehrige filius familias bleibt Patron. Durch ihn erwirbt der Arrogator die Erbschaft des Freigelassenen. Sein Erwerb wird aber nach unserer l. 171 so behandelt, als ob er an den Sohn gelangt wäre. Das hat nur Sinn, wenn zu Lasten des Letzteren eine Verpflichtung auf id, quod e bonis liberti ad eum pervenit, besteht, und als solche kommt wiederum nur die aus der lex Iulia de mar. ord. erwachsende des Ehemannes, der einen Dotalsklaven freigelassen hat, in Betracht. Sie hatte denn auch Pomponius, wie ich glaube, im Auge. Da das Gesetz der Frau nur einen Anspruch auf quod pervenit gegen den Mann und seine Erben gab und die Praxis eine Ausdehnung auf den Schwiegervater ablehnte[2]), war es geradezu ein Bedürfnis, auch in solchen Fällen, wo der letztere an Stelle des Mannes bereichert war, eine Haftung des Mannes zu konstruieren. — Auch daß Pomponius die lex Iulia gerade hier erörterte, ist plausibel; er, der in seinem Sabinuswerk keinen besonderen Abschnitt für die augusteischen Gesetze freihielt, mußte diese Fragen bei der actio rei uxoriae bringen — und konnte es umso eher, als auch Ulpian, der einen eigenen Kommentar zu diesen Gesetzen schrieb, dasselbe getan hat[3]). Tribonian aber suchte von der an Definitionen und Begriffen reichen Kommentarliteratur zu den Ehegesetzen möglichst viel als allgemeine Lehren zu retten, und zog sie namentlich für seinen „Allgemeinen Teil", die Titel 50, 16 und 17, besonders stark heran[4]). So kam die lex 171 in den Sammeltitel, so erklärt es sich aber auch, daß D. 25, 2, 4 für eine andere Spezialmaterie verwandt wurde.

Von diesem Einzelfall abgesehen, bleibt uns aber das dolove malo... ein Kriterium der Echtheit; seine Güte wird durch die Einzelexegesen bestätigt, die umgekehrt in ihm eine erhebliche Stütze finden.

---

es wird als Ausnahme hervorgehoben, daß man die letzteren bei Auslegung der XII tab. unter patronus mitversteht (Vat. 308; vgl. Leist bei Glück 37/38 Bd. 4, 486). — Trifft die im Text folgende Vermutung zu, so ist es vollends klar, daß der filius selbst freigelassen haben muß.

[1]) Vgl. Ulp. Reg. 27, 5 und sonst.

[2]) D. 24, 3, 64, 9; vgl. unten S. 26.

[3]) S. oben S. 13 N. 5. Trefflich paßt dazu auch das andere Fragment D. 25, 2, 4; denn die lex Iulia stellte dem pervenire das dolo facere ausdrücklich an die Seite; s. oben S. 13.

[4]) So sind D. 50, 16, 128—153 aus Werken ad legem Iul. entnommen.

2. Kapitel.

Anwendungsgebiet.

Zu den bekanntesten Wirkungen der Litiskontestation gehört es, daß unvererbliche Klagen vererblich, befristete unbefristet werden. Für postannale und Erbenhaftung auf die Bereicherung ist daher nur Raum, wenn vor der Litiskontestation der Erblasser gestorben oder die Frist abgelaufen ist.

§ 6.

Anwendungsgebiet der Bereicherungshaftung des Erben.

Wenn noch heute der Satz gelehrt wird, daß der Prätor „gegen die Erben des Delinquenten eine actio in factum zu erteilen pflegt auf Auslieferung der Bereicherung..." [1]), so gibt das ein falsches Bild von der Tragweite dieser Bereicherungshaftung. Denn das Gebiet, das für die Anwendung solcher Klagen gegen den Erben praktisch offensteht, ist ein beschränktes [2]). Die ältesten und wichtigsten Delikte, gerade diejenigen, die das systematische Denken der Juristen vorzugsweise beschäftigen, jene klassischen vier actiones poenales mit ihren Nach- und Weiterbildungen scheiden nahezu gänzlich aus. In der großen Mehrzahl der Fälle sind sie unvererblich im strengsten Sinne.

1. Die Gründe sind verschieden: durch furtum und mindestens seit Julian auch durch Raub [3]) wird neben der Strafklage die condictio furtiva begründet, die passiv voll vererblich ist (D. 13, 1, 9 und öfter). Ein Bedürfnis nach prätorischer Hilfe besteht deshalb nicht, ja, der Erbe, der den Nachlaß schon mit der Belastung durch die condictio erwirbt, erfüllt den Tatbestand des ad eum pervenit auch bei weitester Auslegung nicht [4]). Es ist daher gewiß kein Zufall, daß im gesamten Bereich des furtum nirgends eine actio i. i. qu. p. gegen den Erben anerkannt wird — geschweige denn, daß der Prätor eine solche proponiert hätte.

Vielmehr ist es durchaus glaubwürdig [5]), wenn Ulpian in D. 47,

---

[1]) Sohm-Mitteis Inst.[17] 454; Girard Manuel [8] 426 und N. 5

[2]) Ähnlich schon Rotondi Scr. giur. 2, 372 N. 2, dessen kurze Äußerung anscheinend nirgends beachtet wurde.

[3]) Vgl. D. 13, 1, 10, 1 und öfter; dazu Levy Konk. 1, 432.

[4]) Dieselbe Erwägung trifft offenbar auch zu, wenn die condictio einem Anderen zusteht als die actio.

[5]) Denn auch bei Raub wird der Eigentümer die condictio gehabt haben, selbst wenn er nicht der Beraubte war (Levy 101 gegen Schneider Subsid. Kl. 28 f.; Siber Pass. Leg. 178); für die actio i. i. qu. p. wäre also in keinem Fall

8, 2, 27 von der Raubklage berichtet:

> Haec actio ... adversus heredes ... non dabitur ... an tamen in id, quo locupletiores facti sunt, dari debeat, videamus. et ego puto ideo praetorem non esse pollicitum in heredes <actionem> in id quod ad eos pervenit, quia putavit sufficere condictionem.

Albertario will auch hier die actio i. i. qu. p. durch eine actio in simplum ersetzen. Plausibel ist das gerade hier nur, wenn das i. i. qu. p. dem Klassiker unbekannt war und auch sonst immer von Tribonian stammt. — De Francisci[1]) hält an—fin nach Stil und Inhalt für eine Glosse. Das ist schon deshalb unwahrscheinlich, weil Ulpians Kommentar zu der im Album nächstfolgenden Formel de turba bei Erörterung der Vererblichkeit mit den Worten:

> Quae de heredibus [—] in vi bonorum raptorum actione diximus, et hic erunt repetita[2]).

auf unseren § 27 verweist und also hier doch etwas gestanden haben muß, was über die stereotype Bemerkung in heredes non datur hinausging[3]). Auch paßt das autoritative et ego puto nicht zu der dem Glossator ziemenden Bescheidenheit[4]). Aber auch Tribonian kann nicht wohl Urheber sein; er hätte eher nos geschrieben. So bleibt nur Ulpian. Es darf nicht auffallen, daß dieser auf Motive des Prätors zurückgeht und „ein Edikt für erforderlich zu erklären scheint"[5]), um eine actio gegen den Erben zu geben. Denn sein Gedankengang ist viel einfacher: der Prätor hat a b s i c h t l i c h unterlassen, eine Klage zu verheißen, und d e s h a l b ist für eine ergänzende Auslegung oder für Analogien kein Raum. Solche für uns alltägliche Folgerungen e silentio legis sind bei der Eigenart der römischen Rechtsquellen naturgemäß seltener; aber sie fehlen nicht ganz. So berichtet uns Ulpian in D. 24, 3, 64, 9 schon von Labeo:

> de socero ... nihil in lege scriptum est: et hoc Labeo quasi omissum adnotat. in quibus igitur casibus lex deficit, non erit nec utilis actio danda[6]).

Raum. — Schneider a. a. O. meint, der Prätor habe sich auch bei Fehlen einer condictio von der „Sphäre des Zivilrechts" ferngehalten; der Gedanke ist auch m. E. richtig (vgl. unten S. 28 f.), nur paßt er hier nicht.

[1]) S. 58.

[2]) Vgl. D. 47, 8, 4, 16 und dazu unten S. 28.

[3]) Ohne Bedeutung wird dabei der Umstand sein, daß durch das Edikt de turba vor allem Sachbeschädigungen getroffen wurden, bei denen die Bereicherungshaftung aus andern Gründen ausgeschlossen ist als bei der Raubklage; vgl. auch unten S. 27, 29.

[4]) Albertario Bull. 112: ego puto ist sogar ein Lieblingsausdruck Ulpians.

[5]) Levy 101.

[6]) [in quibus — fin] gl? Vgl. Beseler 1, 91. — Bekannter ist (Gaius) D. 6.

Unser § 27 ist also formell und inhaltlich einwandfrei. Seine Bedeutung reicht aber über das Gebiet der Raubklage hinaus. Denn er bestätigt uns, daß sein Verfasser — wer es auch sei — bei der Raubklage eine actio i. i. qu. p. vermißt hat, und daß er sie eben deshalb auf anderen Gebieten vorgefunden haben muß. Denn, sagt Albertario a. a. O., „il non applicare in un determinato caso per speciali circonstanze un principio generale, non ne distrugge, ma ne conferma l'esistenza" [1]).

2. Bei Ehrverletzung und Sachbeschädigung fehlt dagegen eine Bereicherungshaftung des Erben, ohne daß eine der condictio vergleichbare vererbliche Ersatzklage bestünde. Beiden Delikten ist eigentümlich, daß sie zwar einen Vermögensschaden des Verletzten, aber keine Bereicherung des Täters oder gar seines Erben herbeizuführen vermögen. Ausnahmen sind bei Ehrverletzung kaum denkbar; eine actio i. i. qu. p. wird auf diesem Gebiet nirgends erwähnt. — Für eine Bereicherung durch Sachbeschädigung glaubt Thayer [2]) vereinzelte Beispiele gefunden zu haben. Die meisten davon erklären sich anders: wer z. B. ein fremdes Tier tötet und das Fleisch verwertet, begeht auch ein furtum und haftet zugleich mit der vererblichen condictio [3]), die eine besondere Bereicherungsklage gegen den Erben ausschließt. Ein furtum nahm man auch an, wenn etwa der Schuldner ein chirographum, der Erbe das Testament vernichtet [4]). Nur in einem von Thayer gebildeten Fall mochte ein durch keine condictio wettgemachter Erwerb des Sachbeschädigers eintreten: wenn der Ersatzerbe den an erster Stelle eingesetzten Sklaven erschlug. Nun findet sich gerade in Ulpians Kommentar zum ersten Kapitel der lex Aquilia (homo

---

2, 8: De pretio vero soluto nihil exprimitur: unde potest coniectura capi, quasi nec sententia praetoris ea sit, ut requiratur, an solutum sit pretium. Sie kann in der Sache echt sein (so Pringsheim SZ. 50, 416 f. gegen Albertario Riv. dir. comm. 27, 1, 249 N. 2), auch wenn in der Frage: Eigentumsübergang beim Kauf ohne Preiszahlung? — A. gegen P. recht behält. Denn wenn die Manzipation durch Preiszahlung bedingt ist (so A.), kann doch Tradition von res mancipi volle prätorische, wie die von res nec mancipi volle quiritische, Wirkung haben; a. M. Pringsheim a. a. O. — Vgl. auch Beseler 3, 197 (dagegen Pringsheim Kauf 74).

[1]) A. will damit freilich die Allgemeinheit nicht der actio i. i. qu. p., sondern der actio in simplum beweisen.

[2]) Lex Aquilia. — Th. bemüht sich um die zum 1. Kapitel gehörige (vgl. Lenel EP.[3] 199 N. 2) D. 9, 2, 23, 8, während die Mehrzahl seiner Fälle höchstens zum 3. Kapitel paßt.

[3]) Vgl. D. 13, 1, 14, 2.

[4]) Vgl. D. 9, 2, 41. Levy Konk. 1, 463 N. 3; 2, 1, 30.

occisus) die einzige Erwähnung einer solchen besonderen Bereicherungsklage aus Sachbeschädigung, D. 9, 2, 23, 8:

... in heredem [—] haec actio non dabitur, cum sit poenalis, [nisi forte ex damno locupletior heres factus sit].

Sinnlos, wie De Francisci[1]) meint, ist das also nicht; ja, bei der großen Rolle, die der als Erbe eingesetzte Sklave bei der lex Aquilia und sonst in unseren Quellen spielt, wäre es denkbar, daß der nisi-Satz im Gedanken gerade daran von Ulpian selbst geschrieben ist. Aber Ulpian hätte schwerlich so allgemein geredet, wenn er einen so singulären Fall meinte. Wahrscheinlich ist daher der Schluß doch eine Glosse[2]), die sich formell durch nisi forte und vielleicht auch dadurch[3]) verrät, daß sie schwerfällig und an unrichtiger Stelle — nicht hinter dabitur — sich anschließt.

3. Ebensowenig findet eine prätorische Bereicherungshaftung statt bei den meisten, vielleicht bei allen anderen Klagen, deren Tatbestand auf furtum oder damnum iniuria aufbaut oder dem Tatbestand dieser Delikte verwandt ist. Ausdrücklich bezeugt ist das von der actio de turba, für die in der Frage der Bereicherungshaftung des Erben nach der Verweisung Ulpians in D. 47, 8, 4, 16 dasselbe gilt wie für die Raubklage[4]). In anderen Fällen können wir das Fehlen einer Bereicherungshaftung im klassischen Recht nur aus dem Fehlen in unserer Überlieferung und aus allgemeinen Erwägungen, aber doch mit einiger Wahrscheinlichkeit erschließen; denn bei der großen Vorliebe der Kompilatoren für den Bereicherungsgedanken, wie sie gerade von De Francisci, Rotondi und Albertario ins rechte Licht gesetzt worden ist, haben wir nicht damit zu rechnen, daß eine solche Klage irgendwo von den Byzantinern vorgefunden und gestrichen worden wäre. Auch im klassischen Recht, wie in den Digesten, dürfte daher die Bereicherungsklage bei der actio arborum furtim caesarum gefehlt haben, obwohl hier nach D. 47, 7, 8, 2[5]) eine condictio furtiva nur unter Umständen stattfand. Verhältnismäßig am sichersten ist es, daß die Klage

[1]) 70; zustimmend Albertario Bull. 92. 283; Levy 112 N. 6; Rotondi Scr. giur. 2, 372 N. 2, 389 N. 1.

[2]) Levy a. a. O.; aber sein Argument (Tribonian könne hier nicht eine actio i. i. qu. p. anerkennen, wo er doch in I. 4, 3, 9 und 4, 12, 1 die Klage als schlechthin unvererblich bezeichne) überzeugt nicht; vgl. oben S. 6 f. und Levy 98 ff.; Inst. 4, 12, 1 ist zudem wörtlich aus Gaius übernommen (s. oben S. 7) und daher nur mit Vorsicht als Dokument tribonianischer Anschauungen zu verwenden.

[3]) Levy a. a. O.

[4]) D. 47, 8, 2, 27; vgl. oben S. 26.

[5]) Itp. nach Beseler 3, 111, Krüger.

gegen den testamentarisch Freigelassenen, der der hereditas iacens ein damnum zufügt, mit seinem Tode erlischt, und daß der Erbe überhaupt nicht (ebensowenig wie der Täter post annum) haftet[1]). Dies ist umso bemerkenswerter, als man bei dem dolo malo facere quominus ad heredem perveniat — natürlich[2]) — in erster Linie an Entwendungen dachte; denn da diese nicht furtum waren, konnten sie auch keine condictio, im Ergebnis also überhaupt keine sachverfolgende Klage gegen den Erben erzeugen.

4. Nur eine Bestätigung für diese Fernhaltung des prätorischen Bereicherungsrechts vom gesamten Gebiet der Sachbeschädigung und des Diebstahls gibt uns Paulus, D. 39, 4, 4 pr.:

Si publicanus, qui vi ademit, decesserit, Labeo ait in heredem eius, quo locupletior factus sit, dandam actionem.

Sie handelt von der Bereicherungshaftung des Erben aus dem Edikt de publicanis, das bekanntlich (D. 39, 4, 1 pr.) drei Tatbestände (vi adimere, damnum iniuria, furtum) erfaßt. Unsere lex 4 pr. gibt aber eine Bereicherungsklage gegen den Erben nur wegen vi adimere, nicht auch — nur diese negative Feststellung interessiert hier — wegen damnum oder furtum.

Der Beweiswert der lex 4 würde aufgehoben, wenn in 1 pr. der ganze zweite, von damnum iniuria und furtum[3]) handelnde Ediktssatz eine Interpolation wäre:

Item si damnum iniuria furtumve factum esse dicetur, iudicium dabo.

Trotz Arangio-Ruiz[4]), dem Levy und Lenel zustimmen, kann ich das nicht glauben. Die formalen Rügen, die A.-R. über diesen in tadellosem Ediktsstil redigierten[5]) Satz verhängt, sind fast durchweg unbegründet: wenn der zweite Satz in „indirekter" (dicetur-), der erste in direkter Rede abgefaßt ist, beweist das hier wie sonst[6]) lediglich, daß er später als der erste entstanden, aber nicht, daß er nachjulianisch

[1]) Daß in D. 47, 4, 1 pr. die postannale Haftung fehlt, ist auch eine Bestätigung dafür, daß nicht etwa zwischen §§ 18 und 19 eod. die actio i. i. qu. p. gegen den Erben ausgefallen ist.

[2]) Vgl. Ulp. D. h. t. 47, 4, 1; bes. § 14.

[3]) furtumve allerdings wird trotz des eleganten ve (s. oben S. 19 ff.) nicht zu halten sein; vgl. Lenel EP.[3] 336.

[4]) Stud. Perozzi 231 ff.; zustimmend Levy SZ. 46, 416 f.; Lenel EP.[3] 387 f.

[5]) Zu dem item si, das an einen Satz mit Relativkonstruktion anknüpft, vgl. das Edikt über iniuriae quae servis fiunt (D. 47, 10, 15, 34); dort auch derselbe Wechsel von Passiv und Aktiv.

[6]) Dernburg Festg. f. Heffter 118 (der fast allgemeinen Beifall gefunden hat; vgl. z. B. Gradenwitz SZ. 8, 251 f.; Lenel RG. 342 N. 2; EP.[3] 555 N. 10, 230 N. 1; a. M. Karlowa RG. 1, 467 N. 4; s. auch Levy SZ. 36, 45 N. 4).

ist. Er schiebt sich auch nicht zwischen die zusammengehörigen Sätze 1 und 3, wie A.-R. meint, sondern Satz 3 gehört gleichmäßig zu Satz 1 und 2. Das iudicium dabo des zweiten Satzes ist natürlich und kraft des einleitenden item zwanglos als iudicium intra annum in duplum, post annum in simplum zu verstehen [1]). Wenn ferner in D. 39, 4, 12, 1 der zweite und dritte Ediktssatz wörtlich, d. h. mit dem in lex 12, 1 ganz unpassenden item und mit der im dritten Satz vorhandenen vorjustinianischen Textverderbnis [2]) wiederholt wird, so folgt daraus m. E. ganz deutlich, daß das zweite Fragment nach dem ersten [3]) — aber nicht, daß beide itp. sind.

Allerdings geht die mehrfache Erwähnung von furtum und damnum in h. t. 1, 1—4 auf Tribonian zurück. Aber darf man daraus folgern, daß Ulpian überhaupt nur von adimere gesprochen hat? A.-R. bejaht: die §§ 1—6 gäben Ulpians Kommentar vollständig wieder, auf die Erläuterung des ersten Satzes folge im § 6 die des dritten — also könne es Satz 2 nicht gegeben haben. Das überzeugt nicht. Paulus widmet dem Publikanenedikt [4]) sein ganzes Buch 52, Ulpian soll darüber nur 6 Paragraphen geschrieben haben. Zu adimere, publici nomine, zu der besonderen Fassung der Restitutionsklausel hätte bei ihm jede Erklärung gefehlt. — Das Richtige ergibt sich m. E. aus § 5, der das Wort familia — am Anfang des ersten Satzes! — erläutert. Die Hauptmasse des Kommentars ist also gestrichen, die §§ 1—4 sind einleitende Bemerkungen [5]), die Tribonian, als er das übrige tilgte, verallgemeinern mußte.

Auch inhaltlich [6]) befriedigt die Hypothese von A.-R. nicht. Der Prätor wollte doch die spezifische Gefahr des quasi-behördlichen Publikanenbetriebs, den Mißbrauch des „gewaltigen Selbsthilferechts", wirksam bekämpfen. Da dieses neben dem Pfändungs- (Wegnahme-) auch ein Durchsuchungsrecht gewährte [7]), mußte auch das Edikt neben

[1]) Wie in den Edikten D. 47, 8, 1 pr. und 47, 9, 1 pr. (auch letzteres insoweit nicht itp., vgl. Lenel EP.[3] 396).

[2]) Oder einem den Kompilatoren bei Entzifferung des Edikts unterlaufenen Versehen (so Lenel EP.[3] 335).

[3]) So bisher Lenel, der in EP.[3] 335 an seinen Ausführungen kein Wort geändert hat und sich S. 388 N. 1 auf die generelle Zustimmung zu A.-R. beschränkt.

[4]) Darüber, ob außer diesem noch andere Klauseln unter dem Titel de publ. standen, vgl. Lenel EP.[3] 389.

[5]) Oder Kommentar zu publicanus? — Lenel Pal. Ulp. 1304—06 zerlegt lex 1 in drei Fragmente: pr. — § 4; § 5; § 6 — lex 3.

[6]) A.-R. beruft sich auch auf unsere lex 4, wo furtum und damnum allerdings fehlen; für uns hat das keine Beweiskraft.

[7]) Vgl. Pernice SZ. 5, 128; Levy Konk. 1, 435. 490.

der Wegnahme die Beschädigung von Sachen unter Strafe stellen [1]). Dazu stimmt es endlich, daß auch in allen anderen Spezialbestimmungen der Prätor beide Fälle in vollkommener Parallelität erfaßt [2]).

5. Besonders steht es natürlich mit den Klagen, die sich gegen das furtum gewaltunterworfener Personen richten, wie die gewöhnliche Noxalklage aus Diebstahl, die Klagen aus furtum familiae und familiae publicanorum und die actio gegen Schiffer und Wirte aus einem furtum, das (sie selbst, ihre freien oder) ihre unfreien Leute begangen haben. Denn diese Klagen erlöschen zwar mit dem Tod des gewaltunterworfenen Diebes, aber nicht mit dem des dominus, dessen Erbe gleichfalls iure dominii haftet [3]). Nicht für den Erben des Delinquenten — der ja gar nicht b e e r b t wird — sondern allenfalls für seinen dominus und dessen Erben kann die Frage aufgeworfen werden, ob sie i. i. qu. p. haften. Für uns (s. oben S. 5) scheidet diese Frage aus; doch kann bemerkt werden, daß eine Haftung auf das, was ad dominum pervenit, nie bei den genannten Aktionen, sondern nur — in angefochtenen Stellen — bei der condictio furtiva erörtert wird.

Ganz vereinzelt erwähnt Paulus bei dem Edikt de incendio eine Haftung des Erben i. i. qu. p.; D. 47, 9, 4, *2*:

> Hae actiones heredibus dantur. in heredes eatenus dandae sunt, quatenus ad eos pervenit.

De Francisci [4]) glaubt hier an eine Interpolation. Sein Argument, der Zusammenhang zum Vorausgehenden fehle, kann nicht genügen, weil uns von Paulus' Kommentar zu diesem Edikt nur drei zusammenhanglose Paragraphen, eben die lex 4, erhalten sind, und weil g a r k e i n Verdacht gegen die auch von De Francisci nicht beanstandeten Eingangsworte des § *2* über die aktive Vererblichkeit besteht. Auch die Verwandtschaft des Edikts des Lukullus mit dem im Album folgenden de incendio beweist nicht viel; denn dieses geht, wie Levy betont, im Tatbestand über jenes in einem entscheidenden Punkte hinaus: in der Bestrafung derer, qui dolo malo r e c e p e r i n t. Verdächtig ist nur, daß Paulus von hae acti o n e s spricht; denn damit kann nur gemeint sein, daß auch hier wie beim vorhergehenden Edikt nicht e i n e For-

---

[1]) a. M. A.-R. 235; Levy SZ. 46, 416.

[2]) Durch e i n Edikt mit e i n e r Formel, wie bei dem liber esse iussus (D. 47, 4, 1 pr.), oder e i n Edikt mit zwei Formeln, wie das des Lucullus (D. 47, 8, 1 pr.), oder durch zwei verschiedene Edikte, wie bei Diebstahl und Sachbeschädigung durch Leute der nautae usw. (D. 47, 5 und D. 4, 9, 7).

[3]) D. 9, 4, 42, 2; De Francisci 86 N. 3. Es trifft dashalb nicht ganz zu, wenn De Francisci 46 f. solche Klagen als passiv unvererblich bezeichnet.

[4]) 73; zustimmend Rotondi Scr. giur. 2, 389 N. 1; Albertario Bull. 93.

mel mit Mischtatbestand, sondern mehrere, hier wahrscheinlich drei [1]), proponiert waren. War aber für das rapere, das recipere und das damnum dare je eine besondere Formel vorgesehen, so kam eine Haftung i. i. qu. p. nur für die mittlere in Betracht, während bei der letzten eine Bereicherung ausgeschlossen, bei der ersten durch die condictio wettgemacht war. Ungenaue Kürze bei Paulus oder Kürzung (und Verallgemeinerung) durch die Kompilatoren wäre indessen möglich. —

6. Als Gesamteindruck bleibt doch, daß dem Kern des römischen Privatdeliktsrechts, den Klagen des Viererkatalogs nebst Zubehör, die Bereicherungshaftung des Erben in der vom Prätor geschaffenen Form der actio i. i. qu. p. fremd geblieben ist. Auf der anderen Seite sind es unter den rein amtsrechtlichen Deliktsklagen und unter den Interdikten, die den Charakter einer Deliktsklage haben [2]), gerade die wichtigsten, bestüberlieferten, bei denen auch für die Bereicherungsklage die Quellen am reichlichsten fließen: die Metus- und Dolusklage, das Interdikt unde vi und das Fraudationsinterdikt.

Auf sie haben wir vor allem unser Augenmerk zu richten, und die auf ihrem Gebiet zu fällende Entscheidung wird für die unbedeutenderen Fälle mit dürftigerem Material und für die Bewertung der allgemeinen oder allgemein scheinenden Formulierungen bestimmend sein. Ehe wir aber daran gehen, ist auch die andere Gruppe von Klagen i. i. qu. p., die der postannalen Klagen, kurz zu überblicken.

§ 7.

Anwendungsgebiet der Bereicherungshaftung post annum.

Annalität und Unvererblichkeit sind innerlich verwandt. Gaius behandelt sie in seinen Institutionen (4, 110 ff.) im unmittelbaren Zusammenhang, und schon Cassius setzt in D. 44, 7, 35 pr. beide in deutliche Beziehung: honorariae autem, quae post annum non dantur, nec in heredem dandae sunt. Danach sind alle annalen Klagen — denn es gibt nur honorarische Annalklagen — unvererblich. Aber wie aus unvererblichen Klagen der Erbe, so haftet aus manchen annalen Klagen nach Ablauf der Jahresfrist der Täter i. i. qu. p. Wie der Annalität die Unvererblichkeit entspricht, so stehen die beiden Fälle der Bereicherungsklage in innerem Verwandtschaftsverhältnis; ja, es scheint, als

[1]) Lenel EP.[3] 397 sagt darüber leider nichts; er spricht indessen von „der" Formel.

[2]) Levy 86; s. aber unten S. 66.

ob die Erbenhaftung eine gleichartige postannale Haftung des Täters geradezu notwendig macht[1]), und als ob die römischen Juristen sich dieses logischen Verhältnisses wohl bewußt waren[2]). Doch ist die praktische Bedeutung dieser Bereicherungshaftung ungleich geringer als die der Erbenhaftung, weil es weniger annale als unvererbliche Klagen gibt.

Der Kreis der annalen Klagen ist weniger leicht zu übersehen, als der der unvererblichen, weil ein der Unvererblichkeit aller Strafklagen entsprechender Satz für die Annalität nicht besteht. Nicht nur sämtliche Zivilklagen, sondern auch diejenigen prätorischen Deliktsklagen, die einem zivilrechtlichen Vorbild folgen[3]), sind unbefristet: neben der actio furti manifesti, die Gaius 4, 111 nennt, die Klagen wegen arbores furtim caesae, servus corruptus, wegen damnum[4]) adversus nautas, usw. Hier ist natürlich von einer Bereicherungshaftung post annum keine Rede. Die meisten der prätorischen, auf ein Vielfaches gehenden Strafklagen sind jedoch zwar in ihrer Eigenschaft als Multiplarklagen annal, während die Haftung nach Ablauf der Jahresfrist verschieden geregelt ist. Ganz vereinzelt haftet der testamentarisch Freigelassene, der die hereditas iacens plündert, nach Verjährung der Klage aufs duplum überhaupt nicht mehr[5]). In den meisten und wichtigsten Fällen wird dagegen die befristete Haftung mit dem Vielfachen durch eine unbefristete mit dem Einfachen abgelöst: so bei Raub, Erpressung, calumnia, bei den Edikten de incendio, de turba, adversus publicanos. Auch dieses simplum ist aber Strafe, es ist nicht nur rechnerisch mehr[6]), sondern begrifflich etwas anderes[7]) als id quod pervenit. Die Klage auf das simplum ist daher Strafklage mit allen Eigentümlichkeiten einer Strafklage[8]). Auch sie schließt selbstverständlich die Möglichkeit einer postannalen Bereicherungsklage aus[9]).

---

1) Levy 104 f.

2) Gaius D. 4, 3, 28 i. f.; vgl. Ulpian D. 42, 8, 10, 25 und dazu unten S. 75 f.

3) Diesen Gedanken betont De Francisci 39.

4) Auch die Spezialklage wegen furtum geht aufs Doppelte und ist wahrscheinlich (De Francisci 46 — Belege fehlen) unbefristet.

5) S. oben S. 29 N. 1.

6) So mit Recht Albertario RL. 452 und passim gegen De Francisci 86; wie A. auch Levy 111 N. 5 und De F. Synall 2, 92 (vgl. o. S. 6).

7) Levy a. a. O. und 103, 111, 143 und sonst; a. M. aber Albertario, vgl. oben S. 10.

8) Vgl. unten S. 59.

9) a. M. Eisele SZ. 30, 108, der für die Metusklage eine solche Konkurrenz annimmt. Sein einziger Beleg ist eine willkürliche Rekonstruktion der freilich heillos entstellten D. 4, 2, 20 (über sie vgl. auch Siber Röm. PrivR. 222 — wenig überzeugend).

Damit scheidet aber das gesamte Gebiet der prätorischen Multiplarklagen für die postannale Bereicherungshaftung von vornherein aus: bei keiner von ihnen ist eine actio i. i. qu. p. überliefert. Eine solche dürfen wir nur bei den Klagen, die schon innerhalb des Jahres auf simplum gehen, und bei den wenigen [1]) annalen Interdikten erwarten. Sie greift aber auch in dieser Gruppe keineswegs überall Platz. Vielmehr finden wir sie zwar bei sämtlichen in Frage kommenden Interdikten, unter den iudicia aber nur bei der actio de dolo [2]). Das kann bei aller Lückenhaftigkeit unserer Überlieferung kein Zufall sein. Der tiefere Sinn aber muß darin liegen, daß die drei Interdikte (unde vi, quod vi aut clam, fraudatorium) und ebenso natürlich die Dolusklage einen ausgesprochen pönalen Charakter [3]) haben. Wie die Bereicherung des Erben [4]), so wollte man vor allem die des Täters selbst bei schwereren Delikten aus naheliegenden Gründen nicht dulden. Wo die Tatbestandshandlung ethisch indifferent ist, wie bei den meisten annalen actiones in factum, tritt auch ein Bedürfnis nach postannaler Haftung nicht hervor. — Andererseits findet sich, wie bei Multiplarklagen die actio in simplum, so bei dieser Gruppe mit gleicher Ausschließlichkeit die actio i. i. qu. p. vor. Legislative Gründe sind auch hiefür leicht zu raten; wo das Delikt so schwer war, daß es mit einem Mehrfachen geahndet ward, blieb auch über die Frist hinaus eine Bestrafung Bedürfnis. In den leichteren Fällen genügte die annale Klage mit anschließender Bereicherungshaftung [5]).

Das alles sieht nach einem wohldurchdachten System aus, wie es der klassischen Zeit wohl würdig wäre. Gleichwohl ist in neuerer Zeit von zwei Seiten an dieser Ordnung gerüttelt worden — beide Male, wie ich glaube, mit Unrecht. Levy (102 ff.) hat in einem Einzelfall bei einer quadruplatorischen Strafklage eine postannale Bereicherungshaftung für möglich gehalten — und Albertario hat an die Stelle der actio i. i. qu. p. allgemein eine actio in simplum gesetzt. Levys Annahme wird an ihrem Ort gewürdigt werden [6]); der Auseinandersetzung mit Albertario dient der ganze erste Teil dieser Arbeit.

---

[1]) S. unten S. 81.

[2]) Die in § 5 de form. Fab. genannte Klage richtet sich nicht gegen den Täter, sondern seinen Gewalthaber und ist vielleicht gar keine actio i. i. qu. p. im technischen Sinn; vgl. Beseler SZ. 45, 546 (gegen Levy 112, dem Mitteis SZ. 37, 336 zustimmt), auch unten S. 162 N. 6.

[3]) S. unten S. 66.

[4]) Vgl. D. 4, 2, 16, 2 und dazu unten S. 45.

[5]) Und ursprünglich die annale Klage allein, vgl. unten § 18.

[6]) S. unten S. 59.

Im Folgenden werden aus naheliegenden Gründen postannale und Erbenklagen zu jedem einzelnen Delikt gemeinsam behandelt. Dabei wird, was allein dem Stand der Quellen entspricht, der Akzent auf die materielle Frage gelegt, ob und wo solche Bereicherungsklagen im hochklassischen Recht zur Anwendung kamen. Über Ediktsässigkeit und Formelkonzeption sollen am Schluß dieses Teils einige gemeinsame Bemerkungen folgen.

3. Kapitel.

Einzelne Fälle: I. Delikte.

§ 8.

Betrug.

1. Auf die Klassizität der Bereicherungsklage gegen den Erben aus dolus können wir schon aus dem mehrfach genannten Paulusfragment D. 44, 7, 35 pr. einen Schluß ziehen — einmal weil sie neben dem Unde vi besonders hervorgehoben wird [1]), dann aber, weil sie hier als actio doli mali [2]) bezeichnet wird. Die Hauptstütze der Lehre sind die Fragmente D. 4, 3, 26—30, von denen lex 27 uns schon bekannt ist. Mit dem Nachweis ihrer Echtheit [3]) ist die wesentlichste Arbeit getan. Aber auch die übrigen Fragmente geben noch genug her. So ist die Akzeptilation [4]) der Musterfall für einen Erwerb, der notwendig auch dem Erben zugute kommen muß, und als solcher auch in D. 4, 2, 20 aufgeführt [5]). Ihre Unterscheidung von der Manzipation, bei der das pervenire an den Erben nicht selbstverständlich ist, ist daher im überlieferten Zusammenhang ohne weiteres einleuchtend [6]):

> (D. 4, 3, 28, Gai.). Itaque si accepto lata sit tibi pecunia, omnimodo cum herede tuo agetur. at si res tibi [tradita] <mancipio data> sit, si quidem mortuo te ea res extitit, agetur cum herede tuo, si minus, non agetur. sed utique in heredem perpetuo dabitur, quia non debet lucrari ex alieno damno...

Albertario [7]) tilgt die Pointe, wenn er mit der pervenit-Haftung auch

1) Vgl. oben S. 12.

2) S. oben S. 18 ff.; der Genetiv doli (statt de dolo) kann bei der Umschreibung des Fragments durch die Kompilatoren entstanden sein.

3) S. oben S. 17 ff.

4) Sie ist neben der Manzipation das Schulbeispiel auch in der Erpressungslehre: D. 4, 2, 9, 4. 5. 7; 10 pr. 1.

5) S. oben S. 33 N. 9.

6) Vgl. Siber Röm. PrivR. 221.

7) RL. 456 ff. Seine Rekonstruktion von l. 28 (zusammen mit der im

die Subdistinktionen für den Fall der Manzipation streicht und den Juristen das sagen läßt, was bei einer actio in simplum im Sinne Albertarios selbstverständlich wäre: daß die vom Prokonsul verheißene Klage beide Fälle „omnimodo" ergreife. Auch das folgende sed utique in heredem perpetio dabitur gibt keinen rechten Sinn, wenn die Klage gegen den Erben ohne jede Unterscheidung der Fälle zusteht. Damit ist aber der wesentliche [1]) auf den Erben sich beziehende Inhalt unseres Fragments [2]) und zugleich die Tatsache unanfechtbar geworden, daß Gaius hier [3]) eine pervenit-Haftung besprochen haben muß. Seine Erörterung schließt durch das einleitende itaque passend an die voraufgehende lex 26 an und verleiht so auch dieser eine Stütze, deren sie freilich kaum noch bedarf:

> (Gai.) In heredem eatenus daturum se eam actionem proconsul pollicetur, quatenus ad eum pervenerit, id est quatenus ex ea re locupletior ad eum hereditas venerit.

Unstreitig liegt Gaius ein besonderes Edikt des Prokonsuls über eine Klage gegen den Erben vor — i. i. qu. p. oder (nach Albertario) in simplum. An dem Bericht könnte nur eines allenfalls gerügt werden, ist aber, soviel ich sehe, nirgends gerügt worden: daß in dem entscheidenden Satz das Subjekt fehlt, oder auch, daß quatenus als Subjekt gebraucht wird. Doch ist das nicht beispiellos; neben D. 47, 9, 4, 2 (Paulus) hat vor allem der fast wörtlich gleichlautende Bericht des Gaius über die Metusklage (D. 4, 2, 19) [4]) dieselbe Figur: eatenus ... pollicetur, quatenus ad eum pervenerit [5]), sodaß der Gedanke an den ediktalen Ursprung dieser Wendung bei dolus und metus oder doch an eine Stileigentümlichkeit des Gaius naheliegt. Die interessante Definition: quatenus pervenit = quatenus locupletior hereditas venit

---

Text sofort folgenden l. 26) lautet (RL. 458): „In heredem daturum se actionem proconsul pollicetur. itaque si accepto lata sit tibi pecunia aut si res tibi tradita sit, omnimodo cum herede tuo agetur ..."

[1]) Mehr meint wohl auch Lenel nicht, wenn er die Stelle für nicht unberührt hält (EP.[3] N. 7); quia — damno mag itp. sein; vgl. Index, besonders Albertario RL. 457; Levy 112 N. 7.

[2]) Über den Schluß und die postannale Klage nachher.

[3]) Denn nach der Inskription kann l. 28 nur bei dolus oder metus gestanden haben.

[4]) S. unten S. 44.

[5]) Vgl. auch D. 43, 26, 8, 8 Ulp. (?) hactenus — quatenus, und D. 50, 17, 127 (Paulus) einfach quatenus pervenit. Nach Ferrini opere 2, 410 ist eatenus — quatenus bei Gaius besonders häufig.

klingt an eine Wendung der Gaianischen Institutionen [1]) an und ist einwandfrei [2]).

Albertarios Beweisführung baut denn auch auf anderem auf. Gaius sagt, eam actionem gebe der Prokonsul gegen den Erben. Ähnlich lesen wir bei Ulpian, D. 4, 3, 17, 1:

> Haec actio in heredem [—] datur dumtaxat de eo quod ad [eos] ‹eum› pervenit.

Und ganz entsprechend heißt es in Ulpians Kommentar zur Metusklage, D. 4, 2, 16, 2:

> Haec actio heredi [—] datur ... in heredem autem [—] in id quod pervenit ad [eos] ‹eum› datur ...

De Francisci, der bei Betrug und Erpressung die Bereicherungshaftung des Erben auch fürs klassische Recht bejahte [3]), glaubte hier an spezielle actiones in factum. Albertario [4]) aber meint, mit ea und haec actio könnten Gaius und Ulpian nicht auf besondere Formeln, sondern nur auf die Hauptklagen hinweisen [5]). Diese aber seien pönal und deshalb — ganz im Sinne De Franciscis — auch nicht in Höhe der Bereicherung vererblich. Er streicht daher in lex 26 eatenus und quatenus — fin und vor allem das verräterische eam, diese „parola preziosa che revela la profonda alteratione subita da questo testo" [6]). Levy [7]), der eam und haec wie Albertario auf die Hauptklage bezieht, folgert daraus — gegen die von De Francisci [8]) vertretene Lehre —, daß die Erbenformel keine neue Spezial-, sondern die umgebildete Hauptformel sei. Und Siber [9]), der die pervenit-Haftung für echt hält, aber mit De Francisci an eine besondere actio in factum glaubt, hält — offenbar unter dem Eindruck dieser Schlußfolgerung — das eine Wort eam für itp.

Indessen wissen wir doch namentlich bei Gaius gar nicht, was unmittelbar vorausging [10]). Selbst bei den beiden Ulpianfragmenten,

---

[1]) 1, 192: Die Tutel der Agnaten schützt sie dagegen, daß minus locuples ad eos hereditas (per)veniat.

[2]) Auch Siber Röm. PrivR. 221. 236 f. beanstandet sie nicht, wohl aber (als Glosse) Betti Rend. Lomb. 49, 247.

[3]) S. 82 ff.; vgl. oben S. 6.

[4]) RL. 455 ff. Bull. 131 N. 1.

[5]) Aus ähnlichen Gründen rekonstruiert Betti Rend. Lomb. 49, 247 die lex 17, 1: haec actio ... non datur; in factum tamen datur dumtaxat ...

[6]) RL. 455.

[7]) S. 93; vgl. Girard manuel [8] 426 N. 5.

[8]) De Francisci wird hier freilich von Levy (S. 95) nicht zitiert.

[9]) Röm. PrivR. 237 (anders aber 221); ebenso Betti a. a. O.

[10]) Die übrigen Gaiusstellen zum Dolustitel gehören mit l. 26 nicht unmittelbar zusammen (h. t. 6. 8. 23).

wo der ursprüngliche Zusammenhang erhalten scheint, werden wir zur Vorsicht gemahnt durch einen Vergleich mit anderen, ähnlich anknüpfenden Stellen [1]), so vor allen mit der von Albertario [2]) freilich ganz getilgten D. 42, 8, 10, 24. Hier fährt Ulpian, nachdem er bis § 23 das fraudatorische Interdikt besprochen hat [3]), mit den Worten fort: haec actio post annum...; und doch kann er damit nicht das Interdikt selbst, er muß eine postannale actio [4]) gemeint und also einen Hinweis auf das Zusatzedikt, das diese Formel verhieß, eine wörtliche Anführung der Formel oder irgendetwas ähnliches vorausgeschickt haben, an das sich das haec anlehnen konnte und das die Kompilatoren gestrichen haben müssen. Ganz dasselbe dürfen wir bei Gaius (4, 3, 26) um so eher annehmen, als wir es hier nicht mit einem großen, sonst im Wesentlichen lückenlosen Kommentarabschnitt zu tun haben.

Bei den beiden Ulpianstellen scheint freilich der überlieferte Zusammenhang die Beziehung auf die Hauptklage zu rechtfertigen; sie stehen am Ende des Formelkommentars, während unmittelbar vorher Konkurrenzfragen erörtert werden [5]). Indessen ist der Ort für Bemerkungen über die Vererblichkeit in der Regel der Schluß nicht des Formel-, sondern des Ediktkommentars [6]). Andererseits war, da auch das städtische Edikt wie das des Prokonsuls eine besondere Klausel über die sekundäre Klage enthalten haben muß [7]), für ihre Erläuterung der Platz hinter dem Formelkommentar am geeignetsten, wie durch einen Vergleich mit Ulpians Kommentar zum Unde vi und zum Fraudatorium bestätigt wird [8]). Ja, das von Ulpian gebrauchte „haec" weist deutlicher als das „ea" bei Gaius auf eine dem Juristen zur Erläuterung ex professo vorliegende [9]) Formel oder Ediktsklausel.

Mindestens für das Metusfragment wird schließlich die Beziehung auf die sekundäre Klage durch einen von Lenel beobachteten Umstand empfohlen: Ulpian sagt in h. t. 14, 2, also am Ende des Ediktkommentars, daß die Metusklage auch den Erben zustehe. Dem Anschein nach sagt er dasselbe noch einmal in l. 16, 2 mit den Worten: haec

---

1) S. z. B. D. 3, 5, 5, 10 und dazu Lenel EP.³ 102 f.; D. 47, 8, 2, 17 (mit §§ 14. 16. eod.) und dazu Lenel EP.³ 395.

2) RL. 303.

3) Lenel EP.³ 496 N. 3. 499.

4) Darüber unten S. 73 N. 7, 75.

5) D. 4, 2, 14, 15; 16 pr. 1; 4, 3, 17, pr.

6) Vgl. z. B. D. 3, 5, 5, 7 (Lenel EP.³ 101); 6, 2, 7, 9 (Lenel a. a. O. 171); 21, 1, 23, 5; vgl. aber auch Lenel EP.³ 131, N. 15.

7) De Francisci 82; Lenel EP.³ 111 (gegen Kniep Gaius 157).

8) S. unten S. 67. 75.

9) Vgl. die Stellen oben N. 1; unten S. 126 N. 3.

actio heredi datur... Solche Wiederholung wäre sehr ungewöhnlich und durch das Nebeneinander von Edikt- und Formelerläuterung schwerlich zu erklären [1]). Vielmehr scheint mir gerade darin der Beweis dafür zu liegen, daß Ulpian in 16, 2 von der im Zusatzedikt verheißenen Klage spricht [2]).

Das Argument, das Albertario aus den Wörtchen ea und haec entnehmen will, dürfte danach nicht allzuviel beweisen; es versagt aber noch aus einem anderen Grunde. Denn es ist allerdings wahrscheinlich, daß die sekundären Klagen auf dem von Levy gewiesenen Weg durch Umformung der Hauptformeln gebildet wurden. Davon wird noch die Rede sein [3]).

Keinen unmittelbaren Beleg für die Bereicherungshaftung des Erben und gegen die von Albertario angenommene Haftung in simplum bilden die beiden letzten Fragmente dieser Lehre:

> (D. 4, 3, 29, Paul.) Sabinus putat calculi ratione potius quam maleficii heredem conveniri, denique famosum non fieri: ideoque in perpetuum teneri oportere. (D. eod. 30, Ulp.) Neque causae cognitio in heredis persona erit necessaria.

Der Inhalt von beiden gibt dem nicht pönalen Charakter dieser Erbenhaftung sinnfälligen Ausdruck: sie ist weder annal [4]) noch von einer causae cognitio abhängig [5]), und eine Verurteilung macht den Erben nicht ehrlos. Die Antithese calculi, non maleficii ratione stellt diese Eigenart anschaulich, wenn auch vielleicht nicht ganz logisch [6]) heraus. Aber auch Albertario nimmt für seine actio in factum dieselben Eigenschaften in Anspruch; er bezieht beide Fragmente auf seine actio in factum und gibt so ein Schulbeispiel einer duplex interpretatio [7]): die beiden Klassiker sprächen von der actio in simplum, Justinian wolle ihre Worte von der actio i. i. qu. p. verstanden wissen. Albertario

---

[1]) A. M. Lenel EP.[3] 112.

[2]) Vgl. auch D. 42, 8, 10, 25 (unten S. 75); § 24 eod.; ihre Parallele deckt den sonst vielleicht auffälligen Wortlaut der lex 16, 2. — Wegen der letzteren vgl. auch noch unten S. 45.

[3]) S. unten S. 88 ff.

[4]) Sibers beiläufige Bemerkung, die Erbenklage sei annal (Röm. PrivR. 237 a. E.), übersieht anscheinend D. 4, 3, 29; vgl. auch unten S. 41 f.

[5]) Und deshalb auch wahrscheinlich nicht subsidiär: vgl. unten S. 87. Zwar ist die causae cognitio wohl so wenig wie die Subsidiarität (vgl. dazu die seit Schneider Subsidiäre Klagen 328 f. aufgelaufene Literatur bei Heldrich Verschulden 2) allein aus der infamierenden Natur der actio de dolo zu erklären; aber daß ein Zusammenhang besteht, zeigt sich m. E. gerade auch darin, daß die nicht infamierende Erbenklage von einer vorherigen Kognition nicht abhängig gemacht wird.

[6]) So Solazzi Rend. Lomb. 58, 310.

[7]) RL. 458; vgl. Solazzi a. a. O.

könnte sich auch darauf berufen, daß bei einer Bereicherungsklage die Frage müßig scheint, ob sie infamiere, annal und von einer Kognition abhängig sei. War aber, wie wahrscheinlich ist [1], die Erbenaus der Hauptformel entwickelt, enthielt sie insbesondere die entscheidenden Worte dolo malo factum esse und war sie mit den Worten: in heredem id iudicium ... dabo [2] verheißen, so konnte allerdings dieses iudicium als ein iudicium de dolo etwa im Sinne des Postulationsedikts [3] erscheinen und ältere Juristen wie Sabinus konnten es der Mühe wert finden, den sachverfolgenden, nicht infamierenden Charakter dieser actio herauszuarbeiten. Dies umsomehr, als der Infamiekatalog vielleicht zur Zeit des Sabinus (wie in der Tafel von Heraklea 111 f.) noch nicht eine Verurteilung suo nomine (so D. 3, 2, 1) ausdrücklich voraussetzte.

Die Echtheit der lex 29 ist von zwei Seiten bestritten worden. Beseler (SZ. 45, 459), der in seinem Feldzug gegen „et ideo" auch das ideoque unserer Stelle aufs Korn nimmt, läßt dem Leser die Wahl, ob er ideoque — fin oder famosum — ideoque streichen will. Eine solche Interpolation ist aber — abgesehen von der Frage des et ideo überhaupt — wohl schon deshalb nicht plausibel, weil Infamie und Annalität hier doch in einem gewissen Zusammenhang stehen: weil trotz der äußeren Form dies iudicium nicht mit der zuvor verheißenen Dolusklage identisch ist, teilt es auch nicht dessen Eigentümlichkeiten, Annalität und Infamie. — Solazzi schreibt den Kompilatoren mit dem Wort calculus auch die Antithese zu maleficium zu, die den Kern der Stelle bildet und in der er den Ausdruck für die Bereicherungshaftung findet. Wie er den dann verbleibenden Torso ergänzen will, bleibt freilich unklar — ebenso wie die Meinung Lenels [4], der hier Solazzi zuzustimmen scheint, die Bereicherungshaftung des Erben aber festhält. Da calculus in dem bildlichen Sinne (= Vermögensausgleich) [5] überhaupt selten ist, läßt sich auch nicht sagen, ob es den Klassikern oder den Byzantinern weniger mundgerecht ist. Es steht in den Digesten nur einmal in einem

---

[1] Vgl. Lenel EP.³ 114 N. 16 (115) und unten S. 89.

[2] Vgl. unten S. 45, auch Lenel EP.³ 114 N. 16 (115).

[3] D. 3, 2, 6, 2, wo unter den aus Delikten alieno nomine Verurteilten (und deshalb nicht Infamen) neben tutor usw. der heres erscheint, wird wohl nur von der Translation der lis contestata auf den Erben zu verstehen sein. Schulz Festschr. f. Zitelmann 21 f. denkt aber auch an die Klage i. i. qu. p.

[4] EP.³ 115 N. 7.

[5] Pernice Labeo 2, 1, 202. Solazzi macht freilich keinen Unterschied zwischen ursprünglicher und übertragener Bedeutung.

allgemein als itp. geltenden Fragment [1]), aber auch in ganz demselben Sinne einmal bei Quintilian [2]).

2. a) Für die postannale Klage gegen den Täter haben wir nur einen Beleg, die Fortsetzung der schon erwähnten lex 28:

(... in heredem perpetuo dabitur ...) cui conveniens est, ut et in ipso qui dolo commiserit, in id quod locupletior esset perpetuo danda sit in factum actio.

Albertario [3]) und De Francisci [4]) nehmen hier unter Berufung auf die postannale Metusklage eine actio in simplum an; sie streichen in id — esset. Eine solche postannale Klage auf simplum an der Stelle einer annalen Klage, die gleichfalls nur auf simplum geht, würde nicht nur aus dem Stufensystem prätorischer Deliktshaftung herausfallen [5]); sie würde auch durch die lex 28 selbst widerlegt: wenn die Erbenhaftung auf i. qu. p. geht, kann nicht mit cui conveniens est... ein Schluß auf eine postannale Haftung in simplum eingeleitet werden [6]). Der Haftungsmaßstab mußte vielmehr wegen dieser Verknüpfung in beiden Fällen übereinstimmen — und eben daraus folgt, daß auch der Schlußsatz nur von einer Haftung auf i. qu. p. reden kann. — Siber [7]) kommt zu einem entgegengesetzten Ergebnis wie Albertario: er hält den ganzen Schlußsatz für byzantinisch und leugnet eine postannale Haftung des Täters überhaupt. Zuzugeben sind erhebliche stilistische Mängel [8]). Weniger leuchtet die Erwägung ein, daß die hier erwähnte Haftung des Täters auf id quo[d] locupletior es[se]t gerichtet und deshalb [9]) günstiger sei als die des Erben auf i. qu. p., daß also nach dem überlieferten Text der Täter selbst post annum günstiger hafte als der Erbe. Denn einmal ist jener Unterschied zwischen beiden Haftungsarten zum Mindesten problematisch [10]); und vor allem war die Erbenhaftung nach der von Siber nicht erwähnten [11]) l. 29 h. t. sicher nicht annal, sodaß Sibers Argument sich gegen ihn selbst kehrt: die unbe-

---

1) D. 3, 2, 6, 7; s. Index, besonders Schulz, Solazzi ll. cc.

2) Inst. 7, 4, 35, Solazzi a. a. O.; andere Stellen enthält auch der Thes. ling. lat. nicht.

3) RL. 457; Bull. 131. Dagegen Levy 105; vgl. auch Lenel EP.³ 115 N. 6.

4) Synall. 2, 92.

5) S. oben S. 34.

6) Dies nur gegen De Francisci; Albertario nimmt ja übereinstimmende Haftung in simplum an.

7) Röm. PrivR. 237.

8) Siber nennt: ipso; quo[d]; es[se]t; hinzuzufügen wäre: commiserit ohne Objekt; in — in — in.

9) S. oben S. 3.

10) Vgl. auch unten S. 55.

11) Vgl. oben S. 39 N. 4.

fristete Haftung des Erben auf i. qu. p. wäre unerträglich, wenn der Täter selbst nach Jahresfrist überhaupt nicht haften würde [1]).

b) Einen zweiten, mittelbaren Beleg für die postannale Dolusklage würden wir in D. 4, 2, 14, 13 erhalten, wenn die Behandlung, die Seckel und Levy [2]) der Stelle angedeihen lassen, die richtige wäre.

(Ulp.) Eum qui metum fecit, et de dolo teneri certum est, et ita Pomponius, et consumi alteram actionem per alteram exceptione in factum opposita.

Die actio de dolo ist bekanntlich allgemein subsidiär [3]). Eben deshalb ist normalerweise Konkurrenz mit anderen Klagen ausgeschlossen. Wie aber, wenn zwei gleichermaßen subsidiäre Klagen zur Verfügung stehen? Daß keine von beiden zum Zug kommen sollte, ist undenkbar; ein Anhaltspunkt dafür, daß eine, und welche, den Vorzug erhielte, liegt nicht vor. So scheint die notwendige Folge gerade das, was Siber [4]) ein unlösbares Rätsel dünkte: beide Klagen — unfähig, einander auszuschließen — konkurrieren miteinander.

Mit diesem einleuchtenden Satz suchen Seckel und Levy an unseren § 13 heranzukommen. Allerdings macht der Prätor die Metusklage aufs Vierfache nicht wie die Dolusklage von der Voraussetzung abhängig, daß „de his rebus alia actio non erit"; aber die postannale Metusklage ist nach dem Edikt durch eine causae cognito, und nach der hierauf fußenden Praxis durch den Mangel einer anderen actio bedingt, im Ergebnis also auf dieselbe Stufe allgemeiner Subsidiarität [5]) gestellt wie die Dolusklage. Auf diese postannale Klage beziehen die beiden Forscher den § 13. Freilich müßten die Kompilatoren dann vor „et de dolo" die Worte „post annum" gestrichen haben. Aber dies ist deshalb plausibel [6]), weil sie mit Rücksicht auf C. 2, 20, 8 auch anderwärts bei der Dolusklage die Hinweise auf die Jahresfrist tilgen

[1]) Vgl. Levy 104 und oben S. 32 f.

[2]) Konk. 2, 1, 155 ff.; ebenda Seckel (mündlich).

[3]) Über die Tragweite dieses Satzes vgl. Levy Konk. 2, 1, 156 (gegen Siber Pass. leg. 182 f.).

[4]) Röm. PrivR. 236 (ganz anders noch Pass. leg. 183 N. 1), der hierin von Levy a. a. O. trotz des Zitats (236 N. 8) gerade abweicht. — Nicht recht verständlich ist mir, was Siber mit den Worten meint: „da sowohl die Metus- wie die Dolusklage subsidiär sind . . .". Denn innerhalb des Jahres ist zwar die Dolus-, nicht aber die Metusklage subsidiär; post annum dagegen ist zwar die Metusklage nur noch subsidiär, während es eine Dolusklage nach Siber überhaupt nicht mehr gibt (vgl. oben S. 39 N. 4).

[5]) Levy Konk. 2, 1, 157; Siber a. a. O.

[6]) Aber keineswegs zwingend. Es handelt sich für Seckel und Levy gar nicht um die Frist der Dolus-, sondern um die der Metusklage, die Tribonian aufrechterhielt.

mußten. Trotzdem läßt sich diese bestechende Hypothese m. E. nicht halten.

Es ist schon sehr fraglich, ob der bei der Dolusklage geltende, engere Begriff dolus malus durch den Erpressungstatbestand erfüllt wird [1]). Fraglich ist es auch, ob man die Haftung mit der Bereicherungsklage noch als ein de dolo teneri bezeichnen konnte [2]). Auffällig wäre es ferner, wenn Ulpian mitten in die Erörterung von Fragen, die sich auf die quadruplatorische [3]) oder doch auf beide Metusformeln [4]) gemeinsam bezogen, eine allein zur postannalen Klage gehörige Bemerkung eingestreut hätte. Vor allem aber ist nicht bewiesen und, wie ich glaube, auch nicht beweisbar, daß die postannale Dolusklage subsidiär war [5]). Sie beruhte doch, wie gerade Levy [6]) betont hat, auf einer Fortbildung der gegen den Erben verheißenen Klage; sie teilte also mit dieser gewiß auch den nicht pönalen Charakter, sie machte deshalb nicht ehrlos und war, wie in l. 28 ausdrücklich gesagt ist, nicht annal. Wie die Erbenklage und wie alle anderen sekundären Bereicherungsklagen [7]), wird daher auch sie nicht subsidiär gewesen sein.

Eine befriedigende positive Lösung des in dem § 13 liegenden Rätsels liegt zur Zeit nicht vor [8]). Sie zu suchen, ist nicht unsere Aufgabe. Als Beleg für die postannale Dolusklage dürfte der § jedenfalls ausscheiden. So bewendet es bei dem formell anstößigen Schlußsatz der l. 28. Entscheidenden Wert möchte ich — abgesehen von den Parallelen, von denen mindestens eine [9]) keinem ernsthaften Bedenken unterliegt — auf die obige Erwägung legen, daß nicht der Erbe unbefristet, der Täter selbst nur annal haften kann. Ich möchte daher auch diese Bereicherungshaftung für das klassische Recht bejahen.

---

[1]) Dazu Siber a. a. O. 234.

[2]) Vgl. oben S. 40, auch Eisele SZ. 30, 108 N. 1.

[3]) D. 4, 2, 14, §§ 9—11. 14. 15.

[4]) § 12 eod.

[5]) So ausdrücklich Levy a. a. O. 157 N. 5.

[6]) Privatstr. 103.

[7]) S. unten S. 87.

[8]) Siber Röm. PrivR. 235 rekonstruiert, selbst zweifelnd: qui metum fecit, si dolo fecit, teneri ... Das wäre eine Erörterung über den Begriff metus, den Ulpian in l. 9 pr. bereits erledigt hat, und paßt jedenfalls schlecht an den Ort, an dem § 13 steht und nach seinem Inhalt mit Recht steht.

[9]) Nämlich die postannale Klage aus dem Fraudatorium (vgl. unten S. 74 f.).

§ 9.

Erpressung.

Bei der actio quod metus causa ist von einer Bereicherungsklage nur gegen den Erben die Rede: der Täter haftet nach Ablauf der Jahresfrist subsidiär in simplum [1]). Mit der Erbenklage befassen sich D. 4, 2, 16, 2; 20 (Ulp.) und 19 (Gai.); die Fragmente 17 und 18 erörtern den Begriff pervenire allgemein, ohne Beziehung zum Metusedikt, ja, eine solche wird durch die Inskription der ersten (Paulus 1. quaest.) nicht nahegelegt, durch die zweite (Julian 64 Dig.) direkt ausgeschlossen [2]). Albertario [3]) setzt die Fragmente 17 und 20 ganz auf die Rechnung der Kompilatoren, reiht lex 18 mit Lenel [4]) der Inskription entsprechend in eine gänzlich heterogene Umgebung ein, und schneidet ll. 16, 2 und 19 soweit zurecht, daß eine actio in factum (in simplum) herauskommt.

> a) D. 4, 2, 19 (Gai.) [5]) Quod autem in heredem eatenus pollicetur actionem proconsul, quatenus ad eum pervenerit, intellegendum est ad perpetuo dandem actionem pertinere.

Auf die zum Teil wörtliche Übereinstimmung dieses Fragments mit D. 4, 3, 26 wurde schon [6]) hingewiesen. Wie in lex 26 spricht Gaius von einem besonderen Edikt über die Erbenklage; was aber dieses Ediktreferat vor allen entsprechenden auszeichnet, ist die m. W. noch nicht gewürdigte Eigenart der Fragestellung [7]): der Magistrat verspricht zwei Formeln gegen den Delinquenten [8]), eine aufs quadruplum und eine postannale („perpetuo danda") aufs simplum. Welche von beiden aber meint er, wenn er gegen den Erben eine actio i. i. qu. p. verheißt? Bei solcher Frage muß es doch zunächst für Gaius selbstverständlich gewesen sein, daß die Formel gegen den Erben nichts anderes als die ursprüngliche Formel

---

[1]) S. o. S. 33.

[2]) Julian 64 handelt von der lex Aelia Sentia; vgl. Lenel Paling. 1, 472, aber auch Appleton NRH. 34, 740 ff., Rabel SZ. 32, 413.

[3]) RL. 465.

[4]) A. a. O.

[5]) Sie wird von Rabel Grundz. 456 N. 5 mit Recht als Hauptbeleg angesehen. Nicht ganz verständlich ist mir, warum Kr. Nov. Suppl. gerade bei dieser Stelle (und nur bei ihr) Albertario folgt.

[6]) S. oben S. 36.

[7]) Die Konstruktion: quod autem ... intellegendum est ist nach Ferrini opere 2, 344 bei Gaius besonders häufig.

[8]) Denn auch wenn die Metusklage „in rem scripta" war (darüber unten S. 150 ff.), war sie doch vor allem gegen den Erpresser gerichtet. Vgl. auch unten S. 248 f.

(mit einem Zusatz) war [1]). Nur weil zwei ursprüngliche Formeln zur Wahl standen, kann er zweifeln, welche gegen den Erben zurecht zu machen ist; und dieser Zweifel ist wiederum nur zu erklären, wenn einmal die Erbenklage nicht im Album proponiert war [2]) — und wenn das Anhangsedikt selbst durch seine Fassung zum Ausdruck brachte, daß die Erben- mit der Stammformel bis auf den Zusatz übereinstimmte. Geschah dies etwa mit den Worten [3]) id iudicium dabo i. i. qu. p. [4]), so wird auch die Frage verständlich, mit der Gaius sich beschäftigt.

Was aber Albertario (RL. 461 f.) aus dieser Stelle macht, ist schlechthin unmöglich. Wenn man mit ihm quatenus — pervenerit streicht, ist nicht mehr von einer Umbildung der Formel die Rede und wird nur noch gefragt, ob das Versprechen der Klage gegen den Erben auf die quadruplatorische oder auf die simplum-Klage sich beziehe. Für Gaius kann es aber doch nicht zweifelhaft gewesen sein, daß eine Strafklage — aufs Vierfache oder auch nur aufs Einfache [5]) — nicht gegen den Erben zustehen kann.

Von dem Ulpianfragment (D. 4, 2, 16, 2), seiner Verwandtschaft mit D. 4, 3, 17, 1, seiner Stellung am Ende des Formelkommentars und den daraus zu ziehenden Folgerungen war schon die Rede:

> Haec actio heredi ... datur ... in heredem autem ... in id, quod pervenit ad [eos] ‹eum›, datur non inmerito: licet enim poena ad heredem non transeat, attamen quod turpiter vel scelere quaesitum est, ut est et rescriptum, ad compendium heredis non debet pertinere.

Den entscheidenden Satz in heredem — datur anzufechten, besteht kein Anlaß [6]). Die nachfolgende Begründung betont mit bemerkenswerter Präzision [7]) den Gegensatz [8]), der nur noch einmal, durch ein Diokletianisches Reskript aus dem Cod. Herm. [9]), gleich treffend formuliert wird: zwischen der unvererblichen Strafe und der Bereicherungshaftung des Erben. Sie rechtfertigt die letztere durch ethische Er-

---

[1]) S. dazu oben S. 37 f. und unten S. 88 f.

[2]) Dies entnimmt auch Levy 96 N. 5 unserer Stelle; vgl. unten § 17.

[3]) die vielleicht in D. 4, 3, 26 durchklingen; vgl. auch unten S. 88.

[4]) S. oben S. 36 ff., 40 und unten § 19.

[5]) Denn auch eine solche wäre Strafklage; a. M. freilich Alb., vgl. oben S. 10.

[6]) Albertario RL. 462. 464 beruft sich nur auf das haec actio.

[7]) Levy 100 N. 1.

[8]) Gerade diesen findet Ferrini Bull. 14, 217 unglücklich und verdächtig; dagegen Levy a. a. O. und passim.

[9]) Herm. Wis. 2, 1; s. unten S. 47, vgl. auch D. 50, 17, 38.

wägungen, deren Form befremdet[1]), deren Inhalt aber sich jedem aufdrängte und offenbar auch den legislativen Hintergrund für die (beschränkte) Haftung des Erben abgab. Wenn der Text sich nebenher auf ein Reskript beruft, so dürfen wir auch das hinnehmen, ohne noch anderwärts Spuren desselben Reskripts finden zu wollen[2]). Die Begründung ist in unserer Stelle jedenfalls besser als in den beiden anderen, die Analoges enthalten, und von denen wir die eine beim Unde vi kennen lernten; sie ist endlich gerade bei der Metusklage, bei der ersten ediktalen[3]) actio i. i. qu. p., der Ulpian auf seinem Weg begegnet, besonders am Platz.

An die lex 16, 2 schloß sich bei Ulpian mehr oder weniger unmittelbar die lex 20 an, die noch niemand befriedigend zu erklären oder zu behandeln wußte. Sie interessiert vor allem für die Frage nach dem Umfang der Haftung i. i. qu. p. und ist hier nur zu erwähnen, weil aus der Gegenüberstellung: heres — ipse qui vim intulit ihre Beziehung zur Metusklage deutlich erhellt.

b) Von fragwürdigem Beweiswert ist auch ein Reskript Diokletians, das die Bereicherungshaftung des Erben aus Erpressung (vim facere)[4]) ausdrücklich erwähnt:

> C. 4, 17, 1 (a. 294). Post litis contestationem eo qui vim fecit vel concussionem intulit [vel aliquid deliquit], defuncto successores eius in solidum, [alioquin in quantum ad eos pervenit] conveniri iuris absolutissimi est, [ne alieno scelere ditentur].

Rotondi[5]) und Albertario[6]) haben die eingeklammerten Stücke gestrichen und so den Text sichtbar verbessert: die Periode schließt mit iuris absolutissimi est typisch[7]) und markant ab; das nachhinkende[8]) [ne — alieno] wird beseitigt, das überdies nur zu dem — gleichfalls verdächtigen — [alioquin — pervenit], aber nicht zum Übrigen paßt. Auch scheint das Reskript in erster Linie den Fall post litem contestatam im Auge zu haben[9]), demgegenüber die entgegengesetzte Alternative auffällig kurz behandelt wird. Salopp ist auch in

---

[1]) Ferrini a. a. O.; De Francisci 85; Albertario RL. 462 f.; vgl. aber auch Levy a. a. O. und 112 N. 7.

[2]) Dies gegen Levy a. a. O., der das hier zitierte mit dem in D. 3, 6, 5 pr. angezogenen Reskript anscheinend identifizieren will. Über letzteres vgl. unten.

[3]) Vgl. auch unten S. 58 N. 2.

[4]) Wegen der anderen Fälle s. unten S. 58. 83.

[5]) Scr. giur. 2, 389 N. 1, vgl. aber Bull. 26, 189 N.

[6]) Bull. 26, 119. 125 ff.; RL. 47, 506.

[7]) Vgl. unten S. 68 N. 5.

[8]) Albertario Bull. a. a. O.; a. M. Rotondi Bull. a. a. O.

[9]) Albertario Bull. 119.

quantum statt des korrekten in tantum quantum, und auffallend farblos die Generalklausel vel aliquid deliquit, die den konkreten Tatbestand seltsam verallgemeinert; aliquid statt aliud quid ist eine bei den Byzantinern häufige Entgleisung [1]), die hier doch kaum mit Wlassak [2]) durch Emendation zu beseitigen ist. Schließlich ist es gar nicht richtig oder mindestens nicht genau, daß im Falle der concussio der Erbe auf i. qu. p. haftet (unten S. 58).

Die Interpolation schiene gesichert, wenn nicht ein anderes, außerhalb der Kompilation überliefertes Reskript Diokletians mit dem unseren so auffällig und gerade in den beanstandeten Teilen wörtlich übereinstimmte, daß die Herkunft aus einer Feder oder doch ein Abhängigkeitsverhältnis zwischen beiden fast gewiß ist: Cod. Herm Wis. 2, 1:

> (a. 294) Licet ante litem contestatam defuncto, qui ex proprio delicto conveniri potuit, successores non possint poenali actione conveniri, tamen hos etiam in tantum quantum ad eos pervenit teneri, ne scelere ditentur alieno, certissimi iuris est.

Albertario [3]) hat die Konsequenz nicht gescheut, auch in diesem Fragment die entsprechenden Partien zu streichen — obwohl doch hier alle formellen Anstöße fehlen [4]). Er glaubt an gemeinsame Interpolation durch einen Herausgeber des Cod. Herm. [5]) — einen Privatmann! [6]) — oder auch, wobei freilich die von ihm selbst betonte formelle Übereinstimmung unerklärt bleibt, an zwei voneinander unabhängige Eingriffe durch die Westgoten und die Leute Justinians. Levy [7]) und Wlassak folgern umgekehrt aus der Übereinstimmung die Echtheit beider Texte. Den Vorzug wird jedoch eine dritte Annahme verdienen, die Rotondi, wiewohl zögernd, aufgestellt hat: daß C. 4, 17, 1 durch eine „Fusion" von Herm. 2, 1 mit einem anderen Reskript entstanden ist, und daß dieses andere den Inhalt hatte, den C. 4, 17, 1 nach Streichung der verdächtigen Stücke erhält: aus Erpressung und Konkussion (zwei verwandten Delikten) [8]) haftet der Erbe nach Litiskontestation in solidum.

---

1) Vgl. vor allem Beseler SZ. 44, 393 f. und die anderen bei Citati Indice s. v. alius Zitt.

2) Anklage 126.

3) Bull. 125. 284. RL. 47, 506; vgl. auch unten S. 83.

4) Dies betont Wlassak a. a. O.

5) Den Versuch näherer Datierung (Bull. 126 f.) hat Albertario auf Rotondis (Bull. 26, 189 N.) Widerspruch aufgegeben (ebenda 284); vgl. dazu Levy 112 N. 3.

6) Vgl. Rotondi a. a. O.

7) S. 112.

8) S. unten S. 58.

Für diese Annahme spricht manches: auch C. 4, 17, 1 muß, wie die große Mehrzahl der Konstitutionen des justinianischen Codex aus den Jahren 293 und 294[1]), und mitsamt der Titelrubrik, die ja bei den Westgoten mit nur geringfügigen[2]) Änderungen wiederkehrt, aus dem Hermogenianus stammen. Daß dieser mehrere Konstitutionen über unsere Frage umfaßte, wird auch dadurch wahrscheinlich, daß er für sie eine besondere Rubrik enthielt, wie er ja überhaupt keinen geringen Umfang hatte[3]) und gerade für die beiden Jahre reichhaltiger war als der justinianische Codex. Da andererseits auch in ihm die Ordnung der einzelnen Gesetze chronologisch war[4]), und da das Datum unserer beiden Reskripte nur ein halbes Jahr auseinanderliegt, dürfen wir annehmen, daß sie dort in naher oder unmittelbarer Nachbarschaft gestanden haben[5]). Wie wir aus dem Theodosianus in zahlreichen Fällen[6]) nachweisen können, daß die Kompilatoren[7]) mehrere Konstitutionen und besonders natürlich solche, die schon in der Vorlage benachbart waren, zusammenzogen, so wird es auch bei den beiden älteren Codices oft, und kann es auch bei unseren beiden Reskripten der Fall gewesen sein. Innerlich empfiehlt sich diese Hypothese deshalb, weil gerade die formell verdächtigen Partien der C. 4, 17, 1 über den konkreten Fall (Tod eines Erpressers nach L. C.) hinausgehen und einerseits alle anderen Delikte (vel aliquid deliquit), andererseits auch den Tod vor L. C. einbeziehen — und weil dieselben Stücke mit der allgemein und nur von der Zeit vor der L. C. redenden Herm. 2, 1 wörtlich übereinstimmen.

Als einen Beleg für die Haftung i. i. qu. p. möchte ich nach allem unsere c. 1. nicht gelten lassen. Von sachlicher Bedeutung ist dies höchstens für den Fall der concussio; die Generalklausel ist in dem westgotischen Fragment deutlicher und besser übermittelt, und für die Erpressung liefern die zuvor besprochenen Stellen genügendes Material. Der bündigste Beweis aber steht für sie noch aus: eine Stelle, die Albertario entgangen ist und die nur ganz vereinzelt[8]) überhaupt in diesem Zusammenhang zitiert worden ist. Von den Heerstraßen justi-

---

[1]) Und wie alle Konstitutionen, die die abgekürzte Subskription AA. conss. tragen; vgl. Rotondi Bull. 26, 175 ff., 185 ff., 208 und Kipp Quellen[4] 86 N. 14.

[2]) a. M. Albertario (unten S. 89).

[3]) Kipp a. a. O. 85 N. 10.

[4]) Vgl. Krüger Quellen[2] 320.

[5]) So auch Rotondi Bull. a. a. O.

[6]) Krüger Quellen[2] 389 N. 12.

[7]) Kraft ausdrücklicher Ermächtigung, vgl. Const. Haec § 2.

[8]) Biondi actt. arbb. 64.

nianischer Reformen und moderner Interpolationenkritik weit abgelegen, konnte sie von beiden nahezu verschont bleiben:

c) D. 40, 13, 2 Marcellus 24 Dig.: Servum quis per vim a Titio <mancipio> [1]) accepit et testamento liberum esse iussit: quamquam solvendo decesserit, non erit ille liber: alioquin fraudabitur Titius, qui non procedente quidem libertate cum herede eius agere potest, at si ad libertatem servus pervenerit, nullam actionem habiturus est, quia nihil videbitur heres ex defuncti dolo consecutus.

Marcellus spricht hier, wie außer Zweifel ist [1]), von der bekannten Bestimmung der lex Aelia Sentia über das Verbot und die Nichtigkeit fraudatorischer Freilassungen. Es handelt sich aber um einen besonderen Anwendungsfall dieses Gesetzes, der in unserer Überlieferung sonst m. W. nicht wiederkehrt und in seiner Einzigartigkeit von den neueren Schriftstellern nicht gewürdigt worden ist.

Die lex Aelia Sentia verbot Freilassungen und vor allem [2]) testamentarische Freilassungen, die in fraudem creditorum erfolgten [3]). Wann dies der Fall war, war im Gesetz nicht näher bestimmt. Insbesondere ergab sich aus ihm nicht das Erfordernis, daß der Freilasser im Zeitpunkt des Wirksamwerdens der Freilassung — der testamentarische Freilasser also im Augenblick seines Todes — insolvent sein müsse. Wenn gleichwohl in unseren Quellen allenthalben die Insolvenz als Tatbestandselement erscheint, so erklärt sich das zwanglos daraus, daß ohne Insolvenz des Schuldners eine Schädigung der Gläubiger in aller Regel nicht denkbar ist. Mindestens theoretisch sind also auch Fälle möglich, in denen trotz Solvenz des Freilassers eine fraus creditorum eintritt, und in denen das Gesetz — seinem Wortlaut nach — Anwendung finden konnte.

Tatsächlich sind unseren Quellen drei derartige Fälle bekannt. Am meisten erörtert ist der des verpfändeten Sklaven; seine Freilassung durch den Verpfänder war im klassischen Recht unstreitig nichtig [4]), und die Nichtigkeit wird in zwei Stellen, in D. 40, 9, 5, 2 [5]) und in dem freilich unvollständigen [6]) § 16 der dositheanischen Fragmente, auf die

[1]) Lenel Marcell. 250.

[2]) aber nicht ausschließlich; vgl. Schulz SZ. 48, 209.

[3]) Gaius 1, 37 und sonst; Beseler Tijdschrift 10, 199; über den Wortlaut des Gesetzes (creditorum fraudandorum causa?) zweifelnd Schulz a. a. O. 199.

[4]) Dernburg Pfandr. 2, 13; Mitteis RPR. 61 N. 61; Rabel Verfügungsbeschr. 89; Schulz SZ. 48, 263 ff.

[5]) Zwar nicht ausdrücklich, aber nach der Inskription (Julian 64) doch deutlich.

[6]) Aber doch nicht trümmerhaften, wie Schulz a. a. O. will. Richtig ist, daß die bisherigen „Rekonstruktionen" in den Text eine jedenfalls nicht allgemeingültige (oder interpolierte? vgl. Schulz 265, 275 ff.) Unterscheidung zwi-

lex Aelia Sentia zurückgeführt [1]). Dernburg, Mitteis und Rabel haben daraus entnommen [2]), daß ursprünglich das — prätorische — Pfandrecht die Freilassung nicht hindern konnte und, da ein Pfandrecht an einem Freien unmöglich ist, erlöschen mußte. War dieser unerfreuliche Zustand jemals Wirklichkeit, so wäre seine Beseitigung mit Hilfe der lex Aelia Sentia — in der Vernichtung des Pfandrechts liegt gerade die Benachteiligung des (Pfand-)Gläubigers — ebenso notwendig wie einfach und elegant gewesen. War umgekehrt die Freilassung des Verpfändeten wie die des Nießbrauchssklaven von jeher nichtig — so Schulz — dann war für die Anwendung der lex weder Raum noch Bedürfnis. Auf die Frage nach der ursprünglichen Gültigkeit oder Nichtigkeit kommt daher mehr an, als auf die mehr oder weniger zweifelhaften Belege, von denen jedenfalls Dos. 16 entschieden für die Dernburgsche Lehre spricht [3]). Die Gleichsetzung von Nießbrauch und Pfandrecht steht nun für Schulz fast a priori fest, während m. E. dem Unterschied zwischen dem zivilen (gleichviel ob dinglich-absoluten) [4]) und dem prätorischen Rechtsinstitut entscheidende Bedeutung zukommt. Die Macht des Prätors fand an der zivilen libertas überall ihre Schranke: die bonorum possessio contra tabulas ließ die testamentarischen Freilassungen unberührt, es gab keine Wiedereinsetzung gegen Freilassungen [5]), selbst die prätorischen Mittel gegen Gläubigerbenachteiligung versagten und bedurften eben deshalb der Ergänzung durch die lex Aelia [6]). So ist Dernburgs Meinung plausibel, daß das prätorische Pfandrecht die Freilassung nicht hindern konnte und selbst

schen Spezial- und Generalpfand willkürlich hineintragen (Schulz 281); aber daraus folgt nur, daß es überhaupt keiner Rekonstruktion bedarf.

[1]) Deutlich auch in C. 7, 8, 5, wo die Freilassung verpfändeter Sklaven als fraudem fecisse creditoribus bezeichnet wird; anders (und komplizierter) zu der Stelle Schulz a. a. O. 217 f. 260.

[2]) A. a. O. (S. 49 N. 4).

[3]) a. M. Schulz a. a. O.

[4]) Vgl. Schulz a. a. O. 264 Anm. 6.

[5]) Mitteis RPR. 246 N. 37. 245 N. 33 meint (zustimmend v. Lübtow 26), der Prätor habe trotzdem durch Verweigerung der proclamatio in libertatem die Freiheit praktisch reszindieren können. Allein f o r m e l l e Bedenken hätten auch einer vindicatio in servitutem rescissa manumissione nicht entgegengestanden. Der Grund, warum man sie vermied, muß also doch ein innerer gewesen sein: eben die Zurückhaltung des Prätors gegenüber der zivilen libertas. Daß er in gewissen Fällen diese Grenze überschritt, verschlägt nichts. — Übrigens ist es doch nicht sicher, ob mit der proclamatio auch der Freiheitsprozeß vereitelt war, ob — m. a. W. — die proclamatio den letzteren notwendig einleiten mußte; vgl. dazu neben Wlassak Grünh. Z. 19, 723. 724; SZ. 28, 58 N. 1 auch Schloßmann SZ. 13, 231 ff. 243 ff. Wie namentlich, wenn der Freigelassene sine dolo malo in libertate lebte?

[6]) Vgl. Girard manuel [8] 134; Krüger Quellen [2] 39 N. 22.

untergehen mußte, solange nicht auf anderem Wege Hilfe kam. Allerdings gab es **ein** prätorisches Recht, das die Freilassung durch den dominus hinderte und nach Gai. 1, 54 ihre volle Nichtigkeit bewirkte: das bonitarische Eigentum. Aber dies war nur möglich, weil man bei dem bloß quiritischen Eigentümer das zivilrechtliche Erfordernis der potestas verneinte, und ist daher auf das — zudem viel jüngere und schwächere — Pfandrecht nicht zu übertragen. Übrigens bewirkte auch ein entgegenstehender Nießbrauch — wie Schulz (S. 273) nicht verkennt — nicht Nichtigkeit: der Sklave ward sine domino. Das Pfandrecht soll aber in diesem Punkt stärker gewesen sein als der Nießbrauch — aus Zweckmäßigkeitsgründen, wie Schulz im Anschluß an Vangerow, m. E. wenig überzeugend, annimmt.

Einen zweiten, freilich etwas verdächtigen Fall erwähnt D. 40, 9, 5, 2, deren komplizierter Tatbestand auf sich beruhen mag [1]). Umso klarer und besser überliefert ist der dritte Fall, den unsere D. 40, 13, 2 bespricht, und der als Parallele auch für die beiden anderen jedenfalls so viel beweist, daß die Insolvenz des Freilassers nicht zum Begriff der fraus creditorum gehört: Die Manzipation eines Sklaven ist erzwungen, der Erpresser haftet mit der actio quod metus causa. Er stirbt und läßt durch Testament den erpreßten Sklaven frei. Mit seinem Tod erlischt die Metusklage, es bleibt gegen den Erben nur eine actio i. i. qu. p. Die Freilassung, die an sich gültig ist, bewirkt, daß nichts an den Erben gelangt. Die Freilassung führt also deshalb zu einer Schädigung des Gläubigers, weil hier — ausnahmsweise — ein factum debitoris zwar nicht für diesen selbst, aber für seinen Erben befreiende Wirkung hat. Eben darum wendet Marcellus die lex Aelia an und hält deshalb die Freilassung trotz Solvenz des Nachlasses auf Grund der lex Aelia [2]) für nichtig.

Das ist eine logische Gedankenführung, wie sie nicht besser sein könnte. Alles würde zerstört, wenn man mit Albertario annähme, daß der Erbe des Erpressers mit einer actio in factum auf Schadensersatz, also ohne Rücksicht auf seine Bereicherung, haftete. Denn dann würde diese Forderung durch die Freilassung nicht berührt, Schädigung des Gläubigers bliebe außer Betracht, die ganze Fragestellung aber und ihre Erörterung bei der lex Aelia Sentia würden sinnlos.

Die Echtheit des Marcellusfragments ist erst in neuester Zeit von

---

[1]) Vgl. dazu Schulz 235 f.

[2]) Auf Grund der lex Aelia! Nicht überzeugend daher Schulz 234: „**Schon** nach der lex Aelia — so denkt M. — würde die Freilassung nichtig sein, wenn der Freilasser non solvendo decesserit".

Beseler[1]) bestritten worden. Er tilgt — ohne genügende Gründe verständlich zu machen — die Begründung von alioquin an und läßt von der Entscheidung nur unter Umkehrung des Ergebnisses die Worte erit ille liber stehen, denen er einen Satz anfügt: „der Prätor aber kann Manzipation und Freilassung reszindieren". — Auch wer davon absieht, daß es sich um ein Stück feiner Juristenarbeit handelt, das den Klassikern hier abgesprochen werden soll, muß doch an dieser Rekonstruktion Anstoß nehmen: Wie käme Marcellus an dieser Stelle, bei der Lex Aelia Sentia, dazu, einen Fall zu erörtern, der lediglich Probleme des Metusrechts betraf? Und wie käme der Prätor hier dazu, eine Freilassung zu reszindieren, wo er doch sonst immer — auch nach Beseler[2]) — eine Restitution contra libertatem versagte?

Ein ernsthafteres Bedenken könnte[3]) man gegen unsere Stelle aus der verbreiteten[4]) Lehre herleiten, daß bei erzwungener Manzipation der Erpresser nur quiritisches Eigentum erwerbe, während die Sache in bonis des Manzipanten bleibe. Wäre diese Anschauung begründet, so wäre zwar die Freilassung durch den Erpresser als eine Freilassung durch den bloß quiritischen Eigentümer nichtig[5]) und das non erit ille liber in unserer Stelle wäre so erklärt, aber das ganze Raisonnement, der Zusammenhang mit der Lex Aelia würde unverständlich — unverständlich insbesondere auch vom Standpunkt der justinianischen Juristen, da gerade sie die erzwungene Tradition als nichtig ansahen[6]) und deshalb auf solche Gedankengänge nicht wohl verfallen konnten. Indessen dürfte jene Lehre nicht haltbar sein. Der gezwungene Manzipant wird in keiner unverdächtigen Stelle[7]) als Bonitarier bezeichnet. Modestins Regel, auf die sich u. a. Schulz[8]) beruft,

> (D. 41, 1, 52) Rem in bonis nostris habere intellegimur, quotiens possidentes exceptionem aut amittentes ad reciperandam eam actionem habemus.

---

[1]) Tijdschrift 10, 202. Sein Ausgangspunkt ist das von ihm durchweg beanstandete Futurum der deductio ad absurdum (fraudabitur).

[2]) SZ. 45, 435 zu D. 4, 3, 7 pr.; vgl. Schulz SZ. 43, 189 N. 2 und oben S. 50 N. 5.

[3]) Doch scheint es nirgends geschehen zu sein; Schulz a. a. O. 175 N. 2 scheint umgekehrt unsere Stelle als Stütze jener Ansicht zu betrachten.

[4]) Schliemann Zwang 74 ff.; Schulin Anwendgsfälle der Publiciana 45 f.; Czyhlarz Jher. Jb. 13, 42; Kohler Jher. Jb. 25, 10; Gradenwitz SZ. 6, 65 f.; Erman SZ. 13, 199 N. 1; Levy Konk. 2, 1, 164; Schulz SZ. 43, 175.

[5]) Vgl. Gai. 1, 54. 167 und oben S. 51.

[6]) Vgl. Schulz a. a. O. 199 ff.

[7]) Denn auf D. 4, 2, 9, 4. 6 darf man sich heute nicht mehr berufen; vgl. Schulz SZ. 43, 200. 238. — Wegen C. 2, 19, 3 s. unten S. 145 ff.

[8]) A. a. O. S. auch Erman a. a. O., der versehentlich D. 44, 7, 52 zitiert.

ist wahrscheinlich zu allgemein gefaßt; sie beweist vor allem nur, daß trotz der Manzipation der Gezwungene das bonitarische Eigentum dann behält, wenn er im Besitz der Sache geblieben ist. Nur in diesem Fall bleibt die Grundvorstellung des in bonis habere gewahrt. Nur von ihm — Manzipation ohne Tradition — läßt sich auch mit Gradenwitz sagen, daß er eine Umkehrung des publizianischen Tatbestandes (Tradition ohne Manzipation) darstelle. Eben dieser Fall wird aber aus naheliegenden Gründen praktisch sehr selten sein. Für den Regelfall dagegen, daß der Erpresser sich nicht mit dem abstrakten Rechtserwerb begnügt, sondern auch die Tradition erzwingt, ergibt sich aus dem Satz des Modestin gerade das Gegenteil: das Rückgrat des bonitarischen Eigentums ist überall die dingliche Klage, die das bonitarische überhaupt erst zu einem dem quiritischen vergleichbaren Eigentum macht. Sie kann zwar sehr verschiedene Formeln haben, sie kann als Publiciana, als Rutiliana des bonorum emptor, als fiktizische des bonorum possessor erscheinen — immer aber bleibt es wahr, daß amittentes ad reciperandam (rem) habemus actionem.

Gerade die dingliche Klage fehlt nun demjenigen, der manzipiert hat. Er hat keine reszissorische Vindikation, solange nicht die Manzipation durch i. i. r. beseitigt ist. Er kann selbstverständlich aus dem Tatbestand der erpreßten Manzipation nicht eine Publiciana herleiten. Er kann aber auch nicht auf seinen ursprünglichen Erwerbstatbestand zurückgreifen und die exceptio rei venditae des Erpressers mit einer replicatio metus zurückschlagen [1]. Denn die auf den früheren Erwerb gestützte Publiciana scheitert an der inzwischen erfolgten Manzipation, um deren willen das si anno possedisset, tum si pareret... ebenso zu verneinen wäre wie bei der Vindikation das einfache si paret [2]. Die einzige dingliche Klage des Manzipanten ist vielmehr — wie seit Schloßmann wohl überwiegend angenommen wird [3] — die von einer prätorischen Restitution abhängige reszissorische Vindikation; das heißt aber doch, daß vor Restitution kein dinglicher Schutz und also auch kein bonitarisches Eigentum vorhanden ist. Wäre es anders, würde schon die bloße Restitutionsmöglichkeit ein in bonis esse begründen [4], so müßte z. B. auch der minderjährige Veräußerer Bonitarier bleiben und der Erwerber könnte einen Sklaven überhaupt nicht freilassen,

[1] A. M. Schulin, Kohler a. a. O.

[2] So überzeugend Schloßmann 105 ff.; vgl. Schulz SZ. 43, 175 N. 1.

[3] Vgl. Levy Konk. 2, 1, 164 mit Lit. — Wegen D. 4, 2, 9, 4 u. a. s. oben S. 52 N. 7.

[4] So in der Tat Schloßmann a. a. O.

während in Wahrheit die Freilassung wirksam und nicht einmal reszindibel ist [1]). Wenn demgegenüber in den nachklassischen Paulussentenzen (1, 7, 6) zu lesen ist, daß der servus per metum mancipatus für den Veräußerer erwerbe, so ist dies allerdings eines der Kriterien des in bonis habere; aber wir kennen nicht den ursprünglichen Zusammenhang dieser vielleicht verkürzten Sentenz und wissen vor allem nicht, von welchem der beiden Fälle sie handelt. Daß aber der Erpresser über die ihm manzipierte und tradierte [2]) Sache nicht hätte verfügen können, ist trotz der scharfsinnigen Auslegung, die Gradenwitz [3]) dem Fragment D. 4, 2, 9, 7 [4]) gibt, m. E. nicht bewiesen und nicht wahrscheinlich.

Nach allem dürfte der Erpresser nicht bloß quiritischer Eigentümer, die von ihm vollzogene Freilassung also an sich gültig und damit der Gedankengang unserer Stelle unanfechtbar sein.

§ 10.

Quod publicanus vi ademerit.

Mit der actio quod metus causa sind zwei andere Deliktsklagen verwandt, die nach der Kompilation gleichfalls eine Bereicherungshaftung des Erben erzeugen: die gegen den publicanus qui vi ademit und die gegen den calumniator. Völlige Sicherheit läßt sich bei beiden nicht erreichen. — Von der ersteren handelt die uns schon bekannte D. 39, 4, 4 pr. (Paulus, vgl. oben S. 29):

> Si publicanus, qui vi ademit, decesserit, Labeo ait in heredem eius, quo locupletior factus sit, dandam actionem.

De Francisci denkt — in seinem Bestreben, die Fälle der Bereicherungshaftung des Erben ohne allzu radikale Streichungen zu ver-

---

[1]) D. 4, 3, 7 pr.; andere merkwürdige Konsequenzen ergeben sich namentlich, wenn Restitutionsgegner ein gutgläubiger Dritter ist.

[2]) Diese Voraussetzung wird offenbar von Gradenwitz (s. folg. N.), wenn auch nicht ausdrücklich, gemacht — ebenso von Levy a. a. O.

[3]) SZ. 6, 65 f.; zustimmend Erman SZ. 13, 199 N. 1, Schulz a. a. O.

[4]) Danach muß der Erpresser neben remancipatio auch eine cautio de dolo leisten, „ne forte deterior res sit facta“. Eine cautio de dolo schützt aber sonst den Kläger gegen Verfügungen, die ein beklagter dinglich Berechtigter — der Vindikationsbeklagte, der nach L. C. ersaß (D. 6, 1, 18), der redhibierende Käufer (D. 21, 1, 21, 1; dazu grundlos Beseler SZ. 47, 369; Monier garantie 73) — in der Zwischenzeit vorgenommen hatte. L. 9, 7, die (ne—sit) von tatsächlichen Verschlechterungen redet, wird eben deshalb itp. sein (Eisele, Krüger). Unzulässig aber ist es, mit G. anscheinend unter dem Beifall von Schulz (SZ. 43, 175. 200) daraus zu schließen, daß der Metusbeklagte wirksam gar nicht verfügen konnte, weil er die erpreßte Sache nicht in bonis hatte; denn manzipieren konnte er jedenfalls (vgl. dazu Levy a. a. O. 169).

mindern — bei diesem Fragment an vindicatio oder condictio gegen den Erben [1]). Jene steht indessen hier wie überall ganz außerhalb der Betrachtung, und ihre Voraussetzungen sind ebenso wie die der condictio mindestens nicht in allen Fällen gegeben. — Bonfante [2]) und Siber [3]) nehmen eine Interpolation an, jener ohne, dieser nur mit der Begründung, daß locupletior factus est von einem Klassiker nicht im Sinne von ad eum pervenit gebraucht sein könne. Den Nachweis für eine solche terminologische Unterscheidung bei den klassischen Juristen hat Siber nicht erbracht; locupletior factus est kann mindestens auf die Vergangenheit weisen, wie die pervenit-Klausel es gewiß tat. Andererseits schließt auch diese eine Berücksichtigung nachträglicher Veränderungen nicht aus [4]). Beide Ausdrücke werden daher auch in unverdächtigen Stellen einander gleichgesetzt [5]). Anderes spricht geradezu für die Echtheit: Labeo begegnet uns auch sonst als Schöpfer einer solchen Bereicherungshaftung; und auch hier handelt es sich um eine restitutorische Strafklage.

Schwieriger liegt es im Fall der

§ 11.

Calumnia (D. 3, 6).

Unter das in h. t. 1 pr. überlieferte Edikt fallen zwei Tatbestände [6]): Wer dafür Geld nimmt, daß er einen Rechtsstreit gegen einen Dritten, oder [7]) dafür, daß er keinen Rechtsstreit gegen den Geldgeber vom Zaun bricht [8]), haftet innerhalb der Jahresfrist aufs Vierfache, später auf das simplum. Wem er haftet, ist aus dem Edikt nicht zu ersehen; die Frage ist aber nach den Kommentaren (h. t. 3, 3; 6; 7, 1) zweifellos für die beiden Tatbestände verschieden zu beantworten. Im ersten Falle hat nicht der Geldgeber, d. h. nicht der Anstifter zum schikanösen Prozeß, sondern der Bedrohte die Klage [9]), im zweiten aber der

---

1) 79; dagegen mit Recht Levy 93 N. 5.

2) Ist [8] 136 N. 1.

3) Röm. PrivR. 227 N. 10 (vgl. oben S. 3 N. 3).

4) Vgl. unten S. 164.

5) Zu D. 47, 8, 2, 27 vgl. Levy 93 N. 5 und oben S. 26.

6) Vgl. zum Folgenden Mommsen Strafr. 677; Hitzig RE. s. v. Calumnia 3, 1421; Levy Konk. 1, 474.

7) vel non faceret; allerdings auffällig (Beseler SZ. 47, 379, der vel ne liest), aber durch D. 37, 15, 5 pr. bestätigt; vgl. auch D. 47, 13, 2.

8) Natürlich nur als Kläger, nicht als Beklagter; Windscheid § 471 Anm. 2 beruft sich für das Gegenteil auf h. t. 7, 2, die aber anderes sagt.

9) Ohne Rücksicht darauf, ob es zum Prozeß kommt oder nicht: h. t. 3, 1.

Geldgeber selbst [1]). Im zweiten Falle hat weiter der Geldgeber neben der actio aus diesem Edikt eine condictio (ob iniustam oder turpem causam), genau wie eine condictio begründet ist, si tibi dedero, ne hominem occidas (Jul.-Ulp. D. 12, 5, 2 pr.). Daß seine condictio durch causa turpis dantis ausgeschlossen wäre, war kaum denkbar; denn wer sich von einem angedrohten schikanösen [2]) Prozeß loskaufen muß, wird nie schimpflich handeln, sondern immer Opfer einer Erpressung sein [3]). Im andern Falle aber, wo Geld gegeben ist, ut negotium faceret, wird umgekehrt auch der Geber immer unsittlich handeln und deshalb keine condictio haben, ebensowenig aber natürlich der Dritte.

1. Wenn also Ulpian in einer bis heute mit Recht unangefochten gebliebenen [4]) Stelle schreibt:

> (D. 3, 6, 5, 1) Sed etiam praeter hanc actionem condictio competit, si sola turpitudo accipientis versetur: nam si et dantis, melior causa erit possidentis...

so deckt sich seine Unterscheidung m. E. genau mit der zwischen den beiden Tatbeständen des Edikts [5]), und nur das mag auffalien, daß Ulpian hier in den allgemeinen Termini des Kondiktionenrechts spricht, anstatt die konkreten Tatbestände des Edikts zu scheiden. Wie die Konkurrenz mit der condictio hier entstehendenfalls „entschieden" [6]) wurde, wie weit die — hier nicht wiedergegebenen — Sätze des § 1 itp. sind, haben wir nicht zu fragen. Wo aber eine condictio statthatte, erwarb der Erbe nur den bereits mit einer condictio belasteten Nachlaß und konnte von einer Bereicherung eben deshalb nicht die Rede sein. In diesem (zweiten) Falle unseres Edikts war also für eine actio i. i. qu. p. ebensowenig Raum wie neben der condictio furtiva, während ihr in jenem ersten Falle kein grundsätzliches Bedenken entgegenstand. Das wird man bei der Beurteilung der beiden von den Kompi-

---

[1]) Mommsen Strafr. 677 f.; h. t. 3, 1 (s. vor. Note). Nur auf den zweiten Fall paßt übrigens Mommsens Ausdruck „Prozeßbestechung", und auch hier ist er nicht glücklich; denn das Delikt steht der Erpressung viel näher als der Bestechung; s. das im Text Folgende. — Ein aus der Konstruktion fallendes sinnloses Einschiebsel sind in h. t. 3, 1 die Worte [et qui — etsi fecit], die das für den ersten Fall Passende gedankenlos übertragen: der Empfänger haftet s o g a r, wenn er abredegemäß „stillhält", und erst recht (nicht etsi!), wenn er die Abrede bricht.

[2]) Daß der angedrohte Prozeß calumniae causa hätte angestrengt werden müssen, kommt bei Mommsen a. a. O. nicht klar heraus.

[3]) Das Delikt wird denn auch geradezu als concussio bezeichnet; s. unten S. 58 und Wlassak Anklage 130 ff.

[4]) De Francisci 76, Synall 2, 97; Levy 102.

[5]) A. M. z. B. Mommsen Strafr. 678; Pernice Labeo 2, 1, 43 N. 4.

[6]) Darüber Levy Konk. 2, 1, 151 ff. (im Sinne von „judizialer Konsumption").

latoren in enge Verbindung gesetzten Fragmente h. t. 4 und 5 pr. beachten müssen.

4 (Gaius) Haec actio heredi quidem non competit, quia sufficere ei debet, quod eam pecuniam quam defunctus dedit repetere potest.

5 pr. (Ulpian) in heredem autem competit in id quod ad eum pervenit. nam....

Lex 4 lehrt die aktive Unvererblichkeit der Klage aus diesem Edikt, d. h. also der einheitlichen, beide Fälle erfassenden Formel, von der allein die Rede ist[1]). Aber die Begründung stimmt nur für den (zweiten) Fall, daß der Erblasser sich von einem Prozeß losgekauft hat. Deutlich genug sagt sie auch nur repetere eam pecuniam, quam defunctus dedit. Gerade umgekehrt spricht 5 pr. zwar auch dem Anschein nach allgemein von haec actio, während ihr Inhalt nur auf den (ersten) Fall paßt, wo keine vererbliche condictio die Bereicherung des Erben von vornherein ausschließt[2]). Ist die pervenit-Haftung hier klassisch (was De Francisci[3]) verneint), so haben die Kompilatoren also zwei Fragmente in organische Verbindung gebracht, die verschiedene Fälle behandelten. Ein solches Verfahren ist gewiß nicht ohne Parallele.

Beispiellos wäre dann allerdings die Klage aus dem ersten Tatbestand: aktiv unvererblich, passiv aber in gewissem Sinne beschränkt vererblich. Überall sonst ist doch der Kreis der aktiven Vererbung weiter als der der passiven. Indessen nimmt auch unter allen Klagen, die immateriellen Schaden verfolgen und deshalb[4]) aktiv unvererblich sind („actiones vindictam spirantes"), unsere actio aus dem Kalumnienedikt, 1. Fall, eine Sonderstellung ein; sie ist die einzige, die einen materiellen Gewinn des Täters nicht nur ermöglicht, sondern voraussetzt: sie verfolgt ein Delikt, das ideelle Güter verletzt, auf Seiten des Täters aber Vermögensdelikt ist.

De Francisci hat freilich wohl darin Recht, daß lex 5 pr. von nam an wahrscheinlich itp. ist[5]). Aber dadurch wird der vor allem inter-

---

[1]) So auch die allgemeine Auffassung, die beide Fälle namentlich hinsichtlich der Vererblichkeit nicht oder nicht genügend scheidet: Fadda Dir. ered. 2, 196; De Francisci 75; Bonfante corso 6, 122.

[2]) Unklar Pernice Labeo 2, 1, 43 N. 3, der aber doch richtig empfindet, daß lex 4 und 5 pr. verschiedene Fälle behandeln müssen.

[3]) 75; dagegen Levy 102 N. 3.

[4]) Vgl. Bonfante corso 6, 122; De Visscher Etudes 120 f.

[5]) S. schon Faber, Beseler 1, 71; Albertario SZ. 32, 319 f., Bull. 93; Rotondi Scr. giur. 2, 389 N. 1; a. M. Levy 112 N. 7 (113); Konk. 2, 1, 152; Wlassak Anklage 126 ff. — Nicht überzeugend De Francisci 75 f.: Wäre Satz 1 echt, so wäre das Folgende eine lediglich erklärende Itp., und solche seien selten.

essierende erste Satz nicht berührt. In ihm ist lediglich das competit für Ulpian zwar nicht unmöglich[1]), aber doch ungewöhnlich. Denn selbst wenn diese Bereicherungsklage hier klassisch war — ihre Formel hatte im Edikt aller Wahrscheinlichkeit nach keinen Platz gefunden. Sonst hätte Ulpian die allgemeinen Bemerkungen über die pervenit-Haftung hier, bei der ersten ihm begegnenden[2]) ediktalen Klage auf i. qu. p., und nicht erst im folgenden Buch bei dolus und metus angebracht. Dem Zusammenhang nach — in § 1 folgen Konkurrenzfragen — steht andererseits fest, daß Ulpian hier von der Haftung des Erben gesprochen haben muß.

Einen zweiten Beleg wollte Wlassak[3]) in der uns schon bekannten[4]) C. 4, 17, 1 finden, wonach der Erbe dessen, qui concussionem intulit, auf i. qu. p. haftet. Unter concussio versteht Wlassak — scharfsinnig und überzeugend — nicht die öffentliche concussio, sondern den (zweiten) Tatbestand unseres calumnia-Edikts. Seine ganze Beweisführung wird aber hinfällig, wenn die pervenit-Haftung in c. 1 itp. ist. Von den Argumenten, die dafür oben genannt sind, wird eines[5]) erst jetzt verständlich: wenn concussio nur den zweiten Tatbestand des calumnia-Edikts bezeichnen kann, so bezeichnet sie gerade den Fall, in dem die actio i. i. qu. p. durch die vererbliche condictio ausgeschlossen ist. Gerade der Ausdruck concussio bürgt dafür, daß von einer Unsittlichkeit auf Seiten des (gezwungenen) Gebers keine Rede sein und die condictio daher gar nicht gefehlt haben kann. Es bliebe nur die Möglichkeit, daß die zu Diokletians Zeiten schon allgemein gewordene[6]) Haftung i. i. qu. p. hier die Kondiktionshaftung mit umfaßte — aber im Hinblick auf die anderen Interpolationskriterien[7]) darf man sich kaum dafür entscheiden.

Als einziger Beleg bleibt D. 3, 6, 5 pr.; unterstützend tritt aber der Vergleich mit anderen Fällen, vor allem mit der Metusklage, hinzu. Bei einem rein prätorischen Delikt, das mit dem maximalen Vier-

[1]) Vgl. Krüger SZ. 16, 2; Peters SZ. 32, 219 N. 5; Rabel Festschr. f. Zitelmann 18 N. 2.

[2]) Denn D. 2, 10, 1, 6 (Ulp.) ist jedenfalls nicht ediktal und trotz des korrekten dandam puto wohl itp.; vgl. De Francisci 74 und die im Index Suppl Genannten. Zu ihren Argumenten tritt (m. E. entscheidend) hinzu, daß das in Rede stehende Delikt — dolo facere quominus quis (ein Dritter!) vadimonium sistat — normalerweise zu einer unmittelbaren Bereicherung des Täters nicht führen kann.

[3]) Anklage 126 ff.

[4]) Oben S. 46 ff.

[5]) S. S. 47 oben.

[6]) S. unten S. 83 f.

[7]) s. oben S. 46 f.

fachen geahndet wird und das schon im Tatbestand den Gewinn des Schuldigen voraussetzt, würden wir ohnehin nach den Beobachtungen bei anderen Deliktsklagen eine Bereicherungshaftung des Erben erwarten.

2. Der Täter selbst haftet post annum aus beiden Tatbeständen, wie bei Raub und Erpressung, mit einer actio in factum in simplum:

> (D. 3, 6, 1 pr.) ... intra annum in quadruplum eius pecuniae, quam accepisse dicetur, post annum simpli in factum actio competit.

Ohne Zweifel haben wir es mit einem Ediktsreferat [1]) zu tun, dessen große Genauigkeit durch die Beibehaltung des dicetur gekennzeichnet wird. Gerade die entscheidenden Worte simpli—fin sind aber von Levy [2]) verdächtigt worden; er ersetzt die Haftung in simplum durch eine Haftung i. i. qu. p. und rekonstruiert den Schluß: post annum de eo quod ad eum pervenit iudicium dabo. Lenel [3]) hat das mit einem „vielleicht" gutgeheißen. — Natürlich müssen es schwerwiegende Gründe sein, die so vorsichtige Forscher zu so radikalem Vorgehen veranlassen; sie scheinen in der Tat vorzuliegen.

Denn die von Levy wiederholt [4]) aufgestellte These dürfte zu Recht bestehen: wo der Prätor statt einer annalen Multiplar- eine postannale Klage in simplum, im selben Edikt und mit demselben Formelbau, verheißt, da ist auch die postannale Klage Strafklage [5]). Sie weist die bekannten Merkmale der Pönalität auf: sie ist unvererblich, wie sich aus allem ergibt, was bisher über die Haftung des Erben bloß auf die Bereicherung gesagt ist; sie ist, wo die annale Klage infamiert, wie beim Raub, sicher ebenfalls infamierend, denn das Edikt (D. 3, 2, 1) macht hier keinen Unterschied; sie ist endlich, wie wiederum für die Raubklage feststeht [6]), noxal. Pönalklagen aber — das hat Levy gezeigt — konkurrieren mit sachverfolgenden Klagen an sich unbeschränkt. Auch eine postannale actio in simplum kann also etwa mit einer condictio kumuliert werden. Das Gegenteil scheint aber Ulpian in D. 3, 6, 5, 1, deren Anfang uns schon bekannt ist [7]), zu sagen:

---

[1]) Lenel EP.[3] 106, vgl. dazu noch unten S. 61 f.

[2]) S. 103.

[3]) a. a. O.

[4]) S. 103, 143 und sonst.

[5]) Arangio-Ruiz Ist.[2] 96, 340 nennt die postannale Klage wegen Raubes und Erpressung „in factum" und meint damit (da natürlich auch die quadruplatorische Klage in factum concepta ist) doch wohl, daß die postannale Klage nicht pönal sei; s. hiegegen im Text und folg. Note.

[6]) C. 9, 33, 4; 3, 41, 4 pr.

[7]) S. oben S. 56.

... ubi autem condictio competit, ibi non est necesse post annum dare in factum actionem.

Actio in factum — dies ist wenigstens in der Kompilation sicher die in 1 pr. verheißene actio simpli in factum. Levy, der dort das i. qu. p. einsetzt, ändert in der formell untadeligen [1]) 5, 1 kein Wort: „Das in factum, das, wie gesagt, mit der actio in simplum unverträglich wäre, dagegen für die Bereicherungsklage den terminus technicus bildet, gibt hier die letzte Gewißheit für das, was der Sinn ohne weiteres fordert: die postannale Bereicherungsklage" [2]). Nun ist die Zahl der Stellen [3]), in denen eine actio i. i. qu. p. als actio in factum bezeichnet wird, nach Levys eigener Darstellung gering und steht in gar keinem Verhältnis zu der Unzahl von actiones in factum, die De Francisci [4]) zusammengetragen hat und die mindestens zum großen Teil klassisch sind; sie gehen durchweg auf ein simplum, zum Teil sogar auf ein duplum. Danach ist man geneigt, actio in factum, wenn überhaupt auch für die Höhe der Haftung, so als terminus technicus für eine actio in simplum zu bezeichnen.

Was die actio in factum in h. t. 5, 1 bedeutet, wird also davon abhängen, ob in 1 pr. Levys Änderung zu billigen ist. Ob verneinendenfalls wirklich ein unlösbarer Widerspruch zu den sonstigen Ergebnissen von Levys Forschungen entsteht, ist doch zweifelhaft. Neben einer (unbefriedigenden) Lösung mit Hilfe des Rotstifts bleibt die Möglichkeit, daß die zweimalige Erwähnung einer actio in factum (in 1 pr. 5, 1), die bei anderen aus Multiplarklagen erwachsenden Aktionen in simplum m. W. keine Parallele hat, nicht zufällig ist [5]): es könnte hier die postannale Klage anders als bei Raub usw. eine sachverfolgende actio in factum sein [6]). Für Levy freilich würde dieser Ausweg nicht genügen, da es eine nichtpönale prätorische actio in simplum für ihn nicht gibt [7]). Indessen haben wir zu all dem nicht Stellung zu nehmen.

---

1) De Francisci Synall. 2, 97 streicht den ganzen Satz.

2) Levy 104.

3) Sie sind bei Levy 94 ff. genannt; De Francisci a. a. O. 91, 119 streicht gerade in ihnen das in factum oder mehr.

4) Synall. 2, 51 ff.

5) Es könnte; bedenklich dagegen stimmt, daß die Formel dieser „actio in factum" sich kaum von der der Strafklage unterschieden haben kann (Levy 104), sowie die Parallele der anderen Multiplarklagen (s. oben S. 33).

6) Und auch weder Glosse, wie Krüger Dig. und Lenel (Bruns Fontes[7], ohne die dortigen Fragezeichen in den späteren Ediktsauflagen zu wiederholen) bei D. 47, 12, 3 pr.; 42, 5, 9 pr.; 43, 4, 1 pr. annehmen, noch Itp. (wie De Francisci z. B. für 1 pr. h. t. will).

7) Levy 14 f. und passim; dagegen Mitteis SZ. 37, 333 ff.; Beseler 4, 258 ff.

Denn die pervenit-Haftung ist, wie ich glaube, für D. 3, 6, 1 pr. abzulehnen. Zwar scheint es nach Levy plausibel, daß die Kompilatoren hier eingegriffen hätten, wenn sie jene Klausel vorgefunden hätten. Aber damit ist noch nicht erwiesen, daß sie sie wirklich vorgefunden haben. Übrigens sind auch die Gründe, die Tribonian dazu vermocht hätten, ganz im Gegensatz zu seiner sonst betätigten Vorliebe [1]) für die beschränkte Haftung hier das simplum zu bevorzugen, m. E. nicht allzu gewichtig. Das Bedürfnis, den Unterschied von der Haftung aufs Vierfache zahlenmäßig zu verdeutlichen, wäre hier nicht größer gewesen als bei der Klage gegen den Erben. Für nicht erwiesen halte ich aber auch den Ausgangspunkt, den Levy mit vielen Schriftstellern [2]) teilt: daß die Paraphrasierung des Edikts, die Verwandlung von iudicium dabo in actio competit hier wie sonst [3]) erst durch die Kompilatoren erfolgt sei. Eine Art von Begründung für diese Annahme finde ich nur bei De Francisci [4]): Tribonian „wollte nicht", daß der Text als wörtliche Wiedergabe des Edikts erscheine. Er wollte nicht — aber warum? Wer die Digesten daraufhin durchblättert, wird doch finden, daß die Kompilatoren für Ediktszitate eine besondere Schwäche gehabt haben müssen [5]), daß sie in einigen Fällen solche sogar gefälscht haben und daß sie vor allem einen neuen Titel gern mit „Ait praetor" beginnen. Einen Grund, warum sie hier auf einmal nicht „wollten", wird man nicht finden. Bei den Juristen aber sind solche Gründe denkbar, und ihnen sind derartige Umarbeitungen wiederholt nachzuweisen: Ulpian und Gaius, nicht die Kompilatoren, haben in den uns besonders interessierenden Stellen [6]) 4, 3, 26; 42, 8, 10, 24; 43, 16, 1, 48 die mehr oder weniger wörtliche Paraphrase der Anhangsedikte über die actio i. i. qu. p. geschrieben. Ob der Jurist solche weniger wichtigen Edikte in seinem Kommentar wörtlich überhaupt nicht anführte, oder ob er sie schon bei dem Hauptedikt zitiert hatte [7]) und später nur kurz wiederholte, um wenige kurze Erläuterungen daran zu knüpfen — das ist im Einzelfalle schwer

---

[1]) Vgl. unten S. 82.

[2]) Krüger adhl.; De Francisci Synall. 2, 96; VIR. 5, 553, 22; Lenel EP.³ 106; Beseler SZ. 47, 379.

[3]) Vgl. z. B. zu D. 14, 1, 1, 19 Beseler SZ. 47, 57; zu D. 4, 2, 14, 1 Beseler 1, 75, vgl. 4, 48 N. und gegen ihn Lenel EP.³ 111 N. 3; zu D. 42, 5, 24, 3 Beseler 5, 77.

[4]) Synall. 2, 97.

[5]) Vgl. Dernburg Festg. f. Heffter 93 und unten S. 102 N. 1.

[6]) Vgl. oben S. 36, unten S. 67. 74.

[7]) Dies nimmt Niedermeyer SZ. 50, 78 N. 1 vielfach an.

zu entscheiden [1]). Wo wichtigere Edikte nur (wörtlich) referiert sind, wie neben unserem z. B. die in den Titeln D. 47, 4 und 47, 5 überlieferten, darf man wohl vermuten, daß der Jurist ein größeres Ediktsstück an die Spitze etwa eines Buches oder eines neuen Abschnitts innerhalb eines Buches gestellt hatte. Nun steht gerade das Referat über die actio gegen den Kalumniator in den Digesten an der Spitze eines Titels, wo die Kompilatoren ein „Ait praetor" sicher hätten stehen lassen. Bei Ulpian aber und im prätorischen Album bildete dieses Edikt nicht den Anfang des Abschnitts über die calumnia [2]). So ist immerhin wahrscheinlicher, daß Ulpian, als daß die Byzantiner paraphrasiert haben.

Dann erklärt sich auch leichter das von Levy gerügte inkonzinne in quadruplum—simpli, das im Munde des Prätors auffiele: der Jurist mochte darauf Rücksicht nehmen, daß in eum ... in simplum ... in factum abscheulich sein würde. Beispiele für solchen Kasuswechsel finden sich auch sonst [3]) und beweisen, selbst wenn sie nicht der klassischen Epoche angehören, doch soviel, daß, wer in quadruplum schreibt, nicht „notwendig" (so Levy) auch in simplum schreiben muß.

Positive Gründe dafür, daß im Edikt i. i. qu. p. gestanden hat, vermag Levy (abgesehen von der Konkurrenzfrage) nicht anzuführen; wohl aber gibt es solche, die entschieden dagegen sprechen. Wir kennen zwar Strafklagen in simplum, die post annum i. i. qu. p. gehen; wir kennen auch Multiplarklagen, die post annum noch auf das simplum gehen. Eine Klage jedoch, die innerhalb der Jahresfrist auf ein Mehrfaches, später aber nur noch auf die Bereicherung ginge, wäre im Bereich unserer Quellen unerhört [4]). — Für durchschlagend halte ich schließlich eine andere Erwägung: die Haftung i. i. qu. p. bedeutet mindestens grundsätzlich eine Haftung in Höhe nicht der gegenwärtig vorhandenen, sondern der überhaupt einmal entstandenen Bereicherung [5]). Während die Bereicherung des Erben von seinem Erwerb der Erbschaft an gerechnet wird, ist bei der postannalen Haftung des Täters auf den Zeitpunkt des Delikts zurückzugehen; alles, was er aus

---

[1]) Für letztere Alternative spricht z. B. D. 43, 16, 1 pr. (unten S. 68), gegen sie die Erwägung, daß da, wo das Hauptedikt wörtlich erhalten ist, die Streichung des Zusatzes durch die Kompilatoren unwahrscheinlich ist. — Um ein Anhangsedikt handelt es sich auch in D. 14, 1, 1, 19.

[2]) Lenel EP.[3] 106.

[3]) C. 6, 2, 11. 18; 9, 33, 3 (Diocl.); C. 2, 19, 4 (Gordian); D. 2, 8, 3 (Gaius — bisher anscheinend unangefochten).

[4]) S. oben S. 33 f.

[5]) S. vorläufig die oben S. 3 N. 3 Genannten.

dem Delikt erwirbt, ist zu berechnen. Trotzdem kann der Betrag der so verstandenen Bereicherung im allgemeinen hinter dem quanti ea res est zurückbleiben: wenn die Beute unter mehreren Delinquenten verteilt ist, wenn das Grundstück bei der Dejektion beschädigt wird, usw. Nur eben bei der actio gegen die Kalumniatoren ist ein solches Auseinanderfallen begrifflich ausgeschlossen; denn diese Klage stellt gar nicht auf die Schädigung des Klägers [1]), die im ersten Falle des Edikts (ut negotium faceret) gänzlich fehlen kann, sondern geradezu auf den Gewinn des Beklagten, auf sein accepisse pecuniam ab. Das quadruplum der Klage war nach der Summe berechnet, die der Beklagte erhalten hat, und entsprechend mußte ein postannales simplum sich mit dieser Summe einfach decken. Genau diese Summe hätte aber auch den Inhalt einer Haftung i. i. qu. p. bilden müssen. Insbesondere konnte — auch wenn die Juristen unter pecunia jeden Vermögenswert verstanden (D. 3, 6, 1, 4. 2) — das Edikt mit den Worten in quadruplum eius pecuniae doch nur Geld meinen, und gerade bei Geld war ein späterer Wegfall der Bereicherung wohl sicher unbeachtlich, das pervenire mit dem accepisse identisch. Eine Formel s. p.... pecuniam accepisse, ... eius ... dumtaxat de eo quod ad eum pervenit condemnato wäre ein Widerspruch in sich selbst gewesen [2]).

Wie die Metus- und die Publikanenklage ging auch die gegen die Kalumniatoren auf ein Mehrfaches, nach Jahresfrist auf das simplum, gegen den Erben auf seine Bereicherung.

§ 12.

Andere Delikte.

Andere minder wichtige Aktionen i. i. qu. p. gegen den Erben haben wir schon kurz erledigt: bei gewaltsamer Befreiung des in ius vocatus (oben S. 58 N. 2), bei dem Edikt de incendio (oben S. 31 f.), u. a. Zweifelhaft bleibt die Stellungnahme bei D. 42, 5, 9, 8. 10:

> 9, 8 (Ulp.) ... quae (sc. actio) neque post annum neque in heredes ... dabitur ..., 10 (Paul.) nisi quatenus ad eum pervenit.

Die Ulpianstelle gehört zur letzten Dolusklausel [3]) des Edikts de admini-

---

[1]) S. oben S. 57.

[2]) D. 50, 16, 71 pr. legt die Begriffe accipere, capere und pervenire auseinander und gibt dem ersteren einen weiteren Sinn als den beiden anderen. Im Sinne welches Edikts oder welcher Formel das accipere hier genannt ist, steht nicht fest; schwerlich im Sinne des Kalumnienedikts, da ein non sic accipere, ut habeat, wie es in lex 71 heißt, bei diesem Edikt kaum denkbar ist.

[3]) Über ihre Pönalität vgl. Levy 40.

stratione creditorum (Lenel § 215). Gewiß ist es (nach der Parallele mit der Dolusklage) durchaus plausibel, daß der Erbe des creditor missus aus doloser Verschlechterung der bona durch den Erblasser auf i. qu. p. haftet. Enthielt die — ohne Belege nicht zu rekonstruierende — Formel aus dieser Ediktsklausel ein nisi restituetur, so wäre die Bereicherungshaftung des Erben sogar wahrscheinlich. Andererseits ist De Franciscis [1]) Gedanke nicht von der Hand zu weisen, daß der kurze Paulussatz zwar auch bei diesem Edikt, aber bei der ersten Klausel geschrieben ist, die die Restitution der Früchte anbefahl und von den Juristen auf die Restitution von Allem, quod pervenit [2]), erstreckt ward. — Zweifelhafter [3]) noch ist die Bereicherungshaftung des Erben aus dem Edikt (Lenel § 216) gegen den, der den in die bona Eingewiesenen an dem Besitz hindert, sicher zu verneinen bei der actio rerum amotarum (C. 5, 21, 3), da diese unbeschränkt vererblich war [4]).

Jenseits des Bereichs der Deliktsklagen liegt es, wenn wir auch bei der actio tributoria und bei der Dolusklausel der actio de peculio von einer Haftung des Erben auf i. qu. p. hören [5]). Beide Fälle nimmt Levy [6]) wohl mit Grund für das klassische Recht in Anspruch; sie sind in der Tat nicht die einzigen, in denen ein nichtdeliktischer dolus des Erblassers, sofern er nur nicht in den Rahmen eines Kontraktverhältnisses fällt, eine pervenit-Haftung des Erben erzeugt [7]) [8]).

4. Kapitel.

Einzelne Fälle: II. Interdiktstatbestände.

Unter den Interdiktstatbeständen erzeugen nur wenige eine sekundäre Bereicherungshaftung. Denn nur verhältnismäßig wenige Interdikte sind befristet oder unvererblich [9]). Nur wo ein in der Vergangen-

[1]) S. 78.

[2]) Neben Paul. 14, 1, den De F. zitiert, vgl. auch Ulp. 9, 1 h. f.

[3]) Vgl. De Francisci 77; Synall 2, 115 N. 2.

[4]) Vgl. De Francisci 81; Albertario Bull. 93; Levy 115 N. 5.

[5]) Vgl. D. 14, 4, 7, 5; 9, 2; 15, 1, 30, 7 und dazu Albertario RL. 343.348.

[6]) S. 89 N. 10; Konk. 1, 155.

[7]) Vgl. unten S. 65.

[8]) Einen weiteren Fall von postannaler Haftung i. i. qu. p. hat Lenel Festg. f. A. S. Schultze 12 f. vermutet, in EP.[3] 499 N. 2 aber — mit Recht — wieder aufgegeben; s. dazu Solazzi Bull. 15, 138 ff.

[9]) De Francisci 72 N. 1 hat eine Monographie über die Vererblichkeit der Interdikte (vgl. auch Mitteis RPR. 109 N. 32 a), Albertario Bull. 113 N. 1 eine solche über die Bereicherungshaftung bei Interdikten angekündigt. Beide Schriften sind mir unbekannt geblieben.

heit liegendes Verhalten des Beklagten den Tatbestand der Interdiktsformel bildet, hat die Frage Sinn, ob die Folgen dieses Verhaltens den Erben treffen oder nicht, ob sie befristet sind oder nicht. Deshalb scheiden die prohibitorischen Interdikte, die ja keine geschehene, sondern nur eine künftig drohende Verletzung voraussetzen, gänzlich aus [1]). Das Gleiche gilt von vielen gebietenden Interdikten, insofern sie auf ein possidere, ein penes te esse, ein factum oder immissum habere oder einen anderen gegenwärtigen Zustand abstellen. Bei dieser Gruppe findet sich aber regelmäßig im Tatbestand eine zweite Alternative: dolo malo fecisti, uti desineres possidere (oder ähnlich). Hier dreht es sich um eine Handlung, von der an eine Frist gerechnet werden kann und für deren Folgen eine Vererbung denkbar ist. Nun ist zwar von einer Befristung — und eben deshalb natürlich von einer postannalen Haftung — auch in diesen Fällen nirgends die Rede. Die Vererblichkeit aber wird mindestens in einer Stelle indirekt verneint, wenn eine Haftung des Erben auf i. qu. p. anerkannt wird:

> D. 43, 26, 8, 8 (Ulp.) Hoc interdicto heres eius qui precario rogavit tenetur quemadmodum ipse, ut, sive habet sive dolo fecit quominus haberet vel ad se perveniret, teneatur: ex dolo autem defuncti hactenus, quatenus ad eum pervenit.

Ob das Precarium und mit ihm die Passivlegitimation zum Interdikt de precario auf den Erben des Prekaristen übergeht, ist beim Stand unserer Quellen zweifelhaft [2]). Würde die Frage zu bejahen sein, so würde der Erbe wie der Erblasser haften, wenn er besitzt oder arglistig den Besitz aufgibt. Die Haftung auf i. qu. p. aus doloser Besitzaufgabe des Erblassers, die dem Verfasser unseres letzten Satzes offenbar vorschwebt, ist davon wohl zu unterscheiden [3]). Sie muß auf dem Gedanken beruhen, der uns bereits bei der actio tributoria begegnet ist [4]): daß der Erbe nicht nur aus Delikten, sondern aus jedem „außerkontraktlichen dolus“ [5]) in Höhe seiner Bereicherung haftet. Wenn dieser Gedanke so selten [6]) in unseren Quellen begegnet, so ist

---

[1]) Zum Folgenden vgl. Ubbelohde-Glück 1, 380 ff., 489 ff.; s. auch Fadda Az. pop. 200 ff.

[2]) Dazu Ubbelohde a. a. O. 381 ff.; Bonfante corso 6, 135 ff.; neuestens auch Kaser Restituere 22 ff.

[3]) Dies gegen Kaser a. a. O. 23, der habet und ad eum pervenit kurzerhand gleichsetzt; vgl. auch unten S. 66 N. 2.

[4]) S. oben S. 64.

[5]) Vgl. Levy 89 N. 10.

[6]) Einen zweiten Beleg (für das Quem fundum) hat Levy a. a. O. aus D. 6, 1, 52 erschlossen.

das doch kein Grund, ihn Ulpian abzusprechen [1]). Vielmehr wird sich dies gerade bei den Interdikten daraus erklären, daß neben der eigenen Haftung des Erben aus dem habes (o. ä.) die sekundäre auf quod pervenit in den Hintergrund trat, zumal sie von jener im Ergebnis oft wenig verschieden war [2]).

So ist es kein Zufall, daß wir eine sekundäre Bereicherungshaftung nur und gerade bei denjenigen Interdikten vorfinden, die Restitution gegen eine vom Gegner oder mit seinem Wissen vorgenommene Handlung oder doch überhaupt gegen eine Handlung erstreben. Es ist natürlich, daß gerade bei ihnen der von Levy [3]) für alle Interdikte in Anspruch genommene pönale Charakter besonders ausgeprägt erscheint [4]). Ebendeshalb ist diese Bereicherungshaftung mit der aus eigentlichen Delikten entspringenden unbedenklich in eine Linie zu stellen [5]).

Ob der Erlaß des Interdikts ähnlich wie die Litiskontestation den Interdiktsanspruch zu einem unbefristeten und vererblichen machte, geht aus unseren Quellen nicht mit gleicher Sicherheit wie bei der Litiskontestation hervor [6]). Bei der Bereicherungshaftung haben wir es jedenfalls nur mit solchen Fällen zu tun, in denen vor diesem Zeitpunkt der Erblasser stirbt oder die Frist abläuft [7]).

Eine als solche bezeichnete Handlung des Gegners bekämpfen die

§ 13.

Interdikte Unde vi.

1. Von den unter dieser Rubrik stehenden Interdikten war das gewöhnliche Unde vi sicher, das dem Nießbraucher zustehende wahrscheinlich annal — das Unde vi armata dagegen sicher unbefristet [8]). Alle drei sind unvererblich, wie sich aus ihrem nur auf den Täter passenden Wortlaut (Unde.. deiecisti) [9]) und daraus ergibt, daß Ulpian

[1]) Unser § 8 ist gewiß nicht unberührt; vgl. neustens Kaser Restituere 22 N. 5.

[2]) Es war aber ein pervenire etwa von Früchten ohne fundum habere sehr wohl denkbar.

[3]) S. 86; s. dazu auch Kaser a. a. O. 24 ff.

[4]) Vgl. auch Schulz SZ. 43, 255; Kaser a. a. O. 20 ff. (nicht überzeugend S. 33 zu Ziff. 5).

[5]) A. M. Rotondi Scr. giur. 2, 401 N. 1, der bei den Interdikten in der Bereicherungshaftung nur die Haftung iure dominii wiederfinden will (m. E. unhaltbar; vgl. unten S. 78).

[6]) Bejahend Ubbelohde-Glück 2, 63 ff., 71.

[7]) Vgl. auch Fadda Az. pop. 203.

[8]) Vgl. Lenel EP.[3] 463, 467, 469.

[9]) Ubbelohde-Glück 1, 332. 380; Levy Konk. 1, 288 N. 2.

bei Erläuterung dieses Wortes nichts von einer Ausdehnung auf die Dejektion durch den Erblasser mitteilt. Nur eine Bestätigung ist es, wenn wir statt dessen von einer Bereicherungshaftung des Erben hören. Neben dem überarbeiteten Schluß von D. 44, 7, 35 pr.[1]) sind hier die folgenden Sätze Ulpians wichtig:

(D. 43, 16, 1, 48) Ex causa huius interdicti in heredem [et bonorum possessorem] in factum actio competit in id quod ad [eos] <eum> pervenit

(Paul. eod. 2 dolove malo eorum factum est, quo minus perveniret.)

(Ulp. eod. 3 pr.) Quod est et si quis armis deiectus est, quia ex facinoribus defunctorum de eo, quod ad heredem pervenit, actio datur: sufficit enim non in lucro versari eum heredem, non etiam damnum subire.

Sie gehören nicht mehr zur Erläuterung des Interdikts, die in § 44 mit einer Bemerkung über die aktive Vererblichkeit abschließt und an die sich Bemerkungen über die sponsio anschließen [2]), sondern sie bilden einen Anhang zum Kommentar dieses Interdikts, der sich auf ein besonderes Anhangsedikt beziehen wird [3]). Albertario stellt dies auch nicht in Zweifel; er streicht aber den Schluß von in id ab und nimmt hier wie sonst eine actio in factum an. De Francisci [4]), der diese Haftung i. i. qu. p. hier den Klassikern läßt, verdächtigt umgekehrt die Worte in factum, die erwiesenermaßen oft justinianisch sind und vielleicht auch (so De Fr.) mit dem competere sich nicht vertragen. — Beide Schriftsteller haben darin recht, daß das dreimalige in (in heredem in factum in id) schwerfällig ist. Auch wird in 3 pr. die Interpolation nicht mit sufficit [5]), sondern schon mit quia [6]) beginnen; statt einer Berufung auf den allgemeinen Satz von der Bereicherungshaftung des Erben erwartet man bei Ulpian die Darlegung, daß die Formel der in 1, 48 besprochenen Erbenklage auch bei bewaffneter Gewalt zutreffe.

All das mag man zugeben — die allein wesentliche Frage, ob die Haftung auf i. qu. p. in § 48 klassisch ist, wird dadurch nicht berührt; sie ist für uns bereits in bejahendem Sinne [7]) entschieden. Wenn Pau-

---

1) S. oben S. 12.

2) Vgl. Lenel EP.[3] 465.

3) Darüber unten S. 87.

4) 85; Synall. 2, 119.

5) So Levy 92 N. 3; 112 N. 7.

6) Rotondi Scr. giur. 2, 400; Albertario RL. 303; Kr. Suppl.

7) Ebenso Rabel Grundz. 456 N. 5, der versehentlich D. 43, 24, 15, 3 zitiert. R. scheint Albertario dahin zu verstehen, daß bei Unde vi (anders als bei metus und dolus) der Erbe überhaupt nicht haften soll. Ganz eindeutig aber Albertario a. a. O. 303 unten und Bull. 117 N. 1.

lus in l. 2 die Haftung des Erben gekannt und besprochen hat [1]), ist sie auch bei Ulpian nicht zu bezweifeln. Ob Ulpian auch die Worte in factum schrieb, ist ohne Bedeutung; denn daß die actio gegen den Erben nur eine solche in factum und insbesondere nicht eine Umbildung des Interdikts selbst gewesen sein kann, steht mindestens für dieses Interdikt fest [2]). Ohne sachliches Interesse ist auch, ob die Erwähnung der Erbenhaftung in C. 8, 4, 2 (et heredem — fin) itp. ist, wie Albertario [3]) und Rotondi [4]) behaupten und bis zu gewissem Grade [5]) glaubhaft gemacht haben. —

Nach dem echten Teil von lex 3 pr. ist dieselbe Formel bei vis armata möglich, nach 3, 18 eod. eine entsprechende zugunsten des vertriebenen Nießbrauchers — beides einleuchtende und hinreichend beglaubigte Erweiterungen. Eine logische Konsequenz der pervenit-Haftung ist es endlich, daß mehrere Erben nicht quotal, sondern ein jeder in Höhe s e i n e r Bereicherung haften (D. 43, 16, 9 pr.) [6]).

2. Die Hauptbelegstelle für die postannale Haftung aus vis cottidiana ist D. 43, 16, 1 pr.:

> Unde ... deiecisti ... (restituas.) post annum de eo, quod ad eum qui vi deiecit pervenerit, iudicium dabo.

Die Interpolation liegt auf der Hand; aber die herrschende Meinung [7]) nimmt lediglich eine ungeschickte Verschmelzung des Interdikts mit einem die postannale Klage verheißenden Edikt an und erblickt so nach wie vor in dem Fragment einen Beweis nicht nur für die Klassizität, sondern geradezu für die ediktale Verheißung der actio i. i. qu. p. Dagegen nehmen Albertario [8]) und Siber [9]) für das klassische Recht eine Schadensersatzhaftung (in simplum) an.

Nun ist eine solche Haftung aus inneren Gründen gerade hier nicht wahrscheinlich. Der Unterschied, den uns schon Cicero (fam. 15, 16, 3) bezeugt, zwischen dem annalen Interdikt wegen gewöhnlicher und

---

[1]) S. oben S. 17 ff.

[2]) Lenel EP.[3] 466, Albertario RL. 306; auch Bull. 114 und unten S. 89 f.

[3]) RL. 302; a. M. Levy 92 N. 3.

[4]) Scr. giur. 2, 389 N. 1.

[5]) Denn certissimi est iuris o. ä. ist der beliebte Schluß diokletianischer Reskripte. — Wenn A. auch interdict[i exempl]o streicht, so fehlt es an Gründen; exemplo, ad instar, usw. ist gerade bei Diokletian auffallend häufig.

[6]) Albertario RL. 305 muß natürlich auch hier Interpolationen annehmen.

[7]) Lenel EP.[3] 466; Ubbelohde-Glück 1, 519 f.; Levy 92 N. 1; Wlassak röm. Provprozeß 33 N. 49.

[8]) RL. 301.

[9]) Röm. PrivR. 152 (zweifelnd). Vgl. aber auch, was Siber ebenda 237 N. 13 zur postannalen actio de dolo gegen Alb. bemerkt.

dem unbefristeten wegen bewaffneter Gewalt [1]) — dieser Unterschied wäre ein rein formeller, wenn bei gewöhnlicher Gewalt nach Jahresfrist statt des Interdikts eine actio gleicher Höhe zustünde [2]). Indessen kann sich Albertario auf drei Stellen berufen, die man bisher allgemein auf die actio i. i. qu. p. bezogen hat [3]) und die viel besser zu einer actio in factum im Sinne Albertarios passen würden. In allen dreien wird die postannale actio als ein Mittel bezeichnet, die restitutio der res, oder gar der res „cum sua causa", zu erlangen. Da das Interdikt nur ein deicere, nicht auch Besitzerwerb des Dejizienten voraussetzt [4]), und da es ein deicere durch die familia genügen läßt, ist das pervenire auch keineswegs in allen Fällen selbstverständlich. Und selbst wenn die actio i. i. qu. p. mit einer Restitutionsklausel ausgerüstet war und so rein äußerlich als Weg zur Restitution erschien [5]) — die Tatsache, daß die Beschränkung auf die Bereicherung in den drei Stellen nicht erwähnt ist, ist für Albertario ein starkes Argument.

Es ist aber überhaupt fraglich, ob diese drei Stellen auf die postannale Klage ex causa interdicti unde vi zu beziehen sind:

> C. 4, 49, 17 (Diocletianus etc.) Expulsos vos de fundo per violentiam a Nerone, quem habere ius in eo negatis, profitentes nullam vobis adversus eum, ex cuius venditione fundum possidetis, actionem competere probatis. igitur ad instar interdicti seu actionis promissae experiendum esse perspicitis.

Der Zusammenhang fordert hier geradezu eine Erwähnung der dinglichen Klage: entweder hat der Dejizient Nero ein Recht zum Besitz — dann hat der Petent Eviktionsansprüche gegen den Verkäufer; oder Nero hat kein Recht — dann hat der Dejizierte Ansprüche nur gegen ihn: Interdikt und Vindikation. Nun kann allerdings die gewöhnliche Vindikation nicht wohl mit der farblosen Bezeichnung actio promissa gemeint sein. Aber an sie ist auch kaum zu denken: Unser Reskript gehört wahrscheinlich dem Ostreich an [6]) und handelt deshalb vermut-

---

[1]) Lenel EP.³ 463, 467.

[2]) Der Grund, warum post annum statt des Interdikts eine actio in factum gegeben wurde, liegt nach Lenel EP.³ 466 gerade darin, daß jene Haftungsbeschränkung bei einem Interdikt unmöglich war. Das Vulgarinterdikt war aber zur Zeit Ciceros und doch wohl wahrscheinlich von Anfang an annal, während die zusätzliche postannale Haftung wahrscheinlich erst später aufkam (vgl. unten § 18).

[3]) Lenel a. a. O. N. 1; Ubbelohde-Glück 5, 20; Levy 92 N. 1 (zu Vat. 312).

[4]) Ubbelohde-Glück 5, 36; Levy Konk. 1, 292 N. 1.

[5]) Dies betont Lenel a. a. O.

[6]) Wie die allermeisten diokletianischen Erlasse und zumal, wenn die Subskription im Cod. Pistor., die auf Nikomedien weist, zu dieser Konstitution gehört; vgl. dazu Krüger z. d. St.

lich von einem Provinzialgrundstück. Bei einem solchen dürfen wir an die Provinzialvindikation [1]) oder auch an die der Publiciana entsprechende Klage des Provinzialrechts [2]) denken. Merkwürdig ist allerdings die Übereinstimmung mit einem anderen diokletianischen Reskript, in dem die Beziehung auf die postannale Klage deutlich zu sein scheint:

(Vat. 312) Successoribus donatoris perfectam donationem revocare non permittitur, cum <vel (Huschke)> inperfectam perseverans voluntas per doli mali replicationem confirmet. unde aditus praeses provinciae, si de possessione te pulsum animadvertit nec annus excessit, ex interdicto unde vi restitui te cum sua causa [3]) providebit, vel si hoc tempus finitum est, ad formulam promissam [4]), quasi nullas vires donationem habuisse dicatur, quaestione facti examinata, iudicem (Mommsen) praeses provinciae sententiam ferre curabit.

Auch hier wird die Klage gegen den Dejizienten, und zwar die nach Jahresfrist übrigbleibende, als formula promissa bezeichnet — und beides sind anscheinend die einzigen Stellen, in denen actio (formula) promissa ohne Zusatz und, wie es scheint, als Bezeichnung einer b e s t i m m t e n Formel dient. Und doch kann dies Zusammentreffen schwerlich mehr als Zufall sein; es ist unerfindlich, warum gerade für eine bestimmte (gleichviel welche) Klage das für hundert andere amtsrechtliche Klagen auch zutreffende Wort promissa technisch geworden sein sollte. Daß es sich aber gerade um die postannale Spezialklage aus diesem Interdikt handele und nur um sie handeln könne, ist trotz der allgemeinen Meinung wenigstens so lange ausgeschlossen, als man den Text unverändert läßt. Denn in dem überlieferten Text wird deutlich ein Unterschied gemacht zwischen dem Interdikt, das einfach gewaltsame Besitzentziehung voraussetzt, und der „formula", für die es auf die Wirksamkeit der Schenkung (quasi nullas vires donationem habuisse dicatur), d. h. aber auf die Eigentumsfrage ankommt [5]). Diese formula ist also eine petitorische, während das Inter-

[1]) Dazu Lenel EP.[3] 188 f.; Klingmüller Philologus 69, 110 f. — Daß diese Klage bei Diokl. auch einfach als vindicatio bezeichnet wird (Vat. 315 f.), verschlägt nichts. In untechnischer Verwendung scheint dasselbe schon früher üblich zu sein (vgl. die Frontinusstelle bei Lenel a. a. O.), während unsere c. 17 (wie bei Diokl. sehr häufig) gerade die Stelle im Album bezeichnen will.

[2]) Lenel EP.[3] 173 N. 1; Klingmüller a. a. O.; Rabel Grundz. 447 — hier besonders naheliegend, da Petent nur seinen Kauf und das Nichtrecht des Nero, nicht aber eigenes Eigentum behauptet zu haben scheint.

[3]) Sua mag verschrieben sein: eine Itp. anzunehmen, wird nicht angehen; a. M. Kaser Restituere 25 N. 2.

[4]) Kübler ad h. l. setzt vor quasi einen Punkt. Huschke liest quodsi, Wlassak röm. Provprozeß 32 N. 48 nimmt eine Lücke an.

[5]) Diese Argumentation wird natürlich hinfällig, wenn man mit den in N. 4 Genannten die enge Verbindung des Quasi-Satzes mit dem Vorher-

dikt selbst — natürlich — rein possessorisch ist. Die postannale Klage aber hatte denselben Tatbestand, wie das Interdikt [1]), und war daher wie dieses possessorisch; sie kann folglich nicht mit der formula gemeint sein, und es bleibt daher nur die Provinzialvindikation (oder -publiciana).

Gegenüber diesem deutlichen Unterschied ist es schwer verständlich, wie Ubbelohde [2]) gerade aus dieser Stelle den Satz folgern konnte, daß der Eigentümer einen Besitzer, der bonitarische Eigentümer sogar den besitzenden quiritischen Eigentümer ungestraft hinauswerfen durfte, daß also gegenüber dem Interdikt unde vi (und auch der postannalen Klage) abweichend von dem allgemein gelehrten Satz die petitorische Einrede des (bonitarischen) Eigentums zulässig sei. Ubbelohdes scharfsinnige Auslegung des Fragments ist aber auch sonst auf eine Reihe von künstlichen oder gar unmöglichen Unterstellungen aufgebaut: der Erblasser habe dem Reskriptswerber Onesimus ein Grundstück italischen Rechts (res mancipi) durch formlose Übergabe geschenkt. Er könne vindizieren und die exceptio rei donatae et traditae mit der Replik aus der lex Cincia entkräften; er sei also bonitarischer Eigentümer geblieben und hafte deshalb, wenn er den Schenknehmer (ohne Waffen) hinauswirft, nach obigem Satz nicht mit dem Interdikt — anders als seine Erben, denen die Arglistduplik Klage und bonitarisches Eigentum nimmt.

Künstlich ist dabei die Annahme eines italischen Grundstücks [3]), unmöglich, daß eine Schenkung vollendet heißen soll, die unvollendet ist und im selben Satz auch so genannt wird und die nur durch die Arglistreplik geschützt wird; unmöglich andererseits, daß man von einer unvollendeten Schenkung gesagt hätte, sie habe n u l l a s vires [4]). Dieses nullas vires weist m. E. den richtigen Weg. Bei einem Provinzialgrundstück gibt es nur die zwei Möglichkeiten, die Vat. 293 ein-

---

gehenden löst. Daß aber Schenkung und Interdikt irgendwie in Beziehung zu setzen sind, lehrt schon der Anfang der Stelle. Und wie käme die Erörterung über das Interdikt sonst in diesen Titel, der sich streng auf Schenkung beschränkt? Für ununterbrochenen Zusammenhang offenbar auch Levy 114.

[1]) Vgl. Lenel EP.[3] 466 und unten S. 89.

[2]) U.-Glück 5, 20 ff.; seiner Exegese stimmt Wlassak röm. Provprozeß 33 N. 49 zu. — Die übrigen von U. beigebrachten Stellen sind für sich allein nicht beweisend.

[3]) Auch Vat. 312 stammt von Diokletian und deshalb (s. auch oben S. 69) vermutlich aus dem Ostreich. Ebenso Rudorff bei Savigny Besitz[7] 604.

[4]) Die donatio imperfecta ist gültiger Usukapionstitel (Vat. 293, 261). Die Geltendmachung der exceptio heißt revocare, rescindere; vgl. Vat. 275—278, 293, 313.

ander gegenüberstellt: durch Tradition ist die Schenkung vollendet, ohne sie überhaupt noch nicht vorhanden (nec coepta). Gerade die letztere Möglichkeit wird hier mit nullas vires, anderwärts mit nullius effectus, invalidus o. ä. bezeichnet [1]. Der Streit, welche von beiden Möglichkeiten vorlag, begegnet in den vatikanischen Fragmenten oft [2] und lag ungemein nahe, da die Grundstückstradition, schwer beweisbar [3], von eigenmächtiger Inbesitznahme oft nicht zu trennen ist und überdies von der Bevölkerung des Ostreichs neben der Errichtung der für allein wesentlich gehaltenen Urkunde vernachlässigt wurde [4]. Auch in unserem § *312* dreht es sich nur d a r u m, und nicht um donatio perfecta oder imperfecta; der Sinn des ersten Satzes ist: eine vollendete Schenkung kann von den Erben nicht widerrufen werden, da s o g a r [5] eine unvollendete durch Tod konvalesziert. Die Erben des angeblichen Schenkers bestreiten das Vorliegen eines Schenkungstatbestandes, einer Tradition, und haben mit dieser Rechtsbehauptung den Onesimus hinausgeworfen. Dieser muß, wenn er die Interdiktsfrist versäumt, mit der (Provinzial-)Vindikation klagen und bei ihr die Behauptung der Erben widerlegen [6]. Der Gedankengang des Fragments ist dann freilich nicht ganz logisch und das u n d e streng genommen unmotiviert, da die Feststellung der Unwiderruflichkeit der Schenkung für das Interdikt nicht präjudiziell ist. Trotzdem wird diese Auslegung die relativ beste bleiben — angesichts der offenbaren Unmöglichkeit, durch Pressen des Wortes unde mit Ubbelohde oder auf anderen Wegen als er einen streng logischen Aufbau in die Stelle hineinzukonstruieren.

Geringes Gewicht hat D. 43, 17, 1, 4 (Ulp.).

> ... ut Pedius ait, omnis de possessione controversia aut eo pertinet, ut quod non possidemus nobis restituatur, aut ad hoc, ut retinere nobis

---

[1] Vgl. Vat. *263*, *265*, *266* a, *295*, *297*.

[2] Vgl. z. B. Vat. *293*, *314* und *249*, bes. § 10; auch C. 4, 19, *12*. *16*. *18*.

[3] Vgl. dazu die von Konstantin vorgeschriebenen Förmlichkeiten, Vat. *249*; C. 4, 19, *12*.

[4] Dagegen kämpfen die Kaiser wiederholt an; vgl. Vat. *263*, *266* a, *249* § 7.

[5] Das bringt Huschke durch seine Ergänzung (cum v e l) zum Ausdruck; vgl. oben S. 70.

[6] Mit quasi ... dicatur wäre also hier die Behauptung des Beklagten wiedergegeben, was allerdings seltsam ist. Man könnte auch umgekehrt den Fall so verstehen: Onesimus ist Erbe des Schenkers und will gegen den Besitzer vorgehen, indem er das Vorliegen einer Tradition bestreitet und ihm eigenmächtige Inbesitznahme vorwirft. So käme das „quasi" in Ordnung und guter Sinn in die Stelle. Aber dann wäre — darauf wies mich Herr Geheimrat Rabel hin — unde unerträglich hart; es müßte quodsi oder ähnlich heißen.

liceat quod possidemus. restituendae[1]) possessionis ordo aut interdicto expeditur aut per actionem: retinendae itaque possessionis duplex via est, aut exceptio aut interdictum.

Unter der actio hier gerade die postannale oder gegen den Erben gerichtete actio i. i. qu. p. zu verstehen[2]), ist doch wohl erkünstelt. Es handelt sich bei der schulmäßigen Antithese[3]) des Pedius m. E. nicht um eine bestimmte actio, sondern allgemein um die actio, die zur restitutio possessionis führt, vor allem also wieder um die Vindikation — und ebenso nicht um bestimmte, in dem Interdiktsformular vorkommende Exzeptionen, sondern um die exceptio als Mittel zur Besitzerhaltung schlechthin, also etwa um die exceptio rei venditae et traditae, doli mali oder sonstige[4]).

Albertario dürfte nach allem nicht erwiesen haben, daß die postannale Klage beim Unde vi auf Schadensersatz ging. Zugleich aber hat sich uns das Quellenmaterial erheblich verringert: neben einer sicher interpolierten Stelle[5]) bleibt nur jene Hauptstelle D. 43, 16, 1 pr. Da sie selbst verdorben sein muß, mag die abschließende Stellungnahme nicht leicht fallen. Wer aber die gut beglaubigte Erbenhaftung und die Parallele, die anderwärts zwischen Erben- und postannaler Haftung besteht, in Betracht zieht, wird auch auf die postannale Haftung aus dem Unde vi, dann aber auch auf ihre ediktale Grundlage[6]) nicht verzichten dürfen.

§ 14.

Das Interdictum fraudatorium.

Das Fraudatorium ist das einzige Interdikt, das eine in Kenntnis des Gegners vorgenommene Handlung zugrundelegt. Es ist annal (D. 42, 8, 10 pr.) und gewiß auch unvererblich[7]). Statt dessen hören

---

[1]) Seckel s. v. ordo 1 b.

[2]) So die oben S. 69 N. 3 Genannten und Albertario RL. 301.

[3]) Vgl. auch unten S. 131.

[4]) Vgl. die Gegenüberstellung von actio und exceptio bei Ulp. in D. 4, 2, 9, 3, und D. 41, 1, 52 (Modestin); die von actio und interdictum in D. 3, 3, 35, 2; 39 pr. (Ulp.).

[5]) D. 43, 16, 3, 12: Das unbefristete Interdikt de vi armata „post annum reddetur in id quod pervenit..."

[6]) Vgl. oben S. 68.

[7]) Ubbelohde a. a. O.; sciente te wird nur zögernd auf sciente curatore ausgedehnt; eine Erstreckung auf den Erblasser, wie sie im Zusammenhang damit bei dem Quod vi anerkannt wurde (D. 43, 24, 5, 9; unten S. 77), ist bei den Worten sciente te wenigstens von Ulp. D. 42, 8, 10, 5 nicht erwähnt und hat auch kaum jemals stattgefunden.

wir — wie bei dem Unde vi — von actiones i. i. qu. p. post annum und gegen den Erben.

D. 42, 8, 11 (Venuleius 6 interd.) Cassius actionem introduxit in id quod ad heredem pervenit.

Aus dem 6. Buch von Venuleius' Interdiktenwerk sind uns nur Bruchstücke vom Recht des Fraudatorium erhalten. Da auch Justinian das Fragment zu diesem Interdikt stellt, ist der ursprüngliche Zusammenhang kaum zu bezweifeln. Daß Venuleius hier von einem allgemeinen Prinzip der Bereicherungshaftung sprechen wollte [1]), ist durch nichts nahegelegt und gilt mit Recht als unwahrscheinlich: hätte Justinian ein Fragment, das dieses von ihm bevorzugte Prinzip allgemein formulierte und an den Namen eines berühmten Juristen knüpfte, in einer Spezialmaterie vergraben und so künstlich seines allgemeinen Charakters entkleidet? Venuleius sprach vielmehr nur vom fraudatorischen [2]) oder höchstens allgemein von den wenigen Interdikten, bei denen eine Haftung i. i. qu. p. überhaupt in Betracht kam. An der Echtheit der Stelle zu zweifeln, haben wir keinen Anlaß [3]); Albertario kann sich nur auf die Parallele der anderen Fälle berufen, die nach allem gerade gegen ihn spricht. Aus der Bemerkung des Venuleius folgt aber nicht, daß Cassius (als Prätor) ein Edikt über diese actio aufgestellt habe [4]); vielmehr denkt man — und gewiß mit Recht — heute fast allgemein [5]) an den respondierenden und formulierenden Juristen Cassius. Darüber hinaus aber ist es geradezu unwahrscheinlich, daß diese Klage jemals im Edikt verheißen war; dies ergibt sich aus den §§ 24 und 25 von Ulp. D. h. t. 10:

(§ 24): Haec actio post annum de eo, quod ad eum pervenit, adversus quem actio movetur, competit: [iniquum — putavit]. sive igitur ipse fraudator sit, ad quem pervenit, sive alius quivis, competit actio in id quod ad eum pervenit dolove malo eius factum est, quo minus perveniret.

Das Mittelstück iniquum — putavit ist sicher itp. [6]). Davon abgesehen, ist an der Existenz einer postannalen actio i. i. qu. p. kaum zu zweifeln: die Parallele mit der Erbenklage, andererseits mit der postannalen

---

1) So Girard manuel [8] 426 N. 5.

2) Solazzi revoca 17; Levy spons. 55 N. 3; Privatstr. 92 N. 1; Mitteis RPR. 109 N. 36; De Francisci 72; insoweit übereinstimmend Albertario Bull. 117 N. 1.

3) A. M. Albertario a. a. O.

4) Dazu unten S. 85.

5) Levy spons 55 N. 3; Lenel EP. [3] 500 N. 2; De Francisci 72; Wlassak Prozf. 33 N. 22; a. M. Mitteis RPR. 109 N. 36; noch anders Weiß SZ. 50, 255 N. 9; 260 N. 4.

6) S. Lenel EP. [3] 500 N. 2 und die dort Zitt., ferner Levy 112 N. 7.

actio unde vi; die Stellung am Schluß des Interdiktskommentars (§ 23 handelt noch vom letzten Wort: restituas); vor allem die Erstreckung auf doloses Vereiteln der Bereicherung, in der uns wohlbekannten Klausel dolove malo... — das alles spricht deutlich genug. Nicht einmal haec a c t i o ist zu beanstanden; Solazzis [1]) Rekonstruktion (hoc interdictum) wird durch den Vergleich mit den verwandten Anhangserläuterungen bei dolus und metus widerlegt. Wenn in den §§ 1—23 eine solche Itp. häufig ist, beweist dies für § 24 doch nichts; denn hier war eben auch bei Ulpian gar nicht mehr vom Interdikt und seiner Vererblichkeit die Rede [2]). — Mehr aus dem Fragment herauszuholen ist wohl vergeblich; auf Kürzungen [3]) deuten das durchhauende sive—sive und die im überlieferten Text befremdende Wiederholung des Ediktsinhalts am Ende des § 24. Rätselhaft bleibt trotz Lenel [4]), daß auch und sogar an erster Stelle der Fraudator selbst als möglicher Beklagter genannt wird.

Wie bei dolus, metus und Unde vi erklärt sich auch hier die Stellung des § 24 nach Schluß des Interdiktskommentars aus einem besonderen Edikt, das einen Anhang zum Interdikt bilden muß. Dasselbe ergibt sich aus den Worten haec actio; sie setzen eine ediktale Grundlage voraus, die doch nicht das Interdikt selbst sein kann [5]). Anders in dem folgenden § 25:

Haec actio heredi . . . competit: sed et in heredes . . . datur.

Haec actio kann hier nur die im § 24 besprochene postannale actio sein. Sie ist natürlich aktiv vererblich. Sehr interessant aber ist, daß sie auch gegen den Erben zulässig ist; die Klage gegen diesen erscheint hier — und nur hier — als vererbte (postannale) actio i. i. qu. p. gegen den Täter. Die gleiche Zweckbestimmung [6]) beider Klagen verdichtet sich also zu einer Identität der Formeln. Zwei Bedenken gegen ein solches Ergebnis liegen nahe: die Klage gegen den Erben ist nicht postannal, sondern sofort zulässig; und sie stellt auf ein anderes pervenit (an den Erben, nicht an den Täter) ab. Beides erledigt sich m. E. glatt: die postannale Klage bringt allgemein ihren postannalen Charakter in der Formel nicht zum Ausdruck. Sie ist einfach eine Formel

[1]) revoca 17; wie hier auch Lenel EP.[3] 500 N. 2; De Francisci 72, gegen den Albertario Bull. 113 wohl zu Unrecht polemisiert. — Vgl. auch unten S. 80.

[2]) S. o. S. 73 N. 7.

[3]) Lenel EP.[3] 499.

[4]) A. a. O.; vgl. vor allem Solazzi Bull. 15, 137 f.

[5]) Vgl. oben S. 68 und über die Ediktsässigkeit unten § 17.

[6]) S. oben S. 32 f.

ohne die exceptio annalis, oder wie Gaius D. 4, 2, 19 sie im Gegensatz zu der annalen Klage treffend kennzeichnet: sie ist perpetuo danda. Der Kläger, der etwa aus Raub klagte, mußte sich in iure entscheiden, welche Formel er wählen wollte; eine Formel mit doppelter condemnatio konnte er nicht erhalten [1]). Getraute er sich nicht, die exceptio annalis zu widerlegen — etwa weil schon ein Jahr verflossen war und der Beweis, daß der annus utilis noch lief, ihn zu schwer dünkte — so konnte er auf das unsichere Ziel des quadruplum verzichten und schon innerhalb der Frist sich mit der ungefährlichen Klage aufs simplum begnügen. Wie er aber gegen den Delinquenten selbst sofort die „postannale" Klage erbitten konnte, so war die Verwendung der gleichen Formel gegen den Erben schon innerhalb der Frist einwandfrei. Das zweite Bedenken aber ist unüberwindlich nur, wenn die actio i. i. qu. p. den starren Charakter einer condictio hatte. Trug sie dagegen, wie sich m. E. gerade auch aus dieser Stelle ergibt [2]), eine Restitutionsklausel, so war es möglich, daß dasselbe neque restituetur den Täter das an den Täter, den Erben das an den Erben Gelangte herauszugeben verpflichtete.

Hat aber Ulpian hier die Erbenklage aus der postannalen (wie umgekehrt Gai. D. 4, 3, 28 bei der Dolusklage diese aus jener) [3]) abgeleitet, so kann die Erbenklage hier nicht ediktal sein. Daß sonach die Schöpfung des Cassius keine Aufnahme im Album gefunden hat, steht auch in Einklang mit dem, was wir sonst über die Entstehungszeit der einschlägigen Ediktsklauseln vermuten dürfen (unten § 18).

§ 15.

Interdikte Quod vi und Demolitorium.

Auch diese beiden Interdikte, zu denen noch das restitutorische de loco sacro zu vergleichen ist, stellen auf eine Handlung ab. Sie sind daher auch der Befristung zugänglich, wie das Beispiel des Quod vi lehrt. Ihre Besonderheit aber, die sie mit der auch sonst verwandten actio aquae pluviae und der Metusklage teilen [4]), ist die unpersönliche

[1]) Levy Konk. 1, 138 f. Trotzdem hält Levy Privatstr. 144 für möglich, daß bei der actio in factum aus Nothinterlegung gegen den Erben erst apud iudicem geklärt wurde, ob in simplum oder in duplum zu verurteilen war. Ich kann ihm hierin umso weniger folgen, als auch hier das dicetur des Ed. schon grammatikalisch klarstellte, daß es auf die Behauptung in iure ankam.

[2]) Ausführlich darüber unten S. 89 ff. Levy erwähnt diese Stelle nicht.

[3]) S. oben S. 41 f.

[4]) S. unten S. 153.

Fassung [1]) quod factum est, nicht quod fecisti. Der Wortlaut dieser Interdikte setzte also nicht ein Handeln des Beklagten und auch nicht einmal ein factum habere, sondern lediglich ein factum esse voraus, sodaß rein dem Wortlaut nach die Voraussetzungen nicht nur beim Erben des Störers, sondern auch bei einem jeden Dritten anerkannt werden konnten. Soweit ist man natürlich nie gegangen; aber die Passivlegitimation jedes Erwerbers des Grundstücks ist bei den beiden Privatinterdikten und der actio aquae pluviae [2]) im Corpus Iuris anerkannt, und wenn es auch unsicher sein mag, ob schon die Klassiker diesen Satz auch für die beiden Interdikte so allgemein formuliert haben, wie es Paulus in D. 43, 24, 16, 2 fürs Quod vi getan haben soll — daran kann doch kein Zweifel sein, daß die Juristen das unpersönliche factum est benützten, um die Passivlegitimation mindestens auch des Erben (auf die es uns hier allein ankommt) zu begründen. Für das Quod vi aut clam steht dies spätestens seit Labeo fest (D. 43, 24, 5, 8 f) [3]), während Marcellus D. 39, 1, 22 [4]) für das Demolitorium dasselbe bekundet. Bestritten ist freilich [5]), ob schon im klassischen Recht bei diesen Interdikten und bei der actio pluviae die Haftung des Erwerbers eines störenden Werkes auf patientiam tollendi praestare beschränkt war, und ob diese Beschränkung auch dem Erben zugute kam. Diese Fragen zu untersuchen ist nicht unsere Aufgabe; beide sind übrigens m. E. zu verneinen — schon weil bei dem pönalen Charakter der beiden Interdikte [6]) eine volle Haftung [7]) des Erben eine unbegreifliche Anomalie wäre.

---

[1]) Sie ist fürs Quod vi von Partsch SZ. 31, 432 ff. (und anscheinend auch von Schulz SZ. 43, 255 ff.) bestritten. Dagegen überzeugend Lenel EP.[3] 483, jetzt auch Kaser Restituere 26. Vgl ferner die Parallelen im Text. Auch Partschs praktische Bedenken halten nicht Stich: die Mehrzahl der prohibitorischen Interdikte ist genau so unpersönlich gefaßt.

[2]) Das Interdikt über den locus sacer kam hiefür nicht in Betracht, vgl. Ubbelohde-Glück 1, 384.

[3]) Ebenso jetzt auch Kaser Restituere 29 N. 3.

[4]) Ganz echt nach Bonfante corso 2, 1, 385 N. 2; Schlußsatz itp. nach (wohl zutreffend) Biondi actt. arbb. 192; a[nes] noxales 92; Levy Konk. 1, 278 N. 2 (cf. Beseler 3, 95; 4, 205). Weitergehend De Francisci Synall. 2, 159, der einen nicht vorhandenen (s. Ubbelohde 1, 341 N. 31) Widerspruch mit D. 39, 1, 23 konstruiert, und Perozzi Ist.[2] 1, 737 N. 2.

[5]) Beseler 3, 93 ff.; 4, 282 f.; dagegen Levy Konk. 1, 275 N. 1; s. auch unten S. 120.

[6]) Levy 86; a. M. De Francisci Synall. 2, 160; s. a. Biondi a[nes] noxales 92; vgl. oben S. 124 N. 6. — Warum Kaser Restituere 29. 33 das Quod vi, aber nicht auch das Demolitorium für pönal hält, verstehe ich nicht.

[7]) Wie De Francisci a. a. O. annimmt.

1. Wo aber das Interdikt selbst — beschränkt oder unbeschränkt — gegen den Erben zustand, scheint eine actio i. i. qu. p. ausgeschlossen [1]). Und doch wird eine solche bei beiden Interdikten erwähnt, und zwar bei dem Demolitorium in einer Labeo-Stelle, die nicht ganz unecht sein kann [2]), während bei Quod vi die Parallele der postannalen Haftung [3]) eine Bestätigung gibt. Wie aber verhalten sich patientiam praestare und Haftung i. i. qu. p. zueinander? Sie stimmen zunächst in dem Negativum überein, daß sie nicht auf den Schaden des Klägers abstellen, sondern lediglich die vorteilhafte Position des Erben zu beseitigen trachten. Darüber hinaus scheint Bonfante [4]) beide einfach gleichzusetzen, und Levy [5]) hält einen Streit unter den Juristen für möglich, ob eine actio i. i. qu. p. oder das Interdikt auf patientiam destruendi operis praestare zustehe. Beides scheint mir unrichtig: ist verbotswidrig gebaut worden, so paßt als Haftungsbeschränkung allein das patientiam praestare, und zwar vortrefflich. Beschränkung auf i. qu. p. hätte allenfalls den negativen Sinn, daß der Erbe des Erbauers nicht haftet, wenn das Bauwerk nicht mehr besteht oder (mitsamt dem Grundstück) von dem Erblasser veräußert ist. Allein diese Einschränkung ist auch in dem patientiam destruendi operis praestare enthalten. Im Normalfalle jedoch, wo der Erbe Eigentümer von Grundstück und Bauwerk wird, hilft ihm die Klausel i. i. qu. p. gar nichts, da ja der Bau an ihn „pervenit". Aber das Bauen gegen fremden Willen ist nicht die einzige Figur, die von unseren beiden Interdikten betroffen wird; es genügen fürs Demolitorium auch der Abbruch eines Gebäudes (D. 39, 1, 1, 11 f.), fürs Quod vi sogar opera in solo facta jeder Art, worüber unsere Quellen eine reiche Kasuistik [6]) liefern. Es gibt nun darunter Fälle, in denen dem Kläger mit einer bloßen patientia restituendi auf Seiten des Beklagten nicht gedient, umgekehrt aber ein pervenire nicht selbstverständlich und eine Haftung i. i. qu. p. deshalb sinnvoll ist. Dies gilt gerade vom Abbruch des Gebäudes, wenn die Materialien auf den Erben gekommen sind, und gilt bei Quod vi auch von allen anderen opera, die in einer Entfernung von Grundstücksbestandteilen bestehen: wenn der Erblasser Bäume gefällt (h. t. 7, 5), ein Dach abgedeckt (9 pr.) oder Statuen entfernt hat (9, 2. 11, 1. 2). Ein

---

[1]) Das betont De Francisci a. a. O. 160.

[2]) Dazu unten S. 79 f.

[3]) Unten S. 81.

[4]) Corso 2, 1, 385. 412; ebenso Biondi actt. arbb. 185 ff., Rotondi Scr. giur. 2, 401 (oben S. 66 N. 5), Kaser Restituere 29. 34.

[5]) 94 N. 5 (95) zu D. 39, 1, 20, 8; vgl. dazu unten S. 80.

[6]) S. Windscheid § 465 N. 2.

Interdikt auf Duldung der Wiederherstellung hätte dem Kläger die entfernten Bestandteile nicht wiedergeschafft, während eine actio i. i. qu. p. das anstößige Ergebnis verhindern konnte, daß der Erbe in ihrem Genuß verblieb [1]). So scheint sich mir das Nebeneinander der beiden Haftungsbeschränkungen aus einer Verschiedenheit der Tatbestände zu erklären, die sich nach dem Kriterium gruppieren, ob von dem Grundstück etwas entfernt worden ist oder nicht. Eine Kombination beider Haftungen für einen und denselben Fall (auf einer gerodeten Waldparzelle ist gebaut) wäre möglich, ist aber nicht überliefert.

Die beiden Stellen, die die Erbenhaftung i. i. qu. p. aussprechen, sind für das Quod vi aut clam D. 43, 24, 15, 3:

> (Ulp.) Plane si quaeratur, an in heredem eius, qui opus fecit, inter- <eum> pervenit;

für das Demolitorium D. 39, 1, 20, 8:

> (Ulp.) Plane si quaeratur, an in heredem eius, qui opus fecit, interdictum hoc competat, sciendum est Labeonem existimasse in id quod ad eum pervenit dumtaxat dare oportere vel si quid dolo malo ipsius factum sit, quo minus perveniret. nonnulli putant in factum esse dandam quam interdictum, quod verum est.

Das erste Fragment verkehrt Albertario [2]) ins Gegenteil: in heredem non datur — in offenbarem Widerspruch mit h. t. 5, 9 (Labeo-Ulpian). Im übrigen steht und fällt die Echtheit [3]) dieser kurzen, formell unanstößigen Stelle mit der des zweiten Fragments, von dem mindestens der letzte Satz nicht intakt ist [4]). Aber wenn Levy die Polemik Ulpians und der nonnulli gegen Labeo dahin versteht, daß sie die Haftung i. i. qu. p. überhaupt ablehnen und eine patientia-Pflicht annehmen, so ist dies nicht nur mit den vorstehenden Erwägungen, sondern auch mit dem erhaltenen Text kaum zu vereinbaren. De Francisci [5]) und Perozzi [6]) vermeiden diese Klippe: Labeo soll das unbeschränkte Interdikt gegen den Erben zugelassen haben. Das würde an

---

[1]) Die Möglichkeit einer Vindikation oder actio ad exhibendum bleibt auch, sofern sie nicht — tignum iunctum! — ausgeschlossen war, hier wie beim Unde vi für die actio i. i. qu. p. außer Betracht (vgl. oben S. 55). Überdies war der Interdiktsberechtigte nicht immer der Eigentümer. Und wie, wenn der Erbe die Statuen veräußerte?

[2]) Bull. 114.

[3]) Itp. nach Lenel EP.[3] 482 N. 15. — Zu Rabel Grundz. 456 N. 5 s. oben S. 67 N. 7.

[4]) Levy 94 N. 5; Citati Miscellanea 38 f.; ebenso anscheinend auch Albertario contr. crit. Dig. 10 (mir unzugänglich); Kaser Restituere 33 N. 3.

[5]) Synall. 2, 160.

[6]) Ist.[2] 1, 737 N. 2.

sich — da nur die patientia-Pflicht das Fortbestehen eines für den Erben vorteilhaften Zustandes des Grundstücks voraussetzt — für alle Fälle passen. Aber wenn wir bei einem restitutorischen Interdikt, das auf eine Handlung abstellt, eine Haftung i. i. qu. p. finden, die durch dolo m a l o factum sit... erweitert und überdies auf Labeo [1]) zurückgeführt wird — so müssen schon zwingende Gründe vorliegen, um die ganze Erörterung (von existimasse an) zu tilgen; solche sind nicht entfernt dargetan [2]).

Aber nicht einmal der letzte Satz kann den Byzantinern gehören. Denn die Streitfrage, die der Unbefangene aus diesem herauslesen muß [3]), ist eine rein formulare: Interdikt i. i. qu. p. oder besondere actio in factum i. i. qu. p. ? — und diese Frage mußte einem Nichtrömer ziemlich gleichgültig sein. Das Interdiktsformular selbst gilt freilich vielen Forschern [4]) als unvereinbar mit einer einschränkenden Klausel i. i. qu. p. Schlechthin durchschlagend ist dieses Bedenken nicht; ein Interdikt quod factum est... si oder si quid ad te pervenit, restituas wäre formal möglich und inhaltlich alles andere als widerspruchsvoll [5]). Nur die Form einer der Kondemnation eingefügten taxatio: dumtaxat d e e o quod..., wie sie in den anderen Fällen der Haftung i. i. qu. p. anzunehmen ist (unten § 19), wäre mit dem restituas unvereinbar. Gerade eine taxatio scheint freilich auch Labeo im Auge zu haben, wenn er mit dem technischen dumtaxat operiert. So gewinnt Levys Vermutung an Boden, daß gar nicht das Interdikt selbst, sondern die formula arbitraria oder das iudicium secutorium die pervenit-Klausel erhalten hätte. Da wir beide nicht kennen [6]), läßt sich auch kaum beurteilen, wie weit die so erhaltene Formel von einer „actio in factum" i. i. qu. p. sich unterschiede [7]) und ob ein solcher Unterschied genügende Bedeutung gehabt hätte, um Ulpian noch nach mehr als zwei Jahrhunderten zu der Bemerkung zu veranlassen: sciendum est

---

[1]) Dazu unten § 18.

[2]) Zu nennen wäre dari statt reddi (so anscheinend D. F.), nicht aber dumtaxat, worüber unten § 19.

[3]) Vgl. Schulz Diss. 6.

[4]) Lenel EP.^{3} 466; Albertario RL. 306; De Francisci Synall. 2, 160; anscheinend auch Levy 94 N. 5; a. M. Solazzi revoca 17 (s. oben S. 75); zweifelnd Siber Röm. PrivR. 227 N. 10.

[5]) Dies gegen Albertario a. a. O.; vgl. dazu unten S. 166 f.

[6]) Lenel EP.^{3} 449 f.

[7]) Auch für Levy kann der Unterschied nicht darin liegen, daß die actio in factum nach L. (dagegen unten S. 89) keine Restitutionsklausel hat. Denn konsequent müßte L. auch die formula arbitraria i. i. qu. p. ihrer Restitutionsklausel berauben.

Labeonem existimasse ... Wer nicht ein non liquet in diesem Punkt vorzieht, wird daher wohl Levy folgen dürfen.

2. Eine postannale Bereicherungshaftung kommt, da das Demolitorium unbefristet ist, nur bei Quod vi in Betracht, und auch hier nur in der Form einer actio i. i. qu. p.; denn das Interdikt mit seiner Annalklausel kann natürlich auch eine patientia-Pflicht nach Jahresfrist nicht mehr vermitteln. Nun ist zwar auch eine pervenit-Haftung post annum in Titel 43, 24 nicht erwähnt. Aber in D. 43, 1, 4 finden wir unter der Inskription Paulus 67 den Satz:

> Ex quibus causis annua interdicta sunt, ex his de eo, quod ad eum cum quo agitur pervenit, post annum iudicium dandum Sabinus respondit

und dieser Satz kann nur bei Gelegenheit des Quod vi geschrieben sein [1]). Denn zwischen dem Interdikt de rivis (Lenel § 252), das Paulus noch im Buch 66 behandelt, und dem Utrubi (Lenel § 264), das in Buch 68 besprochen ist, bleiben außer dem Quod vi nur solche Interdikte, die nicht annal waren und deshalb auch jenen Satz nicht anregen konnten. Die Vermutung gewinnt an Wahrscheinlichkeit dadurch, daß wir überhaupt nur drei annale Interdikte kennen [2]): Unde vi, Fraudatorium, Quod vi — und daß bei den beiden ersten die postannale Haftung sogar ediktsässig war [3]). Der Satz des Sabinus — weit entfernt, eine allgemeine Regel sein zu wollen — überträgt einfach das, was für zwei annale Interdikte galt, auf das dritte.

5. Kapitel.

§ 16.

Die Bereicherungshaftung des Erben als allgemeines Prinzip.

Die Fragmente, die die Bereicherungshaftung für einen konkreten Deliktstatbestand erörtern, sind im Vorstehenden erschöpft. Es verbleibt eine Gruppe von Stellen, die die Bereicherungshaftung allgemein, für alle Delikte, anerkennen oder anzuerkennen scheinen. Ihrer Betrachtung ist ein Vorbehalt vorauszuschicken: wie der große Kreis der vier kanonischen Privatdelikte mit ihren zahlreichen Spezial- und Analogiebildungen der Haftung i. i. qu. p. sicher verschlossen bleibt, so ist umgekehrt für die wichtigsten amtsrechtlichen Delikte eine solche Haftung, wie wir sahen, nicht in Zweifel zu ziehen. Der legislative

---

[1]) Ebenso Lenel Paulus 766, EP.[3] 482 N. 6.

[2]) Vgl. oben S. 34; Ubbelohde-Glück 1, 491 ff.

[3]) Unten S. 84 f. — Albertario RL. 301 streicht: de — pervenit.

Gedanke, aus dem diese Haftung entspringt, liegt auf der Hand und ist wahrscheinlich wenigstens in einer Stelle [1]) von Ulpian formuliert worden; er ist nichts einzelnen Delikten Eigentümliches, sondern allgemein und für alle Delikte verwertbar. Ob freilich auch die Klassiker diese gesetzgeberische Erwägung zu einem allgemeinen Prinzip erhoben [2]), ob sie dies Prinzip allgemein formuliert haben oder ob hier wie so oft erst die Spätzeit klassische Einzellösungen zusammengefaßt hat [3]) — diese Fragen lassen sich aus dem bisher Gesagten nicht beantworten, sind aber auch für die Erkenntnis des praktischen klassischen Rechts nahezu gleichgültig: alle irgend wichtigen Fälle waren fest geregelt und wären durch die Bildung eines allgemeinen Prinzips nicht berührt worden [4]).

Trotzdem bleibt die Frage natürlich immer interessant, bis zu welchem Grade der Abstraktion die Klassiker hier vorgedrungen sind. Sicher ist zunächst, daß manche Verallgemeinerung von den Kompilatoren einfach dadurch erreicht wurde, daß sie konkrete Juristensätze aus ihrem ursprünglichen Zusammenhang rissen. Ein typisches Beispiel bot uns dafür schon D. 43, 1, 4 [5]), wo Tribonian einen Satz über die postannale actio aus dem Quod vi in die allgemeine Lehre von den Interdikten gesetzt hat. Sicher ist weiter seit Rotondis Untersuchungen [6]), daß in den byzantinischen Schulerörterungen die Haftung des Erben i. i. qu. p. äußerst beliebt war und von einer bei Justinian nicht durchgedrungenen Richtung sogar auf dolose Vertragsverletzung ausgedehnt wurde. Die dort beliebte Formulierung, daß der Erbe aus dem dolus [7]) defuncti auf i. i. qu. p. hafte, ist daher außerhalb des Gebiets der actio de dolo verdächtig, wo immer sie sich in den Digesten findet — sei es als allgemeine Sentenz wie in D. 2, 10, 1, 6 [8]); 10, 4, 12, 6 [9]); 29, 4, 12, 1; 50, 17, 44, oder auch (besonders interessant) in einer Polemik gegen die unterlegene Schulmeinung (so in D. 16, 3, 7, 1 [10]); 44, 7, 49; 50, 17, 44; 50, 17, 157, 2; auch 38 cod.). Aus der

---

[1]) D. 4, 2, 16, 2; s. oben S. 45.

[2]) So Mitteis RPR. 109; Levy 92 („seit Mitte des 2. Jahrhunderts").

[3]) So De Francisci 15 ff., 82 ff.; Rabel Grundz. 456; Lenel EP.³ 466 (S. 112 scheint L. doch auch bei den Klassikern ein allgemeineres Prinzip anzunehmen).

[4]) Vgl. auch Rotondi Scr. giur. 2, 372 N. 2.

[5]) S. oben S. 81.

[6]) Scr. giur. 2, 387 ff.

[7]) Vereinzelt auch delictum, und das auch bei Kontraktsverhältnissen.

[8]) S. oben S. 58 N. 2.

[9]) S. Index; echt nach Levy 90 N.

[10]) Wegen D. 13, 1, 9 s. Rotondi a. a. O. 406.

Übereinstimmung von D. 50, 17, 44 mit D. 14, 4, 9, 2 (letzter Satz) ergibt sich aber weiter, daß jene gar nicht allgemein, sondern nur für den Fall der actio tributoria geschrieben ist [1]); ja der Zusammenhang in D. 14, 4, 9, 2 zeigt sogar, daß trotz des scheinbar umfassenden totiens... quotiens eine Einschränkung beabsichtigt ist im Sinne von: nur in den Fällen...[2]). Keine allgemeine Maxime enthält auch D. 50, 17, 127 [3]): cum praetor in heredem dat actionem quatenus ad eum pervenit, sufficit...; denn wann der Prätor eine solche actio gibt, will Paulus hier gar nicht sagen.

Drei andere Stellen, die die Erbenhaftung als allgemeines Prinzip erscheinen lassen, sind uns schon als itp. bekannt: D. 44, 7, 35 pr.; 3, 6, 5 pr.; 43, 16, 3 pr.[4]). Es bleiben danach nur die beiden diokletianischen Reskripte übrig, von denen das eine oben gleichfalls für itp. gehalten wurde, das andere aber umso sicherer echt ist: C. 4, 17, 1 und C. Herm. Wis. 2, 1:

> ... successores ... in tantum quantum ad eos pervenit teneri, ne scelere ditentur alieno, certissimi iuris est [5]).

De Francisci [6]) erkennt diesen unanfechtbaren Beleg mit dem Vorbehalt an, daß er nicht mehr beweise als die Existenz besonderer, von ihm nie geleugneter actiones in factum gegen den Erben, wie z. B. aus dolus und metus [7]). Den unannehmbaren Gedanken [8]), den Albertario (Bull. 284) ihm zutraut, daß hier von einer condictio die Rede sei, hat De Francisci [9]) nie vertreten. Albertario aber greift nicht nur zu der mehr als gewagten Annahme einer Interpolation von westgotischer oder noch älterer privater Hand (oben S. 47), sondern gibt eine Restitution, die schlechthin unmöglich ist: statt der pervenit-Haftung habe hier ursprünglich die condictio gestanden; sie sei gestrichen worden, weil die Strafklage selbst vererblich geworden sei. Bei aller Vorliebe der späten Juristen für die pervenit-Haftung erfreute sich bekanntlich auch die condictio keines geringen Ansehens [10]).

---

[1]) De Francisci 15, zustimmend Rotondi a. a. O. 389 N. 1.

[2]) Dies gegen Albertario Bull. 122.

[3]) Nach Albertario Bull. 124 itp.

[4]) S. oben S. 12, S. 57 und S. 67 f. und zu D. 4, 2, 16, 2 S. 43 f.

[5]) Vgl. dazu oben S. 47 ff.

[6]) S. 87.

[7]) Ähnlich Siber Röm. PrivR. 227 N. 8: „Scheinbar allgemein, aber als Reskript jedenfalls auf einen Einzelfall bezüglich...“. Es gibt aber zahlreiche Reskripte, die einfach die allgemeine Norm aufstellen und die Subsumptionsarbeit dem Petenten überlassen; vgl. die Stellen bei Rotondi Scr. giur. 1, 266.

[8]) Rotondi Bull. 26, 359 scheint ihn immerhin für möglich zu halten.

[9]) Er spricht S. 87 N. 1 von der westgotischen Interpr.

[10]) Speziell zur cond. furtiva s. Levy Konk. 1, 343 N. 5 a. E.

Um nur das Wichtigste zu nennen: die condictio furtiva ist nirgends durch eine beschränkt vererbliche actio furti ersetzt worden. Sie war ja gerade die Ursache, warum bis auf Justinian das gesamte furtum-Gebiet der Haftung i. i. qu. p. unzugänglich blieb [1]).

Das diokletianische Reskript formulierte also innerhalb unserer Überlieferung zum ersten Male allgemein den Satz, daß der Erbe aus Delikten seines Erblassers in Höhe seiner Bereicherung hafte. Es beweist nichts für die klassische Zeit — freilich auch nichts dafür, daß ein Klassiker denselben Satz nicht auch schon hätte schreiben können.

6. Kapitel.

Ediktsässigkeit, Entstehungszeit, Formelkonzeption.

§ 17.

Ediktsässigkeit.

Für die Erkenntnis nicht der klassischen Haftung i. i. qu. p., aber ihrer Entstehungsgeschichte ist es von Bedeutung, ob und inwieweit die Bereicherungshaftung des Erben (oder des Täters post annum) auf ediktaler Grundlage beruht, ob und in welchen Fällen besondere Ediktsklauseln die actio i. i. qu. p. versprachen, und ob darüber hinaus sogar Musterformeln proponiert waren. Eine kurze Zusammenstellung der im einzelnen meist schon berührten Punkte ist daher wohl am Platze.

Allgemein [2]) anerkannt und nach D. 4, 2, 19; 4, 3, 26 [3]) außer Zweifel ist nur, daß bei metus und dolus ein besonderes Edikt über die Erbenhaftung vorlag; dagegen war eine Formel nicht proponiert, wie aus D. 4, 3, 29 und vor allem gleichfalls aus D. 4, 2, 19 erhellt [4]). Für die postannale Dolusklage hat es ein Edikt nach D. 4, 3, 28 [5]) schwerlich gegeben. Bei dem Interdikt unde vi ist uns das postannale Edikt sogar in freilich entstellter Form erhalten [6]), während die Existenz eines Erbenedikts wohl auch hier anzunehmen ist [7]). Ebenso ist bei dem fraudatorischen Interdikt ein Edikt über die postannale Klage

---

[1]) S. oben S. 25 ff.

[2]) Auch von Albertario RL. 453; eine Ausnahme macht nur Kniep, gegen welchen Lenel EP.³ 111 N. 6 zu vergleichen ist.

[3]) S. oben S. 36 und S. 44.

[4]) Lenel EP.³ 115 N. 7; Levy 96 N. 5.

[5]) S. oben S. 41 ff.

[6]) S. oben S. 68.

[7]) S. oben S. 67; Lenel EP.³ 465; Levy 92 N. 1.

sehr wahrscheinlich [1]), ein solches über die Erbenklage dagegen hier m. E. mit Sicherheit zu verneinen [2]). Wenn aber Lenel es „gewiß wahrscheinlich" findet [3]), daß die postannale Klage aus dem Fraudatorium auch proponiert war, und wenn er Entsprechendes beim Unde vi annimmt [4]), so scheinen mir, da doch das Gegenteil für die (Erben-)Klage aus metus und dolus feststeht, die Gründe für solch unterschiedliche Behandlung nicht dargetan zu sein.

In allen anderen Fällen ist eine ediktale Grundlage nicht nur nicht zu belegen, sondern geradezu unwahrscheinlich [5]): für das Kalumniatorenedikt, weil Ulpian nicht bei diesem, sondern erst bei dem Metusedikt auf allgemeine Fragen der Haftung i. i. qu. p. eingeht [6]), für die Klage gegen den Publicanus, weil gegenüber einem Edikt die Worte: Labeo ait... dandam actionem unmöglich wären. Entsprechendes gilt vom demolitorischen Interdikt, während in den kleineren Fällen ein besonderes Anhangsedikt ohne weiteres zu verneinen ist. — Für die

§ 18.

Entstehungszeit

der Haftung i. i. qu. p. gibt die Ediktsässigkeit einzelner Klagen nur den Aufschluß, daß diese Klagen spätestens zur Zeit Julians anerkannt wurden. Im übrigen konzentrieren sich die Datierungsversuche im großen Ganzen auf die erste Kaiserzeit. Die Erwähnung des Cassius in D. 42, 8, 11 ist nach Girard und Arnò, die des Sabinus in D. 4, 3, 29 nach Pernice, endlich die des Labeo in D. 39, 1, 20, 8 und in den Stellen, die von der actio tributoria handeln, nach Levy ein Zeugnis für die erste Anerkennung der Bereicherungshaftung durch diese Juristen [7]). Nur Lenel [8]) greift — übrigens kaum in der Absicht, einen Beitrag zu dieser Debatte zu liefern — erheblich weiter zurück, wenn er die Annalität des Interdikts unde vi damit erklären will, daß für die postannale Haftungsbeschränkung i. i. qu. p. Raum geschaffen werden

---

1) S. oben S. 75; ebenso Lenel, a. M. Levy a. a. O.

2) S. oben S. 74 ff.; ebenso Levy, a. M. Lenel a. a. O.

3) a. a. O. und Festschr. f. A. S. Schultze 12.

4) Vgl. a. a. O. und EP.[3] 466, 468. Auf die Auslegung von Vat. 312 (oben S. 70 ff.) kommt es dabei nicht an; formula promissa ist nicht formula proposita. Wie Lenel offenbar auch Wlassak röm. Provprozeß 33.

5) Levy 92 N. 1.

6) Vgl. oben S. 58.

7) Vgl. Pernice 2, 1, 201 N. 3; Girard manuel[8] 426 N. 5; Levy 91; Arnò Pubbl. Modena 1925, 4, 29.

8) EP.[3] 466.

mußte [1]). Da die Klausel „in hoc anno“ für dies Interdikt schon in Ciceros Tulliana (73 oder 72 v. Chr.) bezeugt ist, müßte Lenel die actio i. i. qu. p. bei diesem Interdikt spätestens auf die Mitte der 70er Jahre, also zwei bis drei Menschenalter früher als die herrschende Meinung ansetzen. Die Wahrheit liegt wohl auch hier in der Mitte.

Lenels Rechnung gerät mit anderen Daten in Widerspruch. Für die pervenit-Haftung Platz zu schaffen, konnte bei Unde vi nur Bedürfnis sein, wenn sie anderwärts schon bekannt und erprobt war. Bei metus und dolus aber muß sie notwendig jünger sein, weil bei beiden die Hauptklage selbst erst (bei metus sogar frühestens [2])) der ciceronischen Ära angehört. — Die landläufige Datierung aber ist aus anderen Gründen zu spät: mindestens die Labeo-Stellen, m. E.[3]) aber auch die von Cassius handelnde, beziehen sich auf nicht rezipierte Klagen. Es wäre aber mehr als seltsam, wenn die Bereicherungshaftung gerade von diesen (weniger wichtigen) Gebieten ihren Ausgangspunkt genommen hätte, auf denen sie nicht ins Album vorgedrungen ist, — um so seltsamer, als die größten Köpfe der frühklassischen Zeit an ihrer Einführung auf diesen Gebieten gearbeitet haben. Aus der Tatsache, daß Labeo und Cassius solche Klagen einführten und daß ihre Schöpfung ungleich anderen derselben Art nicht ins Album überging, ist daher gerade umgekehrt zu schließen, daß die ediktal gewordenen Gebilde ä l t e r als Labeo und Cassius sind. Dazu stimmt es auch, daß wir bei diesen Klagen nirgends den Namen des Juristen hören, der sie als erster zur Anwendung gebracht hat: die Autorität des berühmtesten amtlosen Juristen wurde hier wie überall bedeutungslos, wo man sich auf das Edikt selbst berufen konnte; für die rein rechtshistorische Fragestellung fehlte den Klassikern das Interesse [4]). Es wäre in unseren juristischen Quellen wohl beispiellos [5]), wenn der mehrfach genannte Bericht des Venuleius in D. 42, 8, 11 so zu verstehen wäre, als ob eine ins Edictum Perpetuum aufgenommene Klausel auf Cassius zurückginge [6]). Auch Sabinus wird in D. 4, 3, 29 nicht als Urheber der (ediktalen) Bereicherungshaftung des Erben aus dolus genannt; er kennt diese Haftung als bereits vorhanden.

---

[1]) Vgl. oben S. 69 N. 2.

[2]) Vgl. unten S. 152 N. 4.

[3]) S. oben S. 74, 85 N. 2.

[4]) Lenel RG. 357.

[5]) Falls I. 4, 6, 4 über die Entstehung der Publiciana unverdächtig ist (darüber Wlassak Prozf. 33), war hier die historische Erinnerung doch durch den Formelnamen selbst wachgehalten; auch blieb es ein Bedürfnis, diesen Namen zu erklären.

[6]) Nicht dagegen Weiss SZ. 50, 255 und N. 9.

Eine allgemeinere Erwägung führt schließlich zum gleichen Ergebnis: trotz mancher Änderungen, die Wortlaut und Inhalt des Edikts noch in der Kaiserzeit erfahren haben[1]), ist doch die Entwicklung in dieser Epoche aus inneren und äußeren Gründen im allgemeinen zum Stillstand gekommen[2]), während wir sie in der Zeit Ciceros noch in voller Blüte finden. Es spricht also eine Vermutung für die frühere Datierung und gegen eine Hypothese, die noch in der Zeit des Tiberius mit erheblichen Reformen innerhalb des Albums rechnen muß. —

§ 19.

Konzeption der Edikte und Formeln.

1. Von den Edikten ist keines unverdorben erhalten. Die enge Anlehnung des Wortlauts an das jeweilige Hauptedikt ist aber ohne weiteres wahrscheinlich und für metus und dolus nahezu gewiß[3]). Andererseits steht fest, daß die Fassung der sekundären wesentlich einfacher war als die der Hauptedikte. So hat das Edikt über die Erbenklage aus dolus sicher weder die Annalklausel noch die Worte „si iusta causa esse videbitur" des Edikts de dolo reproduziert[4]). Dasselbe muß von dem Zusatzedikt beim metus gelten: Gaius hätte in D. 4, *2*, 19[5]) einen Vorbehalt der causae cognitio nicht verschweigen können — und seine Worte ergeben unmittelbar, daß eine Annalklausel fehlte; eine verschiedene Behandlung von dolus und metus in diesem Punkte wäre ja auch unerklärlich. Aus demselben Grunde kann aber beim dolus auch die Bedingung „si alia actio non erit" nicht wiederholt worden sein. Denn bei der (postannalen) Metusklage beruhte die Subsidiarität auf der Kognitionsbedürftigkeit[6]); mit dieser war daher auch jene für die Erbenklage verneint. Es hätte auch an einem legislativen Grund für die Subsidiarität der Dolus- wie der Metusklage gegen den Erben gefehlt[7]).

Bei enger Anlehnung an das jeweilige Hauptedikt ergibt sich so — unter entsprechender Vereinfachung — als der wahrscheinlichste Wortlaut aller Zusatzedikte der uns beim Unde vi wörtlich erhaltene:

---

[1]) Vgl. Weiss SZ. 50, *262* ff.

[2]) Pernice Labeo 1, 59; vgl. Sohm-Mitteis Inst.[17] 85; Kipp Quellen[4] 55; Girard Mél. 1, 197 und vor allen Krüger Quellen[2] 92.

[3]) S. oben S. 40 und S. 45.

[4]) S. oben S. 40 und D. 4, *3*, *29*. *30*.

[5]) S. oben S. 44.

[6]) Vgl. Schneider Subsid. Kl. 10 ff.; Siber Röm. PrivR. *236*.

[7]) S. oben S. 39 und D. 4, *3*, *29*. 30.

post annum (in heredem) id iudicium [1]) dabo dumtaxat... Insbesondere hat die Dolusklausel, die in fast allen zivilrechtlichen pervenit-Haftungen stereotyp wiederkehrt [2]), in den Edikten wahrscheinlich so wenig ihren Platz gefunden, wie in den Referaten von Gaius und Ulpian (D. 4, 2, 19; 16, 2). Es wäre sonst unerklärlich, warum die Kompilatoren in D. 43, 16, 2; 4, 3, 27 die Dolusklausel einem anderen Juristen entnommen hätten als das Ediktsreferat [3]). Sie fehlt auch in dem erhaltenen postannalen Edikt in D. 43, 16, 1 pr. (Unde vi).

2. Um so sicherer aber muß diese Klausel in den (nicht proponierten) Formeln gestanden haben. Denn wenn, wie für die wichtigsten Fälle feststeht, für die übrigen wahrscheinlich ist [4]), die Haftung auf arglistige Vereitelung des pervenire erstreckt war, mußte dies auch in der Formel zur Geltung kommen. Es ist ja keineswegs ungewöhnlich, daß die Formel anders und sorgfältiger als das zugehörige Edikt gearbeitet ist [5]). Die stilgetreue Klausel dolove malo factum est quominus perveniret wird man daher, wo sie erscheint, geradezu als ein wörtliches Formelzitat anzusehen haben.

Auch der Ort, den die Beschränkung auf i. qu. p. innerhalb der Formel einnahm, läßt sich mit annähernder Sicherheit bestimmen und ist auch wohl kaum streitig: die gelegentlich überlieferte Wendung dumtaxat de eo quod ad eos pervenit [6]) macht eine in der condemnatio eingefügte taxatio wahrscheinlich. Den gleichen Schluß läßt auch das einfache de eo quod pervenit [7]) zu, das dem teneri etwa de peculio entspricht, und selbst das am häufigsten vorkommende farblosere in id quod pervenit weist (wie in simplum, duplum usw.) wenigstens auf den Bereich der condemnatio [8]).

Im Übrigen hängt die Rekonstruktion der Formel von dem Streit ab, zu dem schon wiederholt Stellung genommen wurde [9]): actio „in factum" oder umgeformte Hauptklage? Die Beweise für die zweite

---

[1]) oder einfach: iudicium? Vgl. D. 43, 16, 1 pr. (oben S. 68).

[2]) S. oben S. 16 f.

[3]) So Lenel EP.[3] 114 N. 16. 466 N. 2 gegen Rudorff; a. M. Longo Bull. 19, 139: Ulpian z. B. habe in D. 43, 16, 1, 48 dasselbe gesagt wie Paulus in 2 eod.; die Einschaltung eines Paulusfragments erkläre sich lediglich aus dem Abwechslungsbestreben der Kompilatoren (dazu auch oben S. 18).

[4]) S. oben S. 16.

[5]) Vgl. Lenel EP.[3] XI.

[6]) Vgl. D. 4, 3, 17, 1, auch 39, 1, 20, 8, mit Gaius 4, 51.

[7]) So vor allem das Ediktsreferat in D. 43, 16, 1 pr.

[8]) Lenel EP.[3] 115 nimmt die einfachere Form an: quanti ea res erit, quod ad eum pervenit; ebenso Levy 94.

[9]) S. oben S. 40 und S. 44 f.

Alternative sind — neben den allgemeinen Erwägungen Levys [1]) — vor allem aus D. 4, 2, 19 [2]) zu entnehmen. Keinerlei Gegeninstanz möchte ich in dem von Rotondi [3]) beobachteten Umstand erblicken, daß die Rubrik des Titels II, Cod. Herm. Wis., unter der jenes Reskript [4]) über die Erbenhaftung steht, von der entsprechenden des Cod. Iust. (4, 17) abweicht. Dort heißt es: ex delictis defunctorum quemadmodum conveniantur successores, bei Justinian aber: in quantum heredes conveniantur. Die Verschiedenheit der Nuance führen Rotondi [5]) und Albertario [6]) auf eine justinianische Änderung zurück; der Verfasser des älteren Codex hatte nach ihrer Ansicht korrekt gefragt: mit welcher Klage haftet der Erbe? (d. h. mit der Strafklage oder mit einer besonderen actio in factum? [7])), Justinian soll statt dessen die Frage stellen: in welcher Höhe haftet er (sc. mit der Strafklage)? Denselben Kompilatoren, denen man sonst jedes feinere Verständnis und mit Recht jedenfalls das Verständnis für klassische Formelfragen abspricht, traut man hier ein beachtliches Fingerspitzengefühl für eben diese Formelfragen zu [8]).

Die Klage gegen den Erben hat mit der Hauptklage den Tatbestand, ihre Formel mit der Hauptformel die den Tatbestand enthaltenden Worte gemein; die Dolusklage z. B. gegen den Erben stellt auf dolo malo factum esse ab, usw. Nicht anders war es bei den Interdikten; die Umbildung des Interdiktstextes war nicht schwieriger als die Entwicklung der formula arbitraria und der Sponsionen aus dem Interdiktswortlaut [9]). Es wird daher zu billigen sein, wenn Lenel beim Unde vi annimmt, daß die postannale Formel das Interdikt wortgetreu reproduziert habe [10]).

Ist sonach über den Kern der Formel, den Tatbestand, über die condemnatio leidlich Sicheres zu sagen, so ist eine letzte formulare Frage sehr zweifelhaft: ob bei den Klagen, die eine Restitutionsklausel enthielten, die abgewandelte Klage gegen den Erben diese Klausel

---

[1]) S. 93 ff.

[2]) S. oben S. 40; vgl. auch D. 4, 3, 26.

[3]) Bull. 26, 189 N. (viel zurückhaltender das. 359).

[4]) Oben S. 47. 83.

[5]) Bull. 26, 189 N.

[6]) Bull. 284.

[7]) Nach Albertario: Strafklage oder condictio?

[8]) Albertario a. a. O. 284 weist m. E. mit Recht darauf hin, daß das westgotische Fragment selbst anders (quantum?) fragt als die Rubrik; a. M. freilich Rotondi a. a. O. 359.

[9]) Lenel EP.[3] 449.

[10]) Lenel EP.[3] 466; vgl. Levy 94 N. 5.

einbüßte oder behielt. Für jene Alternative tritt Levy [1]) mit Entschiedenheit ein. Lenel hat hier seine Ansicht gewechselt: er lehnt jetzt [2]) eine Restitutionsklausel unter dem Eindruck von Levys Argumenten für die Metusklage ab, während er sie (versehentlich?) bei dem Unde vi beibehält [3]). Der Quellenstand ist Levys These nicht günstig; der Zweifel des Gaius (D. 4, 2, 19), ob die Metusklage in quadruplum oder die postannale in simplum gegen den Erben umzumodeln sei, ist nur möglich [4]), wenn die Hauptformel nicht bloß zugrundegelegt wurde, sondern abgesehen von der taxatio unverändert, d. h. aber auch mit der Restitutionsklausel ausgerüstet blieb. Levy beruft sich auch nur darauf, daß die Restitutionsklausel mit der pervenit-Klausel innerlich unvereinbar gewesen sei und deshalb habe fallen müssen. Zu dieser Auffassung kann erst unten (im Dritten Teil der Arbeit) Stellung genommen werden.

[1]) Konk. 2, 1, 161 N. 1.
[2]) Vgl. EP.[3] 114 mit EP.[2] 111.
[3]) EP.[3] 466; vgl. auch oben.
[4]) Vgl. oben S. 44.

Zweiter Teil.

Die Metusklage gegen den gutgläubigen Dritten.

Die actio quod metus causa ist eine Strafklage und als solche unvererblich [1]). Sie geht aber — als Musterfall der heute sog. actiones in rem scriptae [2]) — nicht nur gegen den Erpresser, sondern auch „gegen den dritten Unschuldigen, welcher dasjenige in Händen hat, was dem Gezwungenen durch den Zwang entzogen worden ist ... auf Herausgabe des in seinen Händen Befindlichen ..." [3]). Sie ist in dieser letzteren Funktion ohne Frage die merkwürdigste Bereicherungsklage [4]), die uns in unseren justinianischen Quellen entgegentritt. Ob aber diese Erscheinung bereits dem klassischen Recht angehört, ist sehr zweifelhaft geworden, seit Beseler [5]) in kurzen Andeutungen und F. Schulz [6]) in großem Zusammenhang den Nachweis unternommen haben, daß die Klage wegen Erpressung im klassischen Recht wie jede Strafklage nur gegen den Täter ging und daß sie ihre Richtung gegen Dritte erst im justinianischen Recht erhalten hat. Die tiefschürfenden Untersuchungen von Schulz, die ein umfangreiches Material verarbeiten, haben andere Forscher von höchstem Ansehen und überwiegend konservativer Haltung überzeugt [7]), während sie m. W. nirgends auf strikte Ablehnung gestoßen sind [8]). Leider ist erst ein Teil erschienen; der seit nunmehr 10 Jahren in Aussicht gestellte zweite Teil ist umso

---

[1]) S. oben S. 44.

[2]) Über diesen Begriff vgl. unten S. 117 ff.

[3]) Windscheid II § 462, 2.

[4]) Dazu unten S. 135 ff.

[5]) 1, 74 ff. Ablehnend Lenel Festg. f. Sohm 211 N. 2 (s. aber auch die Note 7), Perozzi Ist.[2] 2, 380 f. Zu v. Lübtow s. unten N. 7.

[6]) SZ. 43, 171 ff., besonders 240 ff.; im Folgenden: Schulz.

[7]) Lenel EP.[3] 113 (s. auch N. 5), Siber Röm. PrivR. 234, Pringsheim SZ. 48, 731, Arangio-Ruiz Bull. 37, 83 (zweifelnd noch Ist.[2] 96), Kipp Röm. R. 274, Kaser Restituere 20. 35. — Unabhängig von Schulz scheint v. Lübtow in seinem erst jetzt erschienenen Buch über den Ediktstitel Quod metus causa zu denselben Ergebnissen gekommen zu sein, wie Schulz; er ist im Folgenden nur zitiert, wo er von Schulz abweicht.

[8]) Perozzi a. a. O. scheint den Aufsatz von Schulz nicht zu kennen.

schmerzlicher zu vermissen, als erst er die neue Lehre mit allen ihren Konsequenzen überblicken lassen und namentlich die Rekonstruktion der Quellen in der verheißenen Palingenesie des Metustitels (Dig. 4, 2)[1]) zur Anschauung bringen wird.

Eine auf Einzelheiten eingehende Auseinandersetzung mit einer Lehre, deren Urheber sein letztes Wort noch nicht gesprochen hat, ist unter allen Umständen mißlich. Daraus mag es sich erklären, daß ungeachtet der Bedeutung des Gegenstandes die Arbeit von Schulz nur Billigung der Ergebnisse, aber keine kritische Würdigung der Argumente gefunden hat. Eine solche ist auf unserem Wege nicht zu umgehen.

1. Kapitel.

Die angebliche Verschmelzung von Metusklage und i. i. restitutio durch Justinian.

Schulz sieht die von ihm angenommene byzantinische Neuschöpfung der Metusklage gegen den Dritten als Teil einer umfassenderen, durch die nachklassischen Jahrhunderte vorbereiteten und von Justinians Leuten zum Abschluß gebrachten Entwicklung: der Beseitigung der in integrum restitutio und ihrer Verschmelzung mit den zugehörigen ordentlichen Aktionen. Das Alters- und Bedeutungsverhältnis beider Rechtsmittel ist ja seit langem und gerade beim metus bestritten[2]). Savigny hielt die i. i. r. für das ältere unentwickelte und daher durch die jüngere schneidigere actio großenteils zurückgedrängte Institut, während Girard[3]) und seine Anhänger der Strafklage vor der

[1]) Wie sehr eine solche zum vollen Verständnis der Schulzschen Ideen erwünscht wäre, mag folgende Übersicht der wichtigsten von Schulz für erforderlich gehaltenen Athetesen und Rekonstruktionen lehren: von den beiden großen Fragmenten des Titels, 9 und 14, sind nach Schulz 9, 4 und 6; 14, 3 und 5 (1. Hälfte) ganz itp., 9, 8 aus dem ersten in den zweiten, 14, 5 (2. Hälfte) und 6 aus dem ersten in den dritten, 9 pr. aus dem zweiten oder dritten in den ersten Kommentar, sämtliche unter schwerster Überarbeitung, versetzt worden. — Da außerdem in l. 14 die §§ 4. 10. 11 sicher schwer itp. sind und § 7 seit Lenel als verstellt gilt, bliebe so namentlich vom Formelkommentar so gut wie nichts übrig. Damit entfiele auch die Grundlage für Lenels Rekonstruktion des Metustitels (unten S. 93), die Dreiteilung des Kommentars Ulpians. V. Lübtow 141. 183 N. 5 (unvereinbar damit 171 zu N. 29) verläßt diese Basis in der Tat und nimmt eine (beispiellose?) gemeinsame Erläuterung von Edikt und Formel an. Eher noch könnte man dann die seit Lenel allgemein angenommene Existenz des zweiten Edikts wieder in Frage stellen.

[2]) Vgl. Klingmüller RE. s. v. restitutio; s. auch unten S. 112 ff.

[3]) manuel[8] 446 N. 4; Cuq manuel[2] 582; Jobbé-Duval Stud. Bonfante 3, 85 N. 101.

rein sachverfolgenden und deshalb angeblich vollkommeneren i. i. r. den Altersvorzug geben. Savignys Ansicht hat nachträglich ein Fundament gefunden in der seit Rudorff und Lenel nahezu allgemeinen [1]) Annahme von zwei Edikten Quod metus causa, deren eines (über die i. i. r.) uns in D. 4, 2, 1 erhalten, und deren zweites (über die actio) vor D. 4, 2, 9, 7 von den Kompilatoren gestrichen ist. Schulz steht grundsätzlich Savigny nahe [2]); aber er verlegt den Zeitpunkt der Änderung in die byzantinische Zeit. Er nimmt für die klassische Zeit nicht allmählichen Verfall der i. i. r., sondern völliges Nebeneinander beider Institute an [3]). Wie vor ihm Biondi [4]), spricht er von einer Verschmelzung der beiden Institute (ähnlich wie sie bei der Gläubigerbenachteiligung zwischen i. i. r. und Interdikt stattgefunden hat [5])) und findet ihren sinnfälligen Ausdruck gerade in der Streichung des zweiten Edikts, durch die Ulpians Erläuterung des zweiten Edikts an das stehengebliebene erste herangerückt und Teil des Kommentars zu diesem wurde. Auch Schulz sucht wie Biondi hinter dieser Fusion die Absicht, die neue justinianische Metusklage mit den charakteristischen Vorzügen beider klassischen Institute zu begaben. Nur findet Schulz diese in anderer Richtung als Biondi. Die i. i. r. fand nach Schulz im entwickelten klassischen Recht auch gegen unschuldige Dritte statt, war aber auf die Reszission von Rechtsgeschäften (gesta) beschränkt. Umgekehrt ergriff die Klage alle, auch rein tatsächliche, Handlungen (facta), wirkte aber nur gegen den Täter. Die Byzantiner faßten beides: die Wirkung gegen Dritte und die Erstreckung auf tatsächliche Handlung für ihre Neuschöpfung zusammen, indem sie in Stellen, die von der Reszission von Rechtsgeschäften handelten, Ausführungen über tatsächliche Handlungen interpolierten, und solche, wo die Wirkung gegen Dritte in Erscheinung trat, für die actio zurechtmachten. Schulz erhält so ein Entwicklungsbild von eindrucks-

[1]) Anders (und unwahrscheinlich) nur Beseler 1, 74: nach ihm ist vor h. t. 9, 7 ein Edikt (qui metum adhibuerit, quod metus causa gestum erit, restituat) und in h. t. 14, 1 ein zweites (si non restituerit ... iudicium dabo) ausgefallen. Ein solches „zweigliedriges" Edikt wäre in der verhältnismäßig späten Entstehungszeit der Metusklage überaus auffällig (vgl. dazu Dernburg Festg. f. Heffter) — ganz abgesehen von der Unwahrscheinlichkeit, daß die Kompilatoren ohne Not solche Ediktsklauseln paraphrasiert hätten (oben S. 61 f.). Vgl. ferner unten S. 127 N. 4 und v. Lübtow 130 N. 37.

[2]) 228 f. ohne sich übrigens für das höhere Alter der actio zu entscheiden; vgl. 220 mit 223. — S. vor allem auch Levy SZ. 49, 241 und N. 6.

[3]) Zustimmend Siber Röm. PrivR. 234.

[4]) Von Fusion redet auch schon Segrè Mél. Girard 2, 572 N. 1; Biondi actt. arbb. 37. 72.

[5]) Lenel EP.[3] 435 ff. Auf die Parallele weist schon Biondi a. a. O. hin.

voller Geschlossenheit. Wer seine Lehre, daß die Richtung gegen Dritte von der i. i. r. auf die actio erstreckt ward, würdigen will, muß auch zur Gegenprobe nachprüfen, ob im Bereich des ersten Edikts die Erweiterung auf tatsächliche Handlungen itp. ist. Davon zunächst.

§ 20.

Die Tragweite der Verschmelzung; metus causa gesta und metus causa facta.

1. Mit der herrschenden Meinung sieht Schulz [1]) einen wesentlichen Unterschied zwischen den beiden Edikten eben darin, daß das erste von gesta, das zweite von facta handelt. Mit gestum soll der Prätor das Rechtsgeschäft, mit factum in bewußtem Gegensatz dazu den Rechtsgeschäft und sonstige Handlungen umfassenden Oberbegriff „Handlung" bezeichnen. Gegen diese Auffassung darf man kaum anführen, daß dann das allgemeinere Edikt (factum) unter der spezielleren Rubrik stünde. Denn jenes ist wahrscheinlich [2]) jünger als diese und das erste Edikt und jedenfalls nur durch sie an diese Ediktsstelle attrahiert [3]). Sehr seltsam aber wäre es, daß einem Gegensatz, den der Prätor bewußt formuliert hätte, eine gar so geringe Bedeutung beigelegt worden wäre. Kein Fragment eines Juristen ist aus dem Metusrecht erhalten, in dem dieser Gegensatz formuliert wäre, und wahrscheinlich ist auch kein solches Fragment der Schere der Kompilatoren zum Opfer gefallen [4]). Selbstverständlich richtete sich auch das praktische Interesse vor allem auf Rechtsgeschäfte. Das zeigt sich bei der Erläuterung des zweiten Edikts und der Formel: wir finden auch hier durchweg nur Rechtsgeschäfte oder doch, wie in D. 4, 2, 9, 7 (servitus amissa infolge von erzwungenem non usus) solche Rechtsverluste, gegen die prätorische Restitution möglich [5]) war [6]). Ganz das entsprechende

---

[1]) 220 f. 232. — Ebenso auch Beseler 1, 74. 76 zu h. t. 9, 2. 21, 2 — trotz seiner von der Lenelschen abweichenden Ediktsrekonstruktion (oben S. 93 N. 1).

[2]) aber nicht sicher, vgl. oben S. 92 N. 3.

[3]) Vgl. Schulz 220 f.

[4]) Der geeignete Ort für solchen Hinweis wäre bei factum est im zweiten Edikt. Die Erläuterung des letzteren begann aber gleich mit der Restitutionsklausel; vgl. unten S. 103 N. 4.

[5]) Vgl. D. 42, 8, 3, 1.

[6]) Eine Ausnahme machen vielleicht D. 4, 2, 14, 12 (von v. Lübtow m. E. zu Unrecht verdächtigt) und 21, 2 eod. (vgl. dazu Beseler 1, 76, Levy Konk. 2, 1, 164 N. 3. 169); in beiden k a n n von bloßer Besitzübergabe die Rede sein; zu 9 pr. vgl. unten S. 109.

Bild zeigt der ulpianische Kommentar zum Fraudatorium, wo bei Erläuterung des quae ... fecit nur von Rechtsgeschäften die Rede ist. Umgekehrt dehnt Ulpian die Worte des Edikts, das die i. i. r. wegen Gläubigerbenachteiligung verhieß, über den Kreis der Rechtsgeschäfte hinaus auf alle Handlungen und Unterlassungen aus, die einer i. i. r. zugänglich sind. Und er sagt bei Erläuterung des Edikts Quae fraudationis causa gesta erunt mehrmals ganz unbefangen factum est, facere (vgl. D. 42, 8, 1, 2. 6, 8). Praktische Bedeutung hat also der Unterschied zwischen factum und gestum hier so wenig wie beim metus.

Ganz allgemein aber ist zu bezweifeln, ob überhaupt ein Bedeutungsunterschied zwischen beiden Ausdrücken bestand. In der nichtjuristischen Literatur werden sie fast synonym gebraucht [1]), und die Juristen betonen mehrfach die Ausdehnung des gerere, die über den Bereich des Rechtsgeschäfts weit hinausgeht [2]). Gaius sagt geradezu, daß beide Termini mißbräuchlich promiscue verwandt würden [3]). Es ist vielleicht eine vorgefaßte Meinung, daß das gestum im Metusedikt nur Rechtsgeschäfte erfasse; die Schranken der prätorischen Restitution, aber nicht des Begriffs gerere engen die Tragweite dieses Edikts ein. Der Prätor müßte also nicht nur einen praktisch bedeutungslosen Unterschied sanktioniert, er müßte es auch mit ungeeigneten oder doch unzureichenden Mitteln getan haben. — Der exakte Nachweis, daß ihm eine solche Unterscheidung ebenso wie den Kompilatoren ihre Beseitigung fern gelegen hat, läßt sich auf anderem Wege führen.

2. Es ist schon längst aufgefallen, daß der Wortlaut der beiden Edikte (metus causa) zu weit scheint: nicht die Furcht schlechthin, sondern die von einem Anderen erregte Furcht schafft Rechtsschutz [4]). Beispiellos wäre es m. W. auch, daß eine Deliktsklage ihren offiziellen Namen [5]) (actio quod metus causa factum est) nicht von der Tat des Verbrechers, sondern vom Seelenzustand seines Opfers erhielte. Beides scheint Gradenwitz [6]) befriedigend zu erklären: der Prätor habe absichtlich das leidende Verhalten des Fürchtenden in den Tatbestand aufgenommen, um damit die Klage auch gegen den Dritten tauglich

---

[1]) Vgl. Thes. ling. lat. s. v. gero, p. 1929, l. 15 sqq.; p. 1936, l. 45 sqq.

[2]) Vgl. besonders D. 4, 4, 7, pr.

[3]) D. 50, 16, 58 pr. Insoweit ist die Stelle jedenfalls echt, vgl. Gradenwitz SZ. 26, 361. Viel zu weit geht v. Lübtow 216; Ferrini Bull. 14, 216 nimmt nicht präzis Stellung.

[4]) Windscheid § 80; Gradenwitz Ungültigkeit S. 10.

[5]) Dazu Schulz 261 N. 4, Lenel EP.[3] 112 N. 4.

[6]) Ungültigkeit S. 38 f. 50 f.

zu machen. Es sei also sachlich gerechtfertigt, nur von Furcht zu reden. Allein um das zu glauben, muß man annehmen, daß die Metusklage gegen Dritte nicht nur klassisch, sondern so alt wie die Metusklage überhaupt ist — und diese Annahme hat zwar kein Quellenzeugnis, aber alle historische Wahrscheinlichkeit gegen sich [1]. Es bliebe auch unklar, woher dann die Juristen die Einschränkung auf die von einem Anderen erregte Furcht genommen haben. Gerade der Gebrauch jenes schwerfälligen Namens macht es wahrscheinlich, daß durch ihn etwas ausgedrückt wird, was mit dem Wort metus noch nicht gesagt ist und in der landläufigen Auffassung jener Worte [2]) nicht zum Ausdruck kommt. So richtet sich unser Augenmerk zunächst auf die Worte metus causa, deren richtiges Verständnis zugleich für die Hauptstellen der Lehre präjudiziell ist.

§ 21.

Die wahre Bedeutung von metus causa; metus causa facere.

In dem berühmten zweiten Kapitel der Germania sagt Tacitus am Schluß über die Entstehung des Namens der Germanen: ut ... a victore ob metum ... Germani vocarentur. Das Verständnis hängt zum guten Teil von der Deutung der Worte ob metum ab. Waitz [3]) u. A. geben sie mit „zwecks Furcht (um Furcht zu erregen)" wieder; Hirschfeld [4]) und Norden [5]) übersetzen: „aus Furcht". — Wie für dieses ob metum, müssen wir auch für unser metus causa die Frage stellen: ist es „kausal oder final zu verstehen, oder, wie es sich auch ausdrücken läßt, ist metus im passiven Sinn als die Furcht, die man empfindet, oder im aktiven als die Furcht, die man einflößt, gemeint?" [6])

1. Die Basis für eine Untersuchung über den Gebrauch von metus causa und insbesondere m. c. facere [7]) ist schmal. Sie beschränkt sich zunächst auf die juristischen Quellen; denn in der gesamten für den Thesaurus verzettelten nichtjuristischen Literatur findet sich metus causa nicht ein einziges Mal. — Innerhalb der juristischen Quellen

[1]) Vgl. dazu unten S. 152 ff.

[2]) Sie wird, als selbstverständlich, selten formuliert; vgl. jedoch z. B. Schmidt (v. Ilmenau) Civ. Abh. 14 f.; Gradenwitz Ungültigkeit 10 f. 50; Schulz 227. 244.

[3]) Deutsche Verfassungsgeschichte [3] 1, 25 ff. (mit Lit.) 28.

[4]) Festschrift f. Kiepert 261 ff. = Kl. Schr. 353 ff., bes. 355.

[5]) German. Urgesch. in Tac. Germ. 331 ff.

[6]) Norden a. a. O.

[7]) Über m. c. gerere vgl. unten § 22.

scheiden aber wiederum die Kaisererlasse bis auf drei diokletianische Reskripte [1]), die sich besonders eng an das Edikt Quod m. c. gestum erit anlehnen, gänzlich aus. Es bleiben allein die Juristenschriften, in denen sich der Ausdruck rund 25 mal findet, und vor allem das Album, dem er an vier Stellen sicher [2]), an drei anderen wahrscheinlich [3]) angehört.

Warum dieser der Ediktssprache geläufige Terminus der Literatur und den späteren Gesetzen fremd geblieben ist, ist schwer zu sagen. Es hat den Anschein, daß er als hart und ungewöhnlich empfunden und außerhalb des durch die Edikte bezeichneten technischen Bereichs tunlichst gemieden wurde [4]).

2. Der zur Präposition gewordene Ablativ causa wird bekanntlich nicht nur auch, sondern ganz überwiegend in finalem Sinne gebraucht. Metus bezeichnet natürlich in aller Regel den passiven Zustand der Furcht. Ob es daneben auch geradezu die in angesehenen Lexika [5]) aufgeführte Bedeutung: Erregung von Furcht haben kann, mag fraglich sein. Die zuletzt von Norden gegen Hirschfeld [6]) verteidigte Ansicht, daß es jedenfalls auch einen aktiven Sinn haben kann, ist m. E. doch kaum zu bezweifeln. Schon den Alten ist das aufgefallen. Gellius (9, 12, 13) führt das Wort neben iniuria [7]) unter einer Reihe von Wörtern auf, quae in utramque partem adversa et reciproca significatione dicuntur [8]). Freilich mahnen seine Beispiele (metus hostium; metus Punicus) zur Vorsicht [9]); sie sind durch die doppelte Funktion des (subjektiven oder objektiven) Genitivs und die analoge Stellung des Adjektivs [10]) ausreichend erklärt. Nur so viel wird man mit Sicherheit sagen dürfen, daß metus in zahlreichen, zum Teil stereotypen Wendungen als nähere Bestimmung zu solchen Verben

---

[1]) C. 2, 4, 13. 2, 19, 8. 8, 27, 10, 1.

[2]) D. 4, 2. R.; eod. 1 pr.; D. 4, 6, 1 pr.; im Formular der Metusexceptio.

[3]) In der Metusformel und dem zugehörigen Edikt (vgl. unten S. 100. 106); in der Rubrik zur exceptio (vgl. unten S. 102 N. 5; Lenel SZ. 49, 10).

[4]) Selbst da wo das Edikt wörtlich angeführt wird, finden sich Umschreibungen: der Rhetor Seneca und die Severenkaiser gebrauchen übereinstimmend per metum; vgl. unten S. 105 N. 5 und wegen Ulp. D. 4, 2, 9, 1 S. 106 N. 6.

[5]) Forcellini und Georges s. v. metus.

[6]) Wie Hirschfeld auch Hand Tursellinus IV, 360 s. v. ob.

[7]) Vgl. dazu suam iniuriam exequi, D. 48, 2, 11 pr.; s. a. 48, 5, 16, 6.

[8]) Forcellini stellt auch Quintilian Inst. 6, 2, 21 hierher; ebenso die Tacitusliteratur, zuletzt Norden a. a. O.

[9]) So Hirschfeld a. a. O.

[10]) Zumal des von Eigennamen abgeleiteten (Punicus), vgl. Stolz-Schmalz-Hofmann Lat. Gramm. 397 oben.

tritt, die von einem Verhalten nicht des Fürchtenden, sondern des die Furcht Erregenden etwas aussagen — ohne daß das logische Zwischenglied (Erregung von ...) auch nur angedeutet wäre. Derartige Verbindungen sind, wenn auch gewiß seltener [1]) als die rein passive Verwendung von metus, doch gerade in juristischem Zusammenhang ziemlich häufig. — Die Beispiele sind vor allem aus Cicero und den Digesten und ließen sich vermehren:

vi, metu, imperio, fascibus... eripuisse (Cic. Verr. II, 4, 14; vgl. 2, 145); pecuniam per vim ac metum coegisse (Verr. II, 2, 150); rem publicam administrari sine metu... non posse (Verr. II, 5, 22; vgl. Cluent. 152); ferner zahlreiche Wendungen mit metu cogere, compellere, usw.[2]) (Verr. II, 2, 148. Phil. 2, 77; vgl. Paul. D. 4, 2, 8, 1; 21, 4. 5; Gaius D. 4, 2, 10, 1; Ulp. D. 4, 2, 12, 1 [2 mal]; 40, 12, 16, 1); metu multos, plures... spe [3])... tenebat (Cic. Sest. 34, vgl. Prov. Cons. 34 und Livius 30, 9); vi vel metu extortum (Cic. Piso 86. Ulp. D. 1, 18, 6 pr.; 4, 2, 9, 3); vis atque metus, quem comprobare contra bonos mores est (Ulp. D. 50, 17, 116 pr., falls echt); vor allem auch Wendungen, die gerade beim Metusedikt eine große Rolle spielen, wie per vim aut metum abstulisset (formula Octaviana — Cic. ad Quint. fr. 1, 1, 21); metum facere, adhibere, admittere (Ulp. D. 4, 2, 14, 3. 5 i. f. 13. 15; 16 pr. und oft); besonders klar endlich: qui ad statuas... (e)vitandi metus causa ... confugerint (C. Theod. 9, 44, 1 = C. 1, 25, 1).

Metus causa kann nach allem zwanglos bedeuten: um bei einem (gedachten oder ausdrücklich genannten) Anderen Furcht zu erregen. Freilich hat es diese Bedeutung sicher nicht in Wendungen wie m. c. tradere oder abesse. Das schließt aber nicht aus, daß es in den anderen Verbindungen jenen aktiven Sinn hat. Es kommt eben auf den Zusammenhang und vor allem auf das Verbum an. Wie die Römer auch sonst je nach dem regierenden Verbum adverbielle Bestimmungen anderen Satzteilen als dem Subjekt zuordnen, wie nicht nur Tacitus in „selbstherrlicher Sprachmeisterung“ [4]), sondern gerade auch die Juristen ohne Anstand nebeneinander accipere und dare fruendi causa [5]); dare und accipere, ut negotium faceret [6]); tradere (promittere) und accipere (stipulari) per vim [7]) sagen, so könnten sie der Prätor auch metus causa je nach dem Zusammenhang in verschiedenen, unter

[1]) Norden a. a. O.

[2]) Dagegen wird man sich auf das auch bei Cicero noch häufigere, rein passivische metu cogi, perterreri nicht berufen dürfen.

[3]) Auch bei spes ist manchmal „Erregung von“ zu ergänzen; vgl. Scheller 1; Georges I, 1 a. s. v. spes, die spes u. U. mit „Versprechungen“ übersetzen wollen.

[4]) Norden a. a. O.

[5]) Vgl. D. 19, 5, 10.

[6]) Vgl. D. 3, 6, 1 pr. (Edikt), 3, 3. 6 eod.

[7]) Vgl. D. 4, 2, 9, 7; 14, 9. 14; D. 40, 13, 2 (oben S. 49).

sich korrelaten Bedeutungen gebraucht haben. Man darf also eine Diskussion über den Sinn der beiden Worte nicht deshalb ablehnen, weil sie an anderen Stellen zweifellos „aus Furcht“ bedeuten.

Zahlreich sind diese Stellen übrigens nicht. Wenn von den gerade zu erörternden Stellen mit m. c. facere und gerere, sowie von neutralen mit m. c. actio oder exceptio abgesehen wird, so bleiben von den rund dreißig nur neun [1]) Stellen, wo m. c. zweifellos aus Furcht heißt, davon vier mit m. c. abesse und drei mit m. c. tradere. Die letzteren sind also in der Minderzahl und bedürfen schon wegen des abnormen Gebrauchs von causa selbst einer Erklärung. Diese ist für das ediktale m. c. abesse auf historischem Wege zu finden: das Edikt über die Restitution Großjähriger ist gewiß nicht an einem Tage gebaut [2]) und gerade die Erwähnung der Abwesenheit metus causa wahrscheinlich ein Einschub [3]), der durch Einschaltung von <metus aut> vor rei publicae causa erfolgte. Ähnlich erklärt sich aus der Zusammenstellung mit anderen Stücken D. 41, 1, 31, 1 (vel lucri vel metus vel custodiae causa condere). Für m. c. tradere wird unten (S. 107 f.) eine Erklärung versucht werden.

3. Entscheidend für die Bedeutung von metus causa ist, wie gesagt, das zugehörige Verbum. Nun bezeichnet facere, fieri, factum est, wo es wie hier als selbständiges, voll betontes Verbum steht und nur durch ein quid oder quod ergänzt wird, nach einem ständigen Ediktssprachgebrauch stets die rechtswidrige, vom Prätor bekämpfte T a t — nie abstrakt den Rechtsgeschäfte und sonstiges Tun umfassenden Oberbegriff „Handlung“. Man braucht zum Beweis nur an die Häufigkeit des facere bei den Interdikten, am deutlichsten in D. 43, 6, 1 pr. (in loco sacro facere ... quid veto), an die zahllosen Verwendungen von dolo malo facere u. a. zu denken. Nimmt man auch beim Metusedikt facere in dieser Bedeutung, so erhält man die m. E. allein richtige Auslegung [4])

[1]) Dazu venditio m. c. facta (Diocl. C. 2, 19, 8) und wohl auch transactio m. c. interposita (Diocl. C. 2, 4, 13). — Über das dritte Reskript vgl. unten S. 106.

[2]) Statt aller vgl. Sohm-Mitteis-W. Inst [17] 89.

[3]) Jünger als das Edikt quod m. c. gestum? Vgl. dazu Karlowa RG. 2, 1088. Bemerkenswert ist, daß die Tafel von Heraklea 116 (und deshalb gewiß auch das Postulationsedikt jener Zeit, vgl. Alibrandi opp. 1, 32 ff., Lenel EP.[3] 79) unter den Kridaren neben dem Pupillus nur den r. p. causa absens, nicht aber die übrigen restitutionsberechtigten maiores von der Infamie befreit; die gleiche Ausnahme gilt beim Verkauf der bona absentis in D. 42, 4, 6, 1 (dazu Lenel EP.[3] 416) und sonst.

[4]) Sie findet sich bereits bei — Otto-Schilling-Sintenis Corpus Juris Deutsch .. zu D. 44, 4, 4, 33. Vgl. dazu unten S. 102.

von m. c. facere: es bezeichnet die zum Zweck der Furchterregung vorgenommene erpresserische Handlung.

Es liegt nahe, für diese Frage die Griechen zu Rate zu ziehen; allein wir erhalten keine klare Antwort. Theophilus macht sich die Sache, wie immer, leicht: er läßt den Namen der actio quod metus causa als terminus technicus unverändert [1]. Die Verfasser der Basiliken aber schwanken im Ausdruck. Sie geben m. c. meistens, so vor allem in dem erhaltenen Edikt (Bas. 10, 2, 1 = D. 4, 2, 1 pr.) mit κατὰ φόβον wieder [2], und das kann final oder modal, es kann aber auch und wird wahrscheinlich [3] kausal gedacht sein. Deutlicher ist die Übersetzung von m. c. actio, die wir in Bas. 10, 2 (= D. 4, 2), 9 (§ 4). 14 (§§ 2, 4); 25, 1 (= D. 13, 7), 22 lesen: ἡ διὰ τὸν φόβον αἰτίασις. Denn διά cum accus. ist wenigstens in aller Regel kausal und nicht final [4]. Und gerade διὰ φόβον = aus Furcht ist schon für die beste Zeit [5]) und andererseits als Übersetzung des passivischen m. c. in den Bas. [6]) zu belegen. In beiden Übersetzungen liegt also zwar keine direkte Bestätigung der bisherigen Auffassung, aber doch der Beweis, daß die Verfasser der Bas. m. c. bereits in der heute üblichen Weise verstanden haben. Ein Schlaglicht aber auf das, was m. E. dem klassischen Sprachgebrauch entspricht, geht von der Titelrubrik aus, die in den Bas. selbst fehlt, aber mit Heimbach aus dem Index Coislinianus zu ergänzen ist: ὅπερ φόβου χάριν πραττόμενον εἴη. Denn χάριν bezeichnet wohl überall den Zweck.

4. Daß in der Auslegung eines solchen Ausdrucks überhaupt derartige Zweifel möglich sind, erklärt sich nur daraus, daß uns fast immer die passivische Form: quod m. c. factum est überliefert ist. Und doch sprechen schon Wendungen wie agere und actio de eo quod m. c. factum est [7]), in I. 4, 6, 25. 27 (vgl. auch 31 eod., D. 13, 7, 22, 1) eine deutliche Sprache. Wenn ferner das zweite Edikt mit großer Wahrscheinlichkeit [8]) gelautet hat: Quod m. c. factum est neque (oder nisi) restituetur; wenn wir in h. t. 9, 8 [9]) lesen: restitui quod m. c. factum est, so muß jeder, der factum als die erzwungene Handlung deutet, Anstoß nehmen. In der Tat haben Eisele und Schulz diese

[1]) I. 4, 6, 27. 31.

[2]) Ebenso zweimal in den Glossaren: Corp. Gloss. 3, 456, 23. 476, 7. Beide Stellen gehen auf Loiselius (Goetz Corp. Gloss. 3, praef. XXVIII f.) zurück, sind also „et vetustae et bonae notae" (Goetz a. a. O.).

[3]) Wie sicher in Bas. 10, 35, 2 (= D. 4, 6, 2, 1), wo von dem kausalen m. c. abesse die Rede ist; ebenso in Bas. 23, 3, 38 = D. 22, 1, 38, 6; 35, 14, 85 = D. 29, 2, 85; 25, 1, 22 = D. 13, 7, 22. — Zum Sprachgebrauch von κατά vgl. s. h. v. Pape II, 5, Stephanus letzter Abs. (p. 1017 f.).

[4]) Vgl. Kühner-Gerth Griech. Gramm. 2, 1, 485; Norden a. a. O. (oben S. 96) 333 N. 2.

[5]) Norden a. a. O.

[6]) 10, 35, 1 = D. 4, 6, 1, 1; 50, 1, 31 = D. 41, 1, 31, 1 (dazu oben S. 99).

[7]) Vgl. dazu agere quod vi aut clam factum est, D. 43, 24, 22, 4.

[8]) Lenel EP.[3] 111; nicht: neque ea res r., wie v. Lübtow 167 meint; vgl. schon Lenel 113.

[9]) Vgl. unten S. 205 ff.

Wendung eben in l. 9, 8 als schief bezeichnet: „restituiert wird nicht quod m. c. factum est, sondern was durch das m. c. factum an den Beklagten gelangt ist“ [1]). Offenbar unmöglich ist es, die herkömmliche Deutung von factum durch die Behauptung zu halten, daß restituere soviel wie rescindere heißen könne [2]). Restituere quod factum est ist aber ganz gewöhnlich bei den Interdikten, wo ja die Deutung des facere außer Streit ist; es ist nur an quod vi aut clam factum est... restituas; quae Lucius Titius fraudationis causa fecit... restituas; an Stellen wie D. 39, 1, 20, 3; 43, 8, 2, 19 und endlich an zahlreiche erhaltene oder mit Sicherheit zu rekonstruierende Rubriken [3]) zu erinnern. Die Parallele zwischen all dem und dem restitui quod m. c. factum est liegt auf der Hand und wird auch durch anderes noch bestätigt: restituere heißt bei jenen Interdikten nicht sowohl eine Sache herausgeben, als einen früheren Zustand wiederherstellen [4]), das factum ungeschehen machen. Dies kommt nach Bergers [5]) Beobachtung zu fast [6]) untrüglichem Ausdruck darin, daß der Prätor restituas, nicht illi restituas sagt. Natürlich hat auch in den Restitutionsklauseln der Schriftformeln der Begriff restituere bald die eine, bald die andere Schattierung. Bei der Metusklage, wo Akzeptilation und selbst Begründung neuer Obligationen auf Grund der Restitutionsklausel begegnen, kann schon deshalb [7]) restituere nur im weiteren Sinne gemeint sein. Auch hier scheint dies zu formularer Geltung zu kommen: von den beiden einzigen wörtlich erhaltenen Klauseln hatte die Vindikationsformel nach einem gerade hierin besonders beweisenden [8]) Zeugnis Ciceros (Verr. II, 2, 31) Aulo Agerio restituetur, während

---

[1]) Schulz 242; vgl. Eisele SZ. 30, 106.

[2]) So Volkmar VIR. 5, 181, 24. Außer l. 9, 8 cit. und der Rubrik des Fraudatorium (D. 42, 8 — vgl. unten zu N. 3) führt er nur zwei nicht beweisende Stellen an: timorem restitui in D. 4, 2, 7 pr. ist unklar und unecht (Eisele a. a. O. 105; Kr.; Schulz 234); negotia restituere in D. 42, 1, 35 heißt den Prozeß wiederherstellen (Lesser VIR. 4, 93, 25; Bethmann-Hollweg Civproz. 2, 716 N. 37), im Ergebnis also allerdings soviel wie das Urteil „rescindere“.

[3]) Bei Lenel §§ 235. 237. 241. 242. 256 und (vgl. dazu oben N. 2) 268.

[4]) Dazu Levy SZ. 36, 31 ff. und unten S. 126 f.; Berger RE. s. v. Interdictum 1614.

[5]) S. a. a. O.

[6]) Das Fraudatorium hat illis, freilich aus besonderem Grund (illi im Gegensatz zum Schuldner Titius). Wenn Berger a. a. O. 1622 aus anderen Gründen auch beim Quod vi ein <illi> einschiebt, so setzt er sich mit dem, was er S. 1614 sagt, in Widerspruch. Vgl. dagegen auch Lenel EP.[3] 483 N. 3.

[7]) Über andere Gründe s. unten S. 135 ff.

[8]) Vgl. Lenel EP.[3] 186 N. 2.

für die Metusklage in D. 4, 2, 14, 11 [1]) ein solcher Zusatz wenigstens nicht auf uns gekommen ist. Der weitere restituere-Begriff aber bestätigt unsere Auffassung des factum est; er (und nur er) ergänzt sich mit dem factum est zwanglos zu der von den Interdikten bekannten Bedeutung: die Folgen der rechtswidrigen Tat beseitigen.

Noch gewichtiger ist es, wenn es in einer Wendung, deren „absolute Klassizität" [2]) anerkannt ist (Inst. 4, 6, 31), einfach heißt: de eo agitur, quod aut m. c. aut dolo malo factum est; oder wenn die nebeneinander proponierten, völlig parallel gebauten Exzeptionen: si in ea re nihil dolo malo Auli Agerii und si in ea re nihil [3]) metus causa factum est ständig zusammen genannt werden, am sprechendsten in Gaius 4, 121: (exceptiones) velut quod m. c. aut dolo malo aut contra legem... factum est [4]). So konnte Gaius, und so konnte die Vorlage der Institutionenstelle unmöglich schreiben, wenn factum einmal Handeln des Opfers, das andere Mal das Delikt selbst bezeichnet [5]).

Durchschlagende Kraft haben schließlich die beiden Zeugnisse, in denen das Aktiv (m. c. facere) überliefert ist:

> D. 44, 4, 4, 33 (Ulp.) .... metus causa exceptio in rem scripta est „si in ea re nihil metus causa factum est", ut non inspiciamus, an is qui agit metus causa fecit aliquid, sed an omnino metus causa factum est in hac re a quocumque, non tantum ab eo qui agit.

Schulz hat die ganze Stelle für nachklassische Arbeit gehalten [6]); sein einziges Argument gegen diesen Teil [7]) des durch schlichte und klare Sprache ausgezeichneten Fragments ist die Beobachtung, daß

---

[1]) [edicti] ‹formulae›: Lenel EP.[3] 113; a. M. Levy SZ. 36, 22. Gewiß hat Tribonian im allgemeinen formula durch actio ersetzt; anders aber wo „verba formulae" wörtlich angeführt und als solche bezeichnet sind. Verba actionis konnte er hier nicht sagen; er schrieb daher edicti oder praetoris, vgl. D. 11, 6, 1, 1 (Lenel 219); 13, 5, 16, 2. 4; 18 pr. (Lenel 251); 21, 1, 25, 9 (Lenel 556).

[2]) Vgl. Lenel Festg. f. Sohm 204.

[3]) Auch das nihil paßt — wie umgekehrt der Plural gesta (unten S. 106 N. 1) — viel besser auf die Tätigkeit des Erpressers.

[4]) Gegen Beseler Stud. Bonfante 2, 59; Beitr. 5, 53, der u. a. die zit. Worte streicht, s. Arangio-Ruiz Stud. Bonfante 1, 504 N. 24; Lenel SZ. 49, 7 ff.

[5]) Zugrunde liegt wahrscheinlich eine gemeinsame Rubrik des Albums: Quod metus causa aut dolo malo factum est; vgl. Lenel SZ. 49, 7 f., der hier zwar nicht von einer gemeinsamen Rubrik spricht, aber doch die durch die Digesten belegte, in EP.[3] angenommene Gemeinsamkeit schwerlich aufgeben will.

[6]) S. 227. — Die Klassizität des Inhalts stellt Sch. nicht in Frage.

[7]) Seine übrigen Beanstandungen treffen den ersten Teil, vgl. unten S. 153 f. Nicht gerügt hat er (anders als v. Lübtow 97 N. 110) die Indikative fecit, factum est, auf die auch hier wie sonst wenig zu geben wäre (unten S. 123 N. 1).

„der Verfasser sich vollständig im Ausdruck vergreift; m. c. fecit sagt man vom Gezwungenen..." [1]). Die zweite Stelle ist aus Gaius' Institutionen, 4, 117:

> (velut) si metu me coegeris aut dolo induxeris, ut tibi rem aliquam mancipio dem, tua est; sin eam a me petas, datur mihi exceptio, per quam, si metus causa te fecisse [2]) vel dolo malo arguero, repelleris.

§ 22.

Metus causa gerere.

1. Im zweiten Edikt heißt metus causa facere: um Furcht zu erregen. Der Prätor kann dann nicht wohl in dem unmittelbar vorhergehenden, ganz parallelen ersten Edikt dieselben Worte in einem gegensätzlichen Sinne gebrauchen. Wenn er das in dem auch nicht weit entfernten Edikt über die Restitution Großjähriger ohne Zweifel getan hat, so ist das bei der abweichenden Struktur dieser Klausel des Edikts sehr viel weniger störend und überdies historisch erklärt [3]). Daß die beiden Edikte Quod metus causa die entscheidenden Worte im gleichen Sinn gebrauchen, ergibt sich auch daraus, daß Ulpian allem Anschein nach bei der Erläuterung des zweiten auf diese Worte gar nicht mehr einging, sondern gleich mit der Restitutionsklausel begann [4]). Offenbar hielt er sie also in beiden Ediktssätzen für gleichbedeutend. Dazu stimmt es gut, wenn er auch im ersten Kommentar die Einschränkung, daß die Furcht von einem Anderen erregt sein muß, nicht ausspricht [5]), sondern voraussetzt, am deutlichsten [6]) in D. 4, 2, 7, pr.

> (proinde) si quis meticulosus rem nullam frustra timuerit, per hoc edictum non restituitur, quoniam neque vi neque metus causa factum est.

Der Schluß quoniam — fin besagt gut und richtig, daß es hier

---

[1]) Ähnlich schon Schmidt Civ. Abh. 1, 14 N. 13, auf den Schulz sich beruft; vgl. auch Bas. 51, 4, 4 (§ 33): τοῦ τὸν φόβον ποιήσαντος.

[2]) Lammeyer Die Inst. des Gaius (Paderborn 1929) „übersetzt": daß du es metus causa getan hast.

[3]) S. oben S. 99.

[4]) Lenel EP.[3] 111: „Ulpian zeigt 9, 7 deutlich den neuen Ediktsabschnitt an". 9, 7 handelt von der Restitutionsklausel; s. auch oben S. 94 N. 4 und unten S. 122. — Daß Ulp. gleich so beginnt, hat Babelers Ediktsrekonstruktion (oben S. 93 N. 1) und Biondis Theorie von dem nichtarbiträren Charakter der Metusklage beeinflußt.

[5]) In 9 pr. h. t. ist der Gegensatz zu metum illatum nicht eine Furcht ohne Erregung von außen, sondern eine erst künftig drohende Gefahr (suspicio inferendi eius); zu [id est — aliquo] vgl. Eisele SZ. 13, 133; Kr.

[6]) Vgl. auch h. t. 9 pr. (N. 5).

(nicht an der Furcht, sondern) an der erforderlichen Aktivität des anderen Teils, an dem facere, an der Furchterregung fehlt [1]). Wenn ferner die Worte m. c. facere hier zur Erläuterung von m. c. gerere herangeholt werden, so ist auch dies ein Argument für die übereinstimmende Bedeutung von m. c. in beiden Edikten.

2. Entscheidend ist auch hier das Verbum. Nun heißt gerere in erster Linie „handeln“ [2]). Der handelnde Teil ist aber bei dem erpreßten Rechtsgeschäft der Erpresser — und zwar schon deshalb, weil er naturgemäß der Erwerber ist, und weil bei den Zivilgeschäften, an die Prätor und Juristen hauptsächlich denken, der Erwerber immer auch der Handelnde ist. Der Sprachgebrauch des Edikts und überwiegend auch der Juristen [3]) ist in diesem Punkt sehr korrekt: es heißt Quod c u m minore..., c u m magistro..., c u m e o qui in aliena potestate est... gestum erit (esse dicetur), weil in allen diesen Fällen der Minderjährige, der Schiffsführer, mit einem Wort: derjenige c u m quo geritur, in der Rolle des Veräußernden, sein Vermögen Belastenden erscheint [4]). Wo der Prätor ausnahmsweise gerere vom Veräußerer gebraucht, liegen besondere Gründe vor, aus denen dieser trotz seiner durch das Geschäftsformular geforderten Passivität der eigentlich Handelnde sein muß. Das ist bei dem Edikt Quae fraudationis causa gesta erunt cum eo qui fraudem non ignoraverit, und das

---

[1]) also genau das, was v. Lübtow 105 von ihm verlangt — während er in der herkömmlichen Übersetzung nicht nur töricht (Schulz 234), sondern geradezu unrichtig (v. Lübtow a. a. O.) ist; denn Furcht vor eingebildeter Gefahr ist wirkliche Furcht. — Die Verdachtsmomente, die Schulz zusammenträgt, schlagen m. E. nicht durch: proinde wird allerdings zum Anschluß an das Vorhergehende und mit diesem itp. sein. Die Ungewöhnlichkeit von nullus (und meticulosus) würde aber nur dann für eine Itp. sprechen, wenn diese Ausdrücke der Spätzeit geläufiger gewesen wären. Das ist aber bei beiden nicht der Fall. Zu nullus = nicht vorhanden vgl. z. B. D. 43, 3, 76. S. auch o. S. 101 N. 2.

[2]) S. oben S. 94 f.

[3]) Vgl. aber Afr. D. 4, 4, 4; Ulp. D. 15, 4, 1, 6; 27, 6, 1, 3. 5.

[4]) Vgl. auch die Edikte bei Lenel § 104. — Genau das Entsprechende gilt von dem mit gerere öfter zusammengenannten (D. 50, 16, 19; 42, 7, 2, 1) contrahere, wie besonders aus D. 42, 5, 25 (Lenel § 220) erhellt: Quod postea contractum erit . . . sciente eo qui contraxerit. Das entgegenstehende Stück von D. 14, 5, 2 pr. (Ulp.) ist wohl eine erklärende Glosse: . . . . eius rei nomine, quae cum eo contracta erit... [sive sua voluntate sive iussu eius in cuius potestate erit contraxerit sive... sive... redacta fuerit] actionem dabo. Neben dem jähen Wechsel der Beziehung von contrahere sind der längst bemerkte abnorme Gebrauch von iussum, ferner erit statt fuerit und in cuius statt cuius in (Gradenwitz SZ. 8, 259) zu beachten. Auch sagt der Prätor sonst nichts Überflüssiges; die Distinktionen aber, die durch das zweimalige, im Album nirgends wiederkehrende sive — sive eingeleitet werden, sind überflüssig. Ipsius statt eius. — Vgl. C. 4, 26, 2 [sive sua (!) — et].

wäre auch bei dem falso tutore gestum der Fall, wenn nicht diese Klausel aus anderen Gründen sehr wahrscheinlich interpoliert wäre [1]. Bei dem Metusedikt aber nötigt uns nicht nur die formularmäßige, sondern gerade auch die außerhalb des typischen Geschäftstatbestandes liegende [2]) Aktivität des Erpressers, in Einklang mit einem festen Ediktsstil, dazu, das gerere auf den Erpresser zu beziehen.

Zugleich erledigt sich der mögliche Einwand, daß die Erregung von Furcht nicht Zweck, sondern Mittel zum Geschäftsabschluß ist. Sowohl die typische Erwerbshandlung des Erpressers wie besonders seine sonstige Tätigkeit gehen dem Verhalten seines Opfers zeitlich und logisch voraus. Im übrigen bezeichnet finales causa nicht nur streng den letzten Zweck, sondern oft auch einen unmittelbar beabsichtigten oder gar nur in Rechnung gestellten Erfolg, der die Voraussetzung für die Erreichung jenes letzten Zwecks bildet [3].

3. Von Bedeutung ist hier auch die Entstehungsgeschichte unseres Edikts, das ursprünglich und vielleicht [4] noch bei Julian gelautet hat: vi metusve causa [5]. Natürlich konnte gerere hier nur einheitlich bezogen werden. Vi gerere kann aber nur vom Erpresser gelten [6]; denn vi steht (anders als per vim) in zahllosen Stellen stets in Verbindung mit Verben, die eine Tätigkeit des Gewaltübers bezeichnen, und die einzige Ausnahme (D. 22, 1, 38, 6) dürfte anders zu erklären sein [7]. Ferner wird das metus causa in D. 4, 2, 8 pr. (Paul.) durch malo more und in C. 4, 44, 1 (a. 222) durch non bona fide [8] gestum umschrieben.

---

[1] Vgl. Lenel EP.³ 119 mit Lit.

[2] An diese wird zu denken sein, wenn von m. c. gesta die Rede ist: C. 8, 27, 10, 1 (unten S. 106).

[3] Hierher gehört es, wenn das ediktale (vi aut) clam facere mit celandi mei, tui, usw., facere umschrieben wird, D. 43, 24, 5, 5. 6. — Vgl. auch divortii, mortis, rei publicae causa.

[4] So Schulz 232 f.; zweifelnd Lenel EP.³ 110 N. 8. Dagegen m. E. mit Recht v. Lübtow 100. — Vgl. unten S. 107 N. 4.

[5] Seneca rhetor, contr. 9, 3 (26); exc. 4, 8. 9, 3 gibt das Edikt (Schulz 222) mit per vim metumque gesta ne sint rata wieder, und dieselbe Wendung findet sich in dem Severenreskript consult. 1, 6. Sicher ist auch hier, daß gerere nur einheitlich bezogen werden kann, unsicher, ob auf den Erpresser oder das Opfer. Wäre letzteres der Fall, so hätten wir es mit einem (vulgären und jedenfalls) bequemen Ersatz für den offiziellen Sprachgebrauch zu tun. Für ersteres spricht der Vergleich mit Cic. dom. 53. 68 (den einzigen Stellen mit per vim nach Merguet).

[6] Bei Cicero steht es nach Merguet dreimal: vi hominibus coactis rem esse gestam (Tull. 23); vi geritur res (Mur. 30); omnia vi, manu gerebantur (Sest. 85). — Schulz 232 äußert sich dazu nicht; aber vi facere würde auch er (S. 220) unbedenklich vom Erpresser verstehen.

[7] S. unten S. 107 f.

[8] Beseler SZ. 44, 364 will gerade diese Worte streichen; Grund?

Gewißheit bringen auch hier zwei Quellenbelege, C. 8, 27, 10, 1:

> Diocl.... consensu emptionem perfectam, si neque dolus adversarii neque metus causa gesta arguentur, revocari exemplo grave est.

und vor allem Ulp. D. 4, 2, 9, 1:

> Animadvertendum autem, quod praetor hoc edicto generaliter et in rem loquitur nec adicit a quo gestum . . .

In dem Reskript fordert das substantivierte gesta[1]) eine Ergänzung, als welche schon grammatikalisch der Genitiv adversarii sich vor allem empfiehlt. In die gleiche Richtung weist das arguere, das einen Vorwurf gegen den Beweisgegner enthält und durch die Parallele mit Gai. 4, 117[2]) gedeckt wird. Ganz klar redet endlich Ulpian. Schulz hat freilich auch diese Stelle wie D. 44, 4, 4, 33 angefochten[3]). Aber lex. 9, 1 ist nicht nur die einzige Stelle mit m. c. gerere, die uns auf unsere Frage überhaupt eindeutig Antwort gibt, während die drei übrigen (D. 4, 2 R.; 1; 21, 2) unergiebig sind — sie ist auch die denkbar kompetenteste, nämlich d e r Kommentar[4]) zu dem Wort gestum. Schon hieraus erklärt sich, warum Ulpian nicht die von Schulz vermißte Wendung a quo sit facta vis geschrieben hat; Ulpian mußte an das Wort gestum anknüpfen. Schulz (245) meint dann aber, die Kompilatoren hätten ein bei Ulpian vorhandenes cum quo gestum durch unser a quo, und ebenso im dritten Satz[5]) ein gestum cum durch „vim factam a" ersetzt. Daß Ulpian „gestum cum" schrieb, ist nach allem sehr unwahrscheinlich. Wenn er es aber tat, so wäre unerfindlich, warum die Kompilatoren statt dessen a quo eingeschaltet haben sollten[6]).

§ 23.

Metus causa in der Formel.

Bei aller Elastizität des lateinischen Satzbaues müßte es auffallen, wenn die Metusformel mit Lenel zu rekonstruieren wäre: s. p. m. c.

[1]) Auch der Plural gesta paßt besser auf den Erpresser; vgl. auch oben S. 102 N. 3.

[2]) si metus causa te fecisse arguero; vgl. auch C. 2, 19, 6: ad metum arguendum mit C. 2, 4, 13, 1; ad vim vel dolum arguendum.

[3]) 244 unter Berufung auf Schmidt Civ. Abh. 14 N. 13; vgl. Segrè Mél. Girard 2, 572 N. 1, der umgekehrt gerade in rem loqui (dazu unten S. 118) verdächtigt; jetzt auch v. Lübtow 115. 197.

[4]) Vgl. Lenel EP.[3] 110.

[5]) Vgl. dazu unten S. 110 ff.

[6]) Inhaltlich besteht zwischen beiden Wendungen kein Unterschied. Das zeigt auch der Rest der Stelle (vgl. unten S. 110): Nicht nur umschreibt Ulpian m. c. gestum alsbald durch vis facta (dazu oben S. 97); der ganze Zusammenhang ergibt, daß gerere hier nicht die rechtsgeschäftliche, sondern nur die eigentliche erpresserische Handlung bedeuten kann.

(= aus Furcht) A.^{m} A.^{m} fundum q. d. a. N.^{o} N.^{o} mancipio dedisse. Nun wissen wir aber, wie schon Schulz betont [1]), gar nicht, ob die Formel überhaupt die beiden Worte enthielt. Tat sie es — wofür immerhin manches spricht — so erheben sich gegen Lenels Rekonstruktion dieselben Bedenken, die der bisherigen Auffassung des zweiten Edikts entgegenstanden: sie läßt den Deliktstatbestand und die Tatsache nicht erkennen, daß nur die von einem Anderen erregte Furcht genügt. Alle Mängel verschwinden, wenn man zu der von Rudorff vorgeschlagenen Formel zurückkehrt: s. p. m. c. factum esse ut... Diese Fassung weist auch positive Vorzüge auf: sie stimmt mit dem Edikt und mit der exceptio überein, wie die Dolusklage zu ihrem Edikt und der entsprechenden exceptio paßt; sie stimmt aber auch mit der Dolusformel selbst überein und vervollkommnet so den Parallelismus zwischen Dolus- und Metusrechtsmitteln, wie er bei den Edikten und Exzeptionen besteht. Was Lenel gegen sie anführt, hält kaum noch Stich: die Behauptung, daß metus Beweggrund, dolus nur beweggrunderzeugend sei, steht und fällt mit der bisherigen Übersetzung von metus causa. Auch die „Redeweise der Quellen" spricht nicht gegen Rudorff. Metus causa tradere, auf dessen Quellenmäßigkeit Lenel Wert legt, kommt im ganzen nur dreimal, und gerade bei der Formel und dem zugehörigen Edikt nirgends vor. Von den drei Stellen hat ferner die eine (D. 22, 1, 38, 6) vi metusve causa [2]). Daneben steht noch einmal m. c. adire hereditatem in D. 29, 2, 85. Viel häufiger ist per vim [3]) tradere usw., vi oder metu cogere, vim oder metum facere usw. Das wäre geradezu rätselhaft, wenn metus causa = aus Furcht in der Formel stand. Sehr leicht könnte dagegen in diesen Ausdrücken, die alle auf die Erregung der Furcht hinweisen, eine Umschreibung des m. c. facere, ut zu erblicken sein. m. c. tradere, adire wäre dann als eine Breviloquenz aufzufassen für m. c. factum est, ut traderem usw. Für das singuläre vi metusve causa tradere in D. 22, 1, 38, 6 würde diese Erklärung vor allem dann plausibel sein, wenn das zweite, uns nicht erhaltene Edikt und die Formel ebenso wie nach Schulz das erste gelautet hätten: vi metusve causa [4]). Näher

[1]) Schulz 261 N. 4; v. Lübtow 208; vgl. Lenel EP.[3] 112.

[2]) Die andern beiden sind D. 4, 2, 9, 5; 13, 7, 22, 1.

[3]) Das nach Schulz 261 vielleicht in der Formel stand.

[4]) Dafür sprächen außer unserer l. 38, 6: D. 4, 2, 7 pr. (neque vi neque m. c. factum est), die häufige Erwähnung von vis in den Kommentaren, die Abstammung von der Octaviana (per vim aut metum). — Andererseits hat die exceptio zu Gaius' Zeit wahrscheinlich nur m. c. factum enthalten (vgl. Gai. 4, 117. 121), obwohl sie noch in D. 37, 15, 7, 2 als vis m. ve c. exc. bezeichnet ist. Die Anfangsworte des Edikts werden immer nur mit m. c. angeführt. Auch

liegt hier aber eine andere Auskunft. Denn der Jurist sprach zwar sicher (Lenel, Krüger) von der Manzipation, aber m. E. nicht von dem erzwungenen mancipio dare, sondern von dem gewaltsamen mancipio accipere:

> ... si vi metusve causa rem [tradam] <m. accepit>, non aliter mihi restituisse videtur, quam si fructus mihi restituat.

So erhielte videtur ein Subjekt, und vi ... tradam wäre erklärt. Daß der Klassiker von der Erwerbshandlung, Justinian von der Veräußerung spräche, wäre nicht zu verwundern [1]); jener stand unter dem Eindruck des Formulars, dieser nicht.

§ 24.

Ergebnisse.

Die Geschichte der Wendung metus causa in aktivem Sinn läßt sich kurz zusammen fassen: Sie gehört ausschließlich dem Edikt an; sie erscheint nur bei den Juristen und ganz vereinzelt in Reskripten, und auch hier immer in engem Anschluß an den Ediktswortlaut; sie wird von den Juristen selbst an der sedes materiae mit Vorliebe durch bequemere Wendungen ersetzt, die in späterer Zeit ausschließlich das Feld behaupten. Sie wird bereits von den Verfassern der Basiliken wie von der ganzen Folgezeit in passivem Sinn, also falsch übersetzt. Ihr richtiges Verständnis beseitigt die oben (S. 94 ff.) aufgezeigten, bei der herrschenden Auslegung auftauchenden Schwierigkeiten restlos. Die Deliktsklage heißt nicht mehr nach einem Vorgang in der Seele des Opfers, sondern, wie es sich gehört, nach dem Delikt. Die Edikte sind nicht mehr zu weit gefaßt — es ergibt sich schon aus ihrem Wortlaut, daß nur die von einem Anderen erregte Furcht den Prätor zum Einschreiten veranlaßt. Umgekehrt ist nicht aus dem Wortlaut des Edikts abzulesen, daß die actio im Gegensatz zur i. i. r. auch tatsächliche Handlungen erfaßt, und so erklärt es sich, wenn dieser Unterschied bei den Klassikern eine so bescheidene Rolle spielt. Umso skeptischer wird man einer Lehre gegenüberstehen, nach der die Kompilatoren gerade an diesem Punkt ein Bedürfnis nach Reform empfunden und nach der sie planmäßig den Hinweis auf tatsäch-

---

hätte Ulpian es bei dem zweiten Edikt erwähnt, wenn hier das vi gefehlt, im ersten aber gestanden hätte. Schulz' Gründe dafür, daß die Edikte verschieden waren und von Tribonian einander angeglichen wurden (S. 232), halten nicht mehr Stich. — In D. 4, 2, 1 streiche ich nur [vis enim — trepidatio].

[1]) Vgl. Krüger zu D. 40, 12, 25, 2; s. D. 41, 1, 43, 2 [ei—sit] <m. acc.>.

liche Handlungen im Bereich des gestum interpoliert haben. Die dafür beigebrachten Belege sind allzu spärlich.

Keine Bedeutung kann es haben, wenn in D. 4, 2, 1 i. f. 3 pr. metu fit, fieri, fecit zu lesen ist — gleichviel ob Ulpian oder ein späterer die Worte schrieb. Auch bei der Erläuterung des Fraudationsedikts gebraucht Ulpian ganz unbefangen facere statt gerere [1]), und je geringer der praktische Unterschied zwischen beiden war, desto unbedenklicher ist ein solcher Gebrauch. In den genannten Stellen ist zudem auf das facere und fieri keinerlei Akzent gelegt, namentlich nicht in lex 1 (quodcumque vi atroci fit, id metu quoque fieri videtur). Das Gleiche wäre von 7 pr. (quoniam neque vi neque metus causa factum est) anzunehmen, wenn hier die Schwierigkeit nicht schon durch die richtige Übersetzung beseitigt wäre [2]). Lex 9 pr. endlich vermag auch Schulz [3]) nicht befriedigend zu erklären — Interpolation der ganzen Stelle ist ausgeschlossen, und der Ausweg ungangbar, die Stelle sei aus dem Kommentar zum zweiten Edikt hierher versetzt. Denn l. 9 pr. gehört zur Erörterung des Grundbegriffs metus, die Ulpian beim ersten Edikt gab und beim zweiten nicht wiederholt haben wird [4]). Die Kompilatoren müßten auch mit verblüffendem Takt den Platz für die Einschaltung — als Abschluß der Erläuterung von metus, ehe man in § 1 zu gestum überging — gewählt haben. So bleibt allein D. 4, 2, 9, 2, wo die Einschaltung von [vel — depositionem] außer Frage steht, aber auch auf andere Motive zurückgeführt werden kann [5]).

Sicher ist freilich, daß das zweite Edikt in den Digesten — und doch wohl von den Kompilatoren selbst — gestrichen worden ist und so die Kommentare zu Quod factum est an das Edikt Quod gestum est herangerückt wurden. Aber gerade Schulz hat gezeigt, daß nach Verfall des klassischen Prozesses i. i. r. und ordentliche Klage fast zwangs-

---

[1]) S. oben S. 94.

[2]) S. oben S. 103.

[3]) 235; Sch. wird übrigens auf diese Stelle zurückkommen (a. a. O. N. 4).

[4]) Vgl. oben S. 103; a. M. v. Lübtow 130. — Lenel EP.[3] 110 zählt trotz seiner Zustimmung zu Schulz nach wie vor 9 pr. zum ersten Edikt. — Da es sich nur um den beiden Edikten gemeinsamen Begriff metus handelte, konnte Ulp. ein zu seiner Erläuterung besonders geeignetes Beispiel bringen, auch wenn es nur zum 2. Edikt gehörte — umsomehr, wenn er später auf den Begriff nicht mehr zurückkommen wollte. Übrigens scheint er, selbst wenn er von bloßer Besitzaufgabe handelt, doch auf die Verfügung des Besitzers den Ton zu legen: dereliquero, patior usw.

[5]) Schulz 234 hebt selbst hervor, daß auch bei der Freilassung das Eigentum unter-, nicht übergeht. — Lenel a. a. O. bringt § 2 mit D. 50, 16, 19 in Verbindung, sucht also das Problem darin, ob ein gestum im Sinne des Edikts vorliegt.

läufig zusammenfließen mußten und schon um die Wende des 3. Jahrhunderts vom Verfasser der Paulussentenzen nicht mehr unterschieden werden konnten [1]). So beruht die Streichung viel wahrscheinlicher auf dem Bestreben der Kompilatoren, unpraktisch und unverständlich gewordene Formen zu beseitigen, als auf der Absicht inhaltlicher Änderungen [2]). Hätte eine solche in der Richtung bestanden, die Tragweite des ersten Edikts auf „facta" auszudehnen, so hätte man doch wohl vor allem das Edikt selbst und die Titelrubrik in Angriff genommen, indem man hier — einfach genug — gestum durch factum ersetzte.

2. Kapitel.

§ 25.

Raum und Bedürfnis für die Metusklage gegen den Dritten im klassischen und justinianischen Recht.

1. Der Übertragung des weiteren Gegenstandes von der Klage auf die i. i. r. soll nach Schulz umgekehrt die Erweiterung der Passivlegitimation bei der Klage nach dem Vorbild der i. i. r. entsprochen haben. Daß die letztere überhaupt auch gegen Dritte ging, steht fest. Es folgt einwandfrei zwar weder aus dem schwierigen Reskript Gordians (C. 2, 19, 3) [3]), noch aus der Schuldisputation des älteren Seneca, die schwerlich zeitgenössische Juristenerörterungen spiegelt [4]), wohl aber aus der schon berührten, gerade von Schulz — zu Unrecht — diskreditierten D. 4, 2, 9, 1:

> Animadvertendum autem, quod praetor hoc edicto generaliter et in rem loquitur nec adicit a quo gestum: et ideo sive singularis sit persona, quae metum intulit, vel populus vel curia vel collegium vel corpus, huic edicto locus erit. sed licet vim factam a quocumque praetor complectatur, eleganter tamen Pomponius ait, si quo magis te de vi hostium... liberarem, aliquid a te accepero vel te obligavero, non debere me hoc edicto teneri, nisi ipse hanc tibi vim summisi...

Die von Pomponius entschiedene Frage konnte nicht auftauchen, wenn die i. i. r. nicht an sich auch gegen Dritte zustand. Seine Entscheidung bildet eine Ausnahme von der Regel [5]), wie Ulpian durch licet — tamen überdeutlich macht [6]). Aus sed müßte man schließen, daß

---

[1]) 228 f. Vgl. Levy SZ. 49, 241 N. 6; 50, 293.

[2]) Vgl. auch die Bemerkung Riccobonos Arch. R. u. W. philosophie 16, 509.

[3]) Darüber unten S. 145 ff.

[4]) A. M. Schulz a. a. O. 225.

[5]) Schulz 245; dagegen, nicht überzeugend, v. Lübtow 115, der — u. a. — den Zusammenhang zerstört.

[6]) Licet ist keineswegs unverständlich (so Schulz 244).

die Regel im Vorhergehenden formuliert ist. Man sucht sie vergeblich. Auch der erste Satz gibt nur den Ausgangspunkt, die unpersönliche Fassung des Edikts. Aus dieser folgt, wie der dritte, so auch der zweite Satz (et ideo — locus erit), der deshalb nur hier stehen darf [1]; aber trotz des Fehlens [2]) formeller Anstöße offenbart sich in dem durchhauenden sive — vel — vel die zusammenfassende Hand der Kompilatoren. In den weggeschnittenen Teilen wird die Wirkung gegen Dritte als eine Folge der Ediktsfassung noch deutlicher zum Ausdruck gekommen sein, sodaß Ulpian dann mit sed licet ... von der Regel zur Ausnahme übergehen konnte.

Unsere Stelle lehrt uns, daß im klassischen Recht der Gezwungene auch gegen Dritte im Wege der i. i. r. Schutz fand. Damit ist die eine Voraussetzung für Schulz' These erwiesen. Aber wenn dies so war und wenn das Gleiche von der exceptio galt [3]) — warum soll nicht auch die actio quod metus causa gegen Dritte zugestanden haben?

Schlagend scheint, was Schulz [4]) wie vor ihm Beseler [5]) der herrschenden Meinung vorwirft: eine Strafklage, eine Klage auf das Vierfache als auf das größte Vielfach, das im römischen Recht bei der Normierung von Strafen überhaupt zur Anwendung kommt, eine solche Klage gegen einen Unschuldigen muß — und mußte wohl von jeher — befremden. Versuche, diese Erscheinung dogmatisch zu begreifen und legislativ zu rechtfertigen [6]), konnten nicht befriedigen. Sie erklären nicht, sondern verschleiern die rechtshistorische Merkwürdigkeit, die in dieser „actio in rem scripta", wer immer ihr Schöpfer sei, unter allen Umständen liegt. Indessen muß nicht alles, was uns fremdartig anmutet, byzantinisch sein. Im Gegenteil, dieser „rechtspolitische Hippozentaur" (Beseler) findet, wenn überhaupt, so viel eher in der Welt des klassischen Formularprozesses als in der Justinians einen Platz.

2. Die klassische Metusformel enthielt, wie trotz Biondi [7]) mit Recht fast allgemein angenommen wird, eine Restitutionsklausel. Der Belangte — der Täter und, wenn auch ein Dritterwerber belangt werden konnte, natürlich auch dieser — konnte nach klassischem Recht

[1]) A. M. Schulz 246; v. Lübtow 197.
[2]) Vgl. Schulz a. a. O.
[3]) Vgl. D. 44, 4, 4, 33 und dazu unten S. 118.
[4]) 260 N. 4.
[5]) 1, 74.
[6]) Darüber vgl. unten S. 151.
[7]) 35 ff. Für ihn Albertario Bull. 102; Cuq manuel [2] 583; gegen ihn Lenel Festg. f. Sohm 208 ff.; Levy SZ. 36, 42 ff.; Siber Röm. PrivR. 234 N. 2.

den ersten Richterspruch abwarten und, falls dieser ungünstig ausfiel, durch freiwillige Leistung der Verurteilung entgehen. Die hierin wie bei allen Arbiträrklagen zum Ausdruck kommende Richtung auf Naturalrestitution mußte gerade bei der Metusklage besondere Bedeutung erlangen, weil hier die bei Nichtrestitution drohende Strafe so hoch war und deshalb jeder, der konnte, restituiert haben wird; sie steht denn auch in den erhaltenen Kommentaren durchaus im Vordergrund — so sehr, daß der Inhalt der Restitutionspflicht geradezu als Anspruchsziel erscheint (z. B. agere, teneri, ut restituatur) [1]) und daß Ulpian die Erläuterung des Edikts über die Strafklage mit den Worten beginnen [2]) kann: ex hoc edicto restitutio talis facienda est .... Die Restitutionsklausel nimmt der quadruplatorischen Metusklage gegen den harmlosen Dritten Erhebliches von ihrer abschreckenden Wirkung. Wenn überdies dem richterlichen Ermessen genügender Spielraum blieb [3]), um einen unschuldigen Beklagten mit anderem Maße zu messen als den Täter selbst, um namentlich dem Unschuldigen nicht eine Restitution zuzumuten, die ihm ohne seine Schuld unmöglich war, so wäre der Dritte vor ungebührlichen Belastungen geschützt und die Metusklage gegen ihn höchstens ein Schönheitsfehler, aber keine Ungerechtigkeit. Ja, dieser Schönheitsfehler wäre gerade im klassischen Recht erklärlich, wenn — was ohnehin zu vermuten ist [4]) — erst die entwickelte Jurisprudenz, einem praktischen Bedürfnis folgend, die für den Delinquenten bestimmte Formel nachträglich gegen den Dritterwerber verwandt hätte. Denn auch ein praktisches Bedürfnis nach einer sachverfolgenden Klage gegen den Dritten, die einen wirksamen (mittelbaren) Zwang auf diesen ausüben konnte, war gerade im klassischen Recht vorhanden.

Wie man sich auch das Verhältnis der i. i. r. zum ordentlichen iudicium quod metus causa vorstellen mag — ihr Anwendungsgebiet mußte das kleinere, ihre Wirkung vielfach die unvollkommenere sein [5]). Dabei fällt hier [6]) nicht einmal ins Gewicht, daß sie nur Rechtsveränderungen rückgängig machen konnte. Sie war auch schwerlich gegen-

---

[1]) D. 4, 2, 10 pr. 11, die freilich beide angefochten sind; s. unten S. 129 f.

[2]) S. dazu oben S. 103 N. 4.

[3]) Darüber unten S. 135 ff.

[4]) A. M. anscheinend Schulz 252 f.; vgl. im übrigen S. 152 ff.

[5]) Vgl. auch Levy Konk. 2, 1, 169 N. 5.

[6]) S. oben S. 94 f.; anders bei der Veräußerung iudicii mutandi causa, wo der Unterschied wichtig ist (vgl. Lenel EP.[3] 127 unten).

über erpreßten Stipulationen begrifflich unmöglich [1]). Aber sie versagte, wenn eine erpreßte Sache untergegangen oder erpreßtes Geld beim Empfänger vermischt ist. Eine reszissorische Formel kam hier nicht in Betracht. Denkbar wäre nur eine actio in factum, also eine „i. i. r. iure actionis", wie sie der Prätor bei Veräußerung streitbefangener Sachen mangels anderer Restitutionsmittel wahrscheinlich [2]) gewährt hat. Aber einen solchen Notweg, den übrigens Schulz [3]) überhaupt für ungangbar hält, wird der Prätor kaum eingeschlagen haben. Denn eine solche actio in factum hätte kaum einen anderen Tatbestand haben können als die Metusklage. Auf diese scheint auch der Prätor zu verweisen, wo eine eigentliche Restitution untunlich war; wenigstens darf man soviel wohl aus D. 4, 2, 9, 3 entnehmen, wo der Prätor die durch ein Reskript in Aussicht gestellte i. i. r. gegen eine erpreßte Pollizitationskaution dadurch ausführt, daß er der Partei die Wahl läßt zwischen der exceptio und der actio p r o p o s i t a. Denn damit kann nur die Strafklage gemeint sein, die so die Lücken der i. i. r. ausfüllt [4]).

In anderen Fällen konnte die i. i. r. den konkreten Fragenkomplex nicht so erschöpfend regeln und namentlich Dritten gegenüber den Begriff id quod pervenit weder nach seiner haftungsbegründenden noch nach seiner haftungsbeschränkenden Seite so durchführen, wie es das elastischere officium iudicis vermochte [5]) — wenn anders der Prätor seine Kognition auf den Restitutionsgrund beschränken wollte. — Endlich waren die Munizipalmagistrate für die i. i. r. unzuständig [6]), die deshalb für den Kläger vielfach unbequemer als die actio war.

Eine Klage gegen den Dritten war daher Bedürfnis, sobald man die Schutzwürdigkeit des Verletzten auch gegen Dritte bejahte; und

---

[1]) Das Restitutionsdekret war hier wie immer möglich; seine Durchführung erfolgte freilich nicht durch reszissorische Formeln, sondern wohl einfach durch denegatio oder exceptio. — v. Lübtow 119 (vgl. mit 226) übersieht m. E. die Selbständigkeit des Restitutionsdekrets (dazu Lenel EP.[3] 122 N. 4).

[2]) Lenel EP.[3] 126 ff.; a. M. Schulz 236 N. 4.

[3]) a. a. O.

[4]) Vgl. Schmidt Civ. Abh. 1, 4 N. 5; Spaltenstein Wiedereins 140. Anders v. Lübtow 226, dessen Bedenken m. E. viel zu weit gehen. Auch Beselers Annahme, die zweite Hälfte der Stelle sei aus dem Formelkommentar hierher versetzt, scheitert wohl schon daran, daß das Reskript von der i. i. r. sprach: vgl. Solazzi Bull. 24, 133 N. 1.

[5]) Vgl. D. 38, 5, 1, 12 und unten S. 135 ff., 160 ff.

[6]) Vgl. D. 50, 1, 26, 1; EP.[3] 122 N. 4.

daß dies die Klassiker taten, lehrt neben einzelnen Aussprüchen [1]) die absolute Wirkung der Einrede und der i. i. r.

3. Schwer vorstellbar aber ist es, daß Justinian die Metusklage gegen den Dritten neu geschaffen habe. Keineswegs führt eine natürliche Entwicklung dahin: wenn die nachklassische Zeit actio und i. i. r. nicht auseinanderhalten konnte, und wenn die klassische actio nur gegen den Erpresser, die i. i. r. auch gegen den Dritten gegangen wäre, so hätte das „fast zwangsläufig" [2]) zu einem Rechtszustand führen müssen, wie er nach Schulz' überzeugender Darlegung dem Verfasser der Paulussentenzen und mehr noch dem der westgotischen Interpretation vorgeschwebt hat: Strafklage nach wie vor allein gegen den Erpresser, sachverfolgende Klage (anstelle der i. i. r.) in simplum auch gegen den Dritten. Justinian hätte ferner seine allbekannten systemfüllenden Klagen zur Verfügung gehabt, deren Anwendung umso leichter war, als — wieder nach Schulz' Nachweisen [3]) — erzwungene Rechtsgeschäfte im nachklassischen Recht nichtig waren. Es ist schon deshalb nicht wahrscheinlich, daß Justinian auf die doch gewiß nicht naheliegende Figur der Strafklage gegen den Dritten verfallen wäre.

Entscheidend aber ist vielleicht ein Anderes: das kunstvolle Instrument der Arbiträrformel haben Justinians Leute nicht mehr gekannt oder doch nicht mehr zu spielen gewußt. Tiefgreifende Veränderungen, aber auch einfache Verständnislosigkeit liegen gerade bei der Metusklage im Gemenge, und es hält schwer, ein klares Bild von einem Zustande zu gewinnen, der allem Anscheine nach in sich unklar war. Zunächst ist in der berühmten Interpolation in D. 6, 1, 68 die Restitutionsermächtigung [4]) zu einem vollstreckbaren Befehl geworden, der den Byzantinern als condemnatio erschien und in interpolierten Stellen geradezu als solche bezeichnet wird [5]). Nach ausdrücklicher Vorschrift traf diese Veränderung alle Arbiträrklagen, auch die in

---

[1]) Z. B. D. 4, 2, 14, 3 letzter Satz; 44, 4, 4, 33; vgl. auch unten S. 124 und die Senecastellen oben S. 105 N. 5.

[2]) Schulz 228.

[3]) 202 ff. und passim.

[4]) S. dazu unten S. 141.

[5]) So in D. 6, 1, 35, 1 (Beseler 2, 140. 3, 3; Maier SZ. 50, 497; a. M. Mitteis SZ. 33, 208. 210) und vor allem in D. 21, 1, 45 si reddat pretium .. simpli videtur condemnari (Lenel EP.[3] 557 mit Zitt.). Monier garantie 69 N. 2 hält letztere Stelle für echt und bezieht sie auf einen Spezialfall. Wenn er aber Lenels Bedenken mit dem Hinweis erledigen will, daß videri bei Gaius öfter steht, so geht er an der Hauptschwierigkeit (condemnari) offensichtlich vorbei; gegen ihn auch Haymann SZ. 51, 476.

personam, und ohne Zweifel ist unter letzteren neben der Dolus- auch die Metusklage zu verstehen, die ja beide in I. 4, 6, 31 allein genannt sind. Im Digestentitel 4, 2 ist aber von der Vollstreckbarkeit des arbitratus überall keine Rede, das klassische Recht: freiwillig Restitution oder quadruplum, wird sachlich unverändert vorgetragen. Die Vollstreckbarkeit stieß hier, bei der einzigen Arbitrărklage auf ein Vielfaches [1]), auf die besondere Schwierigkeit: befreit auch die erzwungene Restitution wie die freiwillige oder führt sie doch noch zur condemnatio? Darauf erhalten wir keine Antwort. Aber einen anderen byzantinischen Gedanken finden wir hier: das quadruplum wird — wie bei der Raubklage (I. 4, 6, 19) — in eine Sachkondemnation (condemnatio rei, D. 4, 2, 14, 11; vgl. I. 4, 6, 32) und ein Straftriplum zerlegt [2]), und diese Sachkondemnation ist sicherlich in Natur vollstreckbar. Sucht man das mit D. 6, 1, 68 zu vereinen, so ergibt sich: Wenn der Kläger nicht aus dem Restitutionsbefehl vollstreckt, so erhält er ein Urteil, das noch einmal auf die Sache, außerdem auf das triplum geht.

Die zweimalige Verurteilung auf die Sache will natürlich nicht recht einleuchten. Nun finden wir in h. t. 14, 10. 11. 15 [3]), wie die Kompilatoren ständig restituere für die Erfüllung der Judikatsschuld (Sachkondemnation), in 16, 1 umgekehrt rem praestare statt restituere sagen, also beides durcheinanderwerfen. Sie betonen ferner stets, daß ante sententiam restituiert werden könne, und meinen damit: bis zur condemnatio in quadruplum, während sie den schon ergangenen Richterspruch, der im klassischen Recht gerade sententia heißt, ignorieren — am auffälligsten in D. 4, 2, 14, 4 [4]):

> ... habet reus licentiam usque ad sententiam ab arbitro datam restitutionem, s e c u n d u m q u o d s u p r a (scil. h. t. 9, 7. 12. 14, 1 ff.) d i x i m u s, rei facere ...

Der Beklagte wird hier auf die generelle Regelung über den Umfang der Restitutionspflicht, nicht auf einen konkreten richterlichen Bescheid verwiesen. So wird es wahrscheinlich, daß auch hier der Restitutionsbefehl als Zwischenbescheid verschwand, daß er in dem End-

---

[1]) Über die Publikanenklage, die keine eigentliche Restitutionsklausel hatte, und D. 39, 4, 5 pr. s. unten S. 167 N. 1.

[2]) Dig. 4, 2, 14, 10: ... in condemnatione quadrupli res quidem omnimodo contineatur et eius restitutio fiat, poenae autem usque ad triplum stetur. Vgl. Lenel Pal. 2, 464 N. 6; Levy 142 und Konk. 1, 434 f.; Schulz 230 (der dies noch näher ausführen wird). — Ähnlich auch D. 39, 4, 9, 5 (Levy Konk. 1, 435).

[3]) Wegen der Itp. von § 15 s. Beseler 3, 155; unten S. 133.

[4]) S. dazu Itp.-Index und unten S. 138.

urteil aufging und mit der in diesem enthaltenen rei condemnatio identisch ist. Ist diese Vermutung richtig, so war die Klage gegen den Unschuldigen, der bis zum Urteil an sein Recht glauben darf, eine unbegreifliche Härte [1]). Fand aber tatsächlich eine zweimalige Verurteilung auf die Sache statt, so war nach einem vollstreckbaren ersten Ausspruch dem Dritten gegenüber das quadruplum (triplum) durch kein sachliches Bedürfnis mehr gerechtfertigt. So oder so bleibt von dem Funktionieren der Arbiträrformel, mit der die Klassiker mühelos eine angemessene Haftung des Dritten erzielen konnten, nicht viel übrig. Was uns die Digesten zeigen, wäre als Deformation klassischen Erbes erklärlich, als justinianische Neuschöpfung aber ein Rätsel.

3. Kapitel.

Die Metusklage gegen den gutgläubigen Dritten und ihre formulare Grundlage.

Wenn es keine Stellen gibt, „aus denen ohne weiteres entnommen werden kann, daß die Metusklage im klassischen Recht keine actio in rem scripta war“ [2]), so ist das von Schulz' Standpunkt aus vollkommen begreiflich. Denn war die Metusklage gegen den Dritten den Klassikern unbekannt, so hatten sie bei dieser Strafklage so wenig wie bei irgend einer anderen einen Anlaß, hervorzuheben, daß sie nur gegen den Täter selbst ging. Dennoch führt Schulz zwei Stellen an: Paul. Sent. 1, 7, 4:

> Integri restitutio aut in rem competit, aut in personam. in rem actio competit, ut res ipsa qua de agitur revocetur; in personam aut quadrupli poena intra annum vel simpli post annum peti potest.

und die westgotische Interpretation dazu. Es sind dies die beiden Stellen, die nach Schulz selbst [3]) einen nach- und unklassischen Rechtszustand spiegeln und beweisen, daß die nachklassischen Verfasser zwischen i. i. r. und actio nicht mehr zu unterscheiden wußten.

Übrigens liefern beide Stellen nicht einmal für ihre Entstehungszeit einen Beweis. Der Paulustext läßt es überhaupt zweifelhaft, ob sein Verfasser nur an den Erpresser als Beklagten dachte. Deutlicher ist hierin allerdings die interpretatio; aber auch wer die Klage gegen den Dritten kennt, wird doch immer in erster Linie an die Klage gegen

---

[1]) Vgl. Segrè Mél. Girard 2, 570, Levy SZ. 36, 43 gegen Biondi, der ähnliches fürs klassische Recht annimmt.

[2]) Schulz 241.

[3]) S. 229, vgl. oben S. 110. 114 und Levy SZ. 49, 241 N. 6.

den Erpresser selbst denken, und Beispiele wählen, in denen der Erpresser als Beklagter erscheint. Eine Bestätigung dafür — falls es einer solchen bedarf — können wir auch aus der nachjustinianischen Schrift *Αἱ 'Ροπαί* entnehmen, wo in Kap. 24, 36 geschrieben ist: *Ἡ διδομένη ἀγωγὴ κατὰ τοῦ φόβον τινὰ ἐπάγοντος τὸ τετραπλοῦν ἀπαιτεῖ* Schulz [1]) nimmt freilich auch hier an, daß der Verfasser dieser Schrift nur die actio gegen den Erpresser gekannt habe, und knüpft daran die Vermutung, daß er hier eine vorjustinianische Vorlage habe benutzen müssen. Beides scheint mir nicht einzuleuchten.

Liegt in diesen drei Stellen kein Argument gegen die Haftung des gutgläubigen Dritten aus der Metusklage, so gibt es andererseits eine Reihe von Stellen, die sie für das justinianische und m. E. auch für das klassische Recht positiv beweisen. Zuvor aber bedarf es einer Klarstellung des oft mißbrauchten Begriffes der

§ 26.

„Actio in rem scripta".

Mit actiones in rem scriptae pflegt man heute wie im jüngeren gemeinen Recht Klagen zu bezeichnen, die zwar nicht dinglich (in rem) sind, aber doch wie die dinglichen Klagen gegen eine unbestimmte Person gehen, die in bestimmte Beziehungen zu einem bestimmten Gegenstand tritt: „mittelbar zuständige", „subjektiv dingliche" Verpflichtungen, o. ä. Dieser Begriff wird am reinsten in der actio aquae pluviae verwirklicht; wenn trotzdem die Metusklage überall als Prototyp der Gruppe erscheint, so ist das nur daraus zu erklären, daß für sie allein der Ausdruck quellenmäßig zu belegen ist:

> Ulp. D. 4, 2, 9, 8. Cum autem haec actio in rem sit scripta... si fideiussor vim intulit, ut accepto liberetur... est verius... etiam adversus reum competere hanc actionem, [cum in rem sit scripta] [2]).

Die Erkenntnis ist freilich alt, daß auch in dieser Stelle der Ausdruck nicht als terminus technicus, sondern als ein von der Metusklage ausgesagtes Prädikat erscheint [3]). Gleichwohl wird noch heute der mit dem Ausdruck verbundene Begriff, als eine Art Zwitterbildung zwischen dinglichen und persönlichen Klagen, dem klassischen Recht zu-

---

[1]) S. 241 N. 2.

[2]) cum — fin wird wegen der auffälligen Wiederholung wohl Glossem sein; vgl. Eisele SZ. 30, 107. Anders Segrè Mél. Girard 2, 572 N. 1; v. Lübtow 193.

[3]) Savigny Syst. 5, 25; Windscheid I § 45 N. 6. — Zu beachten ist dabei die Wortstellung: in rem sit scripta. Im übrigen vgl. z. d. St. unten S. 125.

geschrieben [1]) oder auch — selbst ohne Anschein eines Quellenbeweises — als byzantinische Schulkategorie [2]) angesehen.

Nun ist der Sinn jenes Prädikats — weit von dem modernen Begriff „actio in rem scripta" entfernt — ein rein formularer [3]). Das lassen die Quellen schon in ihrer justinianischen Gestalt erkennen, deutlicher als unsere l. 9, 8 die von der exceptio handelnde D. 44, 4, 4, 33 (Ulpian):

> ... distat aliquid doli exceptione (sc. metus exceptio), quod exceptio doli personam complectitur eius, qui dolo fecit: enimvero metus causa exceptio in rem scripta est „si in ea re nihil metus causa factum est", ut non inspiciamus, an is qui agit metus causa fecit aliquid... (vgl. oben S. 102).

In rem scripta est bedeutet danach nur den Gegensatz zu personam complectitur [4]) und sagt nur aus, daß in der proponierten (Exzeptions-) Formel die Bezeichnung einer Person (des Klägers bei der exceptio, des Beklagten bei der actio) fehlt [5]). Es ist also nicht mit dem alten agere, actio in rem [6]), sondern mit den anderen Fällen zusammenzustellen, in denen in rem als Gegensatz zu in personam die unpersönliche Formelkonzeption bezeichnet. Am nächsten verwandt und durch den Gegensatz [7]) höchst belehrend ist D. 44, 4, 2, 1:

> ... specialiter exprimendum est, de cuius dolo quis queratur, non in rem, „si in ea re nihil dolo malo factum est", sed sic „si in ea re nihil dolo malo actoris factum est".

Hierher gehört es auch, wenn nach Ulp. D. 4, 2, 9, 1 der Prätor im ersten Metusedikt „in rem loquitur nec adicit a quo gestum" [8]). Ähnlich ist das in D. 42, 4, 5, 2 überlieferte Ediktsstück (si is pupillus recte defendetur, Lenel § 204) in rem scriptum (§ 3 eod.), weil nicht gesagt ist, wer die Defension übernehmen muß. Die cautio legatorum

---

[1]) Bonfante Ist.[8] 107; Cuq manuel[2] 818; Perozzi Ist.[2] 2, 85; Sohm-Mitteis [17] 688; Wenger Inst. 155 N. 11 (vgl. folg. N.).

[2]) Costa profilo 52 N. 3; Wenger a. a. O.; v. Lübtow 129, 160, 183, 190; vgl. auch Schulz 240 und passim.

[3]) Richtig betont bei Schmidt Civ. Abh. 1, 9 ff.; Girard manuel [8] 451. 674 N. 2. 1081; Levy 71 zu N. 1; Arangio-Ruiz Ist.[2] 96 N. 1. — Anders noch immer die oben in N. 1 und 2 Genannten, aber stellenweise auch Levy; vgl. S. 72 (res bei der Metusklage in rem scripta sei anders als bei der actio Fabiana in „streng juristischem Sinne" zu verstehen), Konk. 1, 275.

[4]) Zu complecti vgl. unten S. 121 N. 5.

[5]) Unhaltbar Schmidt a. a. O.: in rem, weil die exceptio laute si in ea re; denn dann wäre die exc. doli auch in rem scripta.

[6]) Dazu Wlassak RE. s. v. actio 1, 309.

[7]) Verwandt ist der Gegensatz zwischen D. 4, 2, 14, 3 und 4, 3, 15, 3; s. u. S. 121 f.

[8]) Oben S. 106.

ist nach D. 36, 3, 10 in rem concepta, weil sie den Erben nicht nennt [1]). Entsprechende Wendungen finden sich öfter [2]).

Der Ausdruck „in rem scripta est" würde danach einfach besagen, daß die Metusformel ebenso wie die Metusexceptio den Namen des Erpressers nicht nannte. Ob dies zutrifft, ist alsbald zu untersuchen. Die Bedeutung, die einem Formelwortlaut beigelegt wird, paßt zum Mindesten besser in klassische Gedankengänge [3]) als in byzantische. Wenn aber Segrè [4]) gerade den Ausdruck selbst als unklassisch anficht und sich zum Beweis auf seine Singularität beruft, so kann dies nach den angeführten Parallelen nicht überzeugen. Freilich, in rem s c r i b e r e ist selten, es kommt nur noch einmal (D. 42, 4, 5, 3) außerhalb des Metusbereichs vor; aber die Klassiker hatten keinen Anlaß, das Wort scribere zu meiden [5]), und so wird jene Singularität nur Zufall sein. Sie wäre viel merkwürdiger [6]), wenn die Worte von den Kompilatoren stammten; denn wenn diese für die neu geschaffene Klage gegen den Dritten einen besonderen terminus geprägt (oder von der exceptio übertragen) hätten, dann hätten sie ihn auch öfter, z. B. in h. t. 14, 3 und 5 verwendet. Er würde sich vor allem auch in den Basiliken finden. Wenn ganz im Gegensatz dazu in beiden Stellen das in rem scripta ersatzlos weggefallen ist (Bas. 10, 2, 9 = h. t. 9, 8; Bas. 51, 4, 4 = D. 44, 4, 4, 33), so ist das zugleich

---

[1]) Dazu freilich Scaduto Ann. Pal. 8, 32 N. 1; Riccobono Arch. R. u. W. philosophie 16, 509 ff.; Partsch SZ. 44, 561; aber das hier allein interessierende unpersönliche Formular (quiquid ... ex testamento L. T. dari oportet, Lenel EP.[3] 539 u. N. 11) erhält m. E. durch Gai. 3, 125 eine Bestätigung: si ... eius quod ex testamento tibi debeatur ... satis accipiatur. — Wenn auch die Obligation im Prinzip ein persönliches Band ist und während der klassischen Zeit bleibt — dies betont Riccobono a. a. O. — so fragt es sich doch immer, wie weit sich die Klassiker durch Ausnutzung formularer Möglichkeiten oder auf anderem Wege vom Prinzip entfernt haben. Vgl. dazu, was ich SZ. 50, 488 ff. in einem anderen Punkte gegen Riccobono ausgeführt habe.

[2]) Über pactum de non petendo in rem vgl. Rotondi Scr. giur. 2, 307 ff., bes. 308, 309, 324 f., wo die formulare und deshalb auch nach R. nicht unklassische Bedeutung des in rem hervorgehoben wird.

[3]) Vgl. Levy 71 N. 3.

[4]) Mél. Girard 2, 572 N. 1; zustimmend anscheinend Levy a. a. O.; 73 N. 7.

[5]) Segrè a. a. O. meint, bei einer Formel sage man nicht scribere, sondern concipere. Aber scribere wird auch (was Segrè nicht bezweifelt) von Edikten und sogar im Edikt selbst (supra scripti, D. 3, 1, 1, 9) gesagt, und wenn auch actionem scripsit (praetor) in D. 27, 5, 1 pr. itp. ist, so ist formulam scribes (Kläger) durch Quintilian Inst. 6, 3, 83 (vgl. Wlassak Prozf. 71) belegt.

[6]) Wörtlich paßt hierher, was Lenel Festg. f. Sohm 208 N. 1 für die Klassizität des Ausdrucks ${}^{a}{}^{nes}$ arbitrariae gegen Biondi anführt; vgl. auch Levy 41 N. 4 zu „actio subsidiaria".

eine deutliche Widerlegung aller Hypothesen, die aus den actiones in rem scriptae eine byzantische Kategorie machen wollen [1]).

2. Unpersönliche Formulierung bedeutet noch keineswegs unpersönliche Wirkung [2]) und erst recht nicht völlige Gleichartigkeit der Wirkung bei verschiedenen Personen. Aber sie wird allerdings nur da hervorgehoben, wo irgend eine unpersönliche Wirkung aus ihr gefolgert werden soll. So kommt es, daß in den meisten Fällen mit der Feststellung, ein Formular laute „in rem", die sachliche Bemerkung verbunden wird, daß deshalb irgendeine Rechtsfolge nicht an eine bestimmte Person geknüpft sei — besonders deutlich wieder bei der exceptio metus mit den Worten „ut non inspiciamus" [3]). Es ist jedoch durchaus denkbar, daß ein Formular schon in klassischer Zeit unpersönlich gefaßt war, aber erst in byzantinischer Zeit unpersönlich gewirkt hat. So scheint es in der Tat nach Rotondis Nachweisungen bei den pacta gewesen zu sein [4]). Die gleiche Entwicklung kann aber auch innerhalb der klassischen Zeit vor sich gegangen sein. Bei der Interdikten Quod vi und Demolitorium haben wir bereits oben [5]) gesehen, wie ihre unpersönliche Fassung (factum est) es ermöglichte, den Erben des Störers und — rein formular betrachtet — auch jeden Dritterwerber haften zu lassen, wie bei dem Quod vi eine interessante Entwicklung von Mucius über Labeo zu Paulus (oder auch zu Tribonian) verläuft [6]), die den Kreis der haftenden Personen stetig auszudehnen bestrebt ist, wie ähnliches für das Demolitorium zu erraten ist und wie andererseits kraft des elastischen officium iudicis eine Differenzierung der Haftung nach unseren Quellen im klassischen, nach neueren Forschern im justinianischen Recht dahin stattfand, daß der Störer auf restituere, der Drittbesitzer auf patientia restituendi haftete. Unpersönliche Fassung und abgestufte Haftung, deren formulare Grundlage die Restitutionsklausel als Sitz des officium iudicis bildet, sind endlich auch die Charakteristika der actio aquae pluviae.

---

[1]) Auch kein einziges Scholion ist zu diesen Fragen erhalten — recht im Gegensatz zu der Fülle von Material, die Rotondi bei den pacta zur Verfügung stand.

[2]) A. M. Eisele SZ. 30, 106; Schulz 252; richtig Schloßmann Zwang 109 f.

[3]) S. oben S. 118.

[4]) S. oben S. 119 N. 2.

[5]) S. 77 f.

[6]) Dieser Entwicklung und namentlich dem Zeugnis von D. 43, 24, 5, 8 ff. wird m. E. Schulz SZ. 43, 255 ff. (ebenso v. Lübtow 208 ff.) nicht gerecht, wenn er die Ausgestaltung des Interdikts quod vi zu einer „actio in rem scripta" und die hierher gehörigen Stellen ins byzantinische Zeitalter verweist.

Andererseits steht gerade für das klassische Recht fest, daß unpersönliche Wirkung ohne ein „in rem" gefaßtes Formular nicht denkbar ist. Voraussetzung für die Metusklage gegen den gutgläubigen Dritten ist daher die

§ 27.

Unpersönliche Fassung der Metusformel.

Rudorffs und Lenels Rekonstruktionen der Metusformel stimmen darin überein, daß der Name des Erpressers ungenannt bleibt. Sie sind entstanden, als man an der Klage gegen den Dritten noch nicht zweifelte. Lenel hat seine Formel auch jetzt noch nicht preisgegeben [1]) — die Einschränkung könnte, meint er, der Interpretation überlassen geblieben sein. Daneben hält er aber auch einen Zusatz für möglich, der den Erpresser genau bezeichnete. Schulz [2]) endlich hält eine persönliche Formulierung für unerläßlich.

1. Die Hauptbelegstelle für jene unpersönliche Formulierung ist D. 4, 3, 15, 3 (Ulpian 11):

> In hac actione designari oportet, cuius dolo factum sit, [quamvis in metu non sit necesse].

Zweifellos [3]) ist der Schluß nicht so von Ulpian geschrieben worden. Ebenso sicher ist das übrige einwandfrei — außer daß vielleicht mit Seckel [4]) actione durch formula zu ersetzen ist. Ulpian denkt an den Aufbau einer konkreten Dolusformel; dafür bürgt schon der Ausdruck designare, der im selben Sinne wie complecti, comprehendere [5]) und nicht minder technisch [6]) als diese von den konkreten Angaben gesagt wird, die der Kläger anstelle der Blankettbezeichnungen seinem Formelentwurf einverleibt. Die Bemerkung ist veranlaßt durch die entscheidenden Anfangsworte der Formel: s. p. dolo malo N.ⁱ N.ⁱ.. Sie steht am Anfang des Formelkommentars — nicht nur, soweit er uns

---

[1]) Vgl. EP.[3] 112 mit EP.[2] 110, auch Pringsheim SZ. 48, 731.

[2]) S. 261.

[3]) Vgl. Albertario RL. 454; Beseler 1, 76; Schulz 248; Lenel EP.[3] 113.

[4]) S. v. designare.

[5]) Vgl. Wlassak Prozf. 68 ff.

[6]) Vgl. Kipp Röm. R. 148; ferner Gai. 4, 60. D. 10, 4, 3, 7; 47, 10, 7 pr.; Coll. 2, 6, 2; ähnlich für die Angaben in Anklagelibellen: Dig. 48, 2, 3 pr.; Ulp. Vat. 210, bei Annahme des Vadimoniums (Lenel EP.[3] 82): Dig. 6, 1, 6, im solennen Spruch bei der quaestio furti: Paul. Sent. 2, 31, 22. Designare wird sonst bei den Klassikern (von consul designatus usw. abgesehen) nur von Testamenten und Kodizillen häufig und vereinzelt (Dig. 45, 1, 141, 5. 6) von Stipulationen gesagt. Wo es in anderem Zusammenhang vorkommt (Dig. 1, 2, 2, 5; 4, 5, 7 pr.; 18, 6, 1 pr.), scheint es itp.; vgl. Index zu diesen Stellen.

erhalten ist. Denn auf das dolo malo, das beim Edikt ausführlich kommentiert war, brauchte der Jurist nicht mehr zurückzukommen. Ulpian beginnt also seinen Kommentar: in dieser Formel muß die Person des Täters namhaft gemacht werden. Das hat nur dann Sinn, wenn dieser Satz bei anderen, zu einem Vergleich mit der Dolusklage geeigneten Formeln nicht galt. Und gewiß forderte keine Formel so zum Vergleich mit der actio doli heraus, wie die nächstverwandte, unmittelbar zuvor im selben Buch von Ulpian behandelte Metusklage.

2. Ihren vollen Wert erhält die Stelle aber erst durch einen Vergleich mit Dig. 4, 2, 14, 3 (Ulp. 11):

> In hac actione non quaeritur, utrum is qui convenitur an alius metum fecerit: [sufficit enim hoc docere metum sibi illatum vel vim, et ex hac re eum qui convenitur, etsi crimine caret, lucrum tamen sensisse, nam cum metus habeat in se ignorantiam, merito quis non adstringitur ut designet, quis ei metum vel vim adhibuit:] <—> et ideo ad hoc tantum actor adstringitur, ut doceat metum in causa fuisse, ut alicui acceptam pecuniam faceret vel rem traderet vel quid aliud faceret. nec cuiquam iniquum videtur ex alieno facto alium in quadruplum condemnari, quia non statim quadrupli est actio, sed si res non restituatur.

Mit diesem Fragment beginnt in den Digesten der zur Metusformel gehörige Kommentarabschnitt; und es ist fast sicher, daß auch Ulpian nichts vorher geschrieben hat, was die Kompilatoren gestrichen hätten. § 3 gehört zum Anfang der Formel s. p. metus causa [1]. Auf metus causa selbst brauchte aber Ulpian hier nicht mehr einzugehen [2]. Der Standort dieses Fragments entspricht also genau dem des vorigen zu Beginn des Doluskommentars. Wie dort die Worte dolo malo N.ⁱ N.ⁱ die Bemerkung auslösten: designari oportet... so hat hier das Fehlen des Namens N. N. die entgegengesetzte Feststellung veranlaßt — wenn unser § 3 insoweit echt ist. Das ist in neuer Zeit mehrfach bezweifelt worden. Der radikalen Meinung, § 3 sei „ganz und gar Tribonianswerk" [3], wird man schon nach dem Gesagten nicht zustimmen wollen. Die Kompilatoren müßten in der Tat einen erstaunlichen Zufallstreffer erzielt haben, wenn sie, denen der logische Aufbau gerade eines Formelkommentars nichts mehr sagen konnte, eine neugeschaffene Lehre gerade an der richtigen Stelle im Formelkommentar untergebracht hätten. Die Skepsis mehrt sich, wenn wir hören, daß sie dasselbe Glück noch in zwei anderen Fällen gehabt haben müßten [4]. — Plausibler wäre schon die Annahme, der Lenel [5] zuzuneigen scheint: die

[1] Vgl. Lenel EP.³ 112 N. 5.

[2] Vgl. oben S. 103.

[3] B. 1, 48. 75; dagegen Perozzi Ist.² 2, 380 f. Wie B. aber Schulz 249.

[4] Nämlich in D. h. t. 9, 8. 14, 5. Vgl. unten S. 127. 131.

[5] EP.³ 112 N. 5, 113.

Kompilatoren hätten an dieser Stelle eine Erörterung Ulpians vorgefunden, wonach die Formel zwar den Erpresser nicht nannte, aber nach der Interpretation doch nur gegen diesen zustand, und sie hätten diese Erörterung in ihr Gegenteil verkehrt. Ein solches Vorgehen wäre nicht ohne Beispiel, aber doch ohne Anhalt in unserer Stelle.

Denn der erste Satz, auf den es vor allem ankommt, ist bis auf eine kleine Unebenheit — fec*er*it [1]) — tadellos. Kürzer, klarer und korrekter [2]) hätte Ulpian die Bedeutung der sog. actio in rem scripta nicht umschreiben können. Die Echtheit des Satzes anzufechten, ist umso bedenklicher, als er sich stilistisch und gedanklich von dem zweiten und dritten Satz [sufficit — adhibuit] scharf abhebt. Nur gegen dieses Stück richten sich im Wesentlichen die schweren Bedenken, die Beseler und Schulz erhoben haben [3]). Bemerkenswert ist, wie der Verfasser dieses Satzes das Wesentliche bei der actio in rem scripta verkennt. Er sieht den Vorteil einer solchen Klage ausschließlich darin, daß der Verletzte den Erpresser nicht nachzuweisen braucht [4]). Gewiß sind auch dem klassischen Recht solche Erwägungen nicht fremd; der Grad von Genauigkeit, den man vom Kläger bei Formulierung der actio [5]), vom Beklagten bei Geltendmachung einer Einrede verlangt [6]), selbst die sonst für die Byzantiner charakteristische, bei den Klassikern so seltene „Kategorie des prozessualen Beweises" [7]) kommt bei solchen Erörterungen zu ihrem Recht [8]). Aber nicht die Beweiserleichterung war bei einer „actio in rem scripta" das Entscheidende, sondern die Richtung gegen den Dritten. S i e hat auch der erste und der Schlußsatz unserer Stelle im Auge. S i e ist — darin hat Schulz (250) vollkommen recht — die hervorspringende Singularität, die vor allem der Erörterung bedurfte. Allein unser Satz 2 ignoriert gerade

[1]) Darauf legen Beseler 1, 48 und Schulz 249 Gewicht. Allein wie solche falschen Modi zustandekamen, hat Kalb JL. 66 f. überzeugend dargetan; vgl. Eisele SZ. 7, 25 und neuestens Lenel SZ. 51, 2.

[2]) Non quaeritur im selben Sinne in D. 44, 4, 2, 2. Die Elastizität des officium iudicis schuf freilich im Umfang der Restitution Unterschiede (s. unten S. 135 ff.); aber hier, im Bereich des si paret, ist non quaeritur schlechthin richtig. Vgl. auch Karlowa RG. 2, 1066.

[3]) Vgl. Beseler 1, 48; Schulz 249; hinzuzufügen: sufficere (Seckel s. h. v.), lucrum sentire (vgl. D. 42, 8, 10, 24 und Levy 112 N. 7), crimen (vgl. Albertario Arch. giur. 89, 257 N. 1). — Zu v. Lübtow 184 N. 107, e) vgl. unten S. 145 ff.

[4]) Seine Begründung dafür [nam — adhibuit] ist mehr als mangelhaft; vgl. Schulz 249.

[5]) Vgl. die Stellen auf S. 198 N. 1; ferner Paulus D. 4, 3, 16.

[6]) D. 44, 4, 2, 1 (Ulpian 76 zur exceptio doli).

[7]) Beseler 1, 48.

[8]) Vgl. D. 44, 4, 2, 1.

sie. Wenn er uns statt dessen dasselbe sagt, was wir sehr viel besser[1]) im dritten Satz noch einmal hören; und wenn er überdies in auffälligen Wendungen, wie non adstringitur, docere, mit dem dritten Satze übereinstimmt, so wird es wahrscheinlich, daß der zweite Satz später als der dritte geschrieben ist und von diesem jene Wendungen entlehnt hat, und daß das, was wir eigentlich hören wollen, weggefallen ist: Ulpian wird, um die Wirkung gegen Dritte zu begründen, gesagt haben, daß die Formel nicht den Numerius Negidius als Erpresser nenne, und daß sie deshalb gegen jeden verwandt werden könne, der zur Restitution imstande sei — und diese aus dem Wortlaut der Formel entwickelte Begründung mußte Tribonian ersetzen. Daß es sich nur um eine Umarbeitung handelt, zeigt auch ein stehengebliebener Ausdruck[2]): designare in jenem formeltechnischen Sinn, in dem es Justinian sonst nicht schreibt[3]).

Der Schlußsatz endlich ist formell kaum anzufechten; wenn die Nichtrestitution hier als Bedingung für die Existenz der actio bezeichnet wird, so deckt sich diese Ausdrucksweise mit dem Sprachgebrauch derjenigen Edikte, die eine Restitutionsklausel enthalten und deshalb die Verheißung des Rechtsschutzes von einem „nisi restituetur" abhängig machen, wie etwa die Edikte über die actio redhibitoria, das receptum nautarum, die administratio creditorum oder nach Lenels gewiß richtiger Rekonstruktion gerade das über die Metusklage[4]). Wie diesen Ediktsstil kann man auch unseren Schlußsatz doppelt erklären: es kann lediglich oder doch auch an die Restitution vor Litiskontestation gedacht[5]) — und es kann unter actio die erfolgreiche actio verstanden sein[6]).

Der erste Satz des Fragments ergibt aber nicht nur, daß die Formel den Urheber des Zwangs nicht nannte, sondern auch, daß sie den Empfänger der Zuwendung genannt hat[7]): s. p. m. c. factum esse, ut A. A. N.° N.° mancipio daret. Denn die Ausdrucksweise Ulpians (non quaeritur an is qui convenitur metum fecit...) erklärt sich nur dann befriedigend, wenn der Empfänger der erpreßten Zuwendung als der

[1]) Zu metum in causa fuisse vgl. Cicero ad fam. 1, 1, 1; Liv. 40, 26, 5; Plin. Ep. 7, 5, 1; vgl. auch Lenel EP.[3] 112 N. 5.

[2]) Vgl. Kalb Jagd 14 ff. und oben S. 50, S. 54.

[3]) Bei Longo (Bull. 10) steht es zweimal und heißt beidemale farblos „erwähnen".

[4]) Vgl. D. 21, 1, 1, 1; 4, 9, 1 pr.; 42, 5, 9 pr.; Lenel EP.[3] 113, auch D. 4, 2, 14, 1.

[5]) So Lenel a. a. O.

[6]) So Levy SZ. 36, 44 ff.

[7]) Dies nimmt auch Lenel EP.[3] 112 an.

formularmäßig gegebene, normale Beklagte erschien: is qui conventitur ist der N. N. der Formel, von dem Ulpian zunächst einmal ausgeht, und weil dieser nicht als Erpresser, sondern nur als Erwerber bezeichnet war, wurde die Ausdehnug auf den unschuldigen Erwerber möglich.

§ 28.

Zuständigkeit der Klage gegen den Dritten.

Daß die in der unpersönlichen Formel liegenden Möglichkeiten von den klassischen Juristen tatsächlich ausgenützt wurden — dafür liefert den Beweis neben der soeben betrachteten h. t. 14, 3 vor allem

1. Ulp. D. 4, 2, 9, 8:

> Cum autem haec actio in rem sit scripta nec personam vim facientis coerceat, sed adversus omnes restitui velit quod metus causa factum est: non inmerito Iulianus a Marcello notatus est scribens, si fideiussor vim intulit, ut accepto liberetur, in reum non esse restituendam actionem, sed fideiussorem, nisi adversus reum quoque actionem restituat, debere in quadruplum condemnari. sed est verius, quod Marcellus notat: etiam adversus reum competere hanc actionem [cum in rem sit scripta] [1]).

Eisele [2]) streicht das Stück nec — factum est, das die stilistischen Schwierigkeiten enthält, als „Emblem zu didaktischen Zwecken" — aber seine Ansicht von der Überflüssigkeit dieser Erörterung wurde bereits widerlegt. Segrè [3]) tilgt umgekehrt haec — sed und ergänzt zu restitui velit in Gedanken praetor. Sein einziges Argument — die Singularität der Bezeichnung in rem scripta — ist bereits gewürdigt worden. — Kühner und weiter als Segrè geht in ähnlicher Richtung Schulz (242 ff.): auch er nimmt praetor als ursprüngliches Subjekt an, ersetzt haec — scripta durch praetor in rem loquatur, und bezieht das Ganze auf das erste von der Wiedereinsetzung handelnde Edikt. Wohl an keiner Stelle sind seine Ergebnisse so bestechend wie hier: er erhält eine schöne Erklärung für die Schwierigkeiten des ersten Satzes, besonders für das im Bereich der actio auffallende [4]) adversus omnes, ein passendes Subjekt für coerceat und velit [5]), und eine bessere Übereinstimmung der Entscheidung Julians mit der Kritik des Marcelius [6]). Aber die Anstände, die Schulz beseitigt, sind nicht durchschlagend —

---

[1]) S. dazu oben S. 117 N. 2.

[2]) Vgl. SZ. 30, 106 und oben S. 120 Note 2.

[3]) Mél. Girard 2, 572 N. 1; vgl. oben S. 119 N. 4.

[4]) So schon Beseler 1, 74.

[5]) Beseler a. a. O. und Biondi actt. arbb. 1, 46 rügen nur actio velit, Segrè und Schulz auch actio coerceat.

[6]) Vgl. schon Beseler, Schulz ll. cc.

und seine Rekonstruktion enthält andere, m. E. gewichtigere Schönheitsfehler.

Es ist nicht klassischen Vorstellungen zuwider, wenn in naheliegendem und anschaulichem Bilde Wort und Begriff coercere vom Prätor auf die von ihm verheißene actio übertragen wird. In solchem Sinn steht coercere öfter und unverdächtig von Gesetzen (D. 11, 3, 5, 2; 48, 5, 30), Edikten (D. 42, 8, 6, 8) und gerade auch von einer actio (der tributoria: D. 14, 4, 7, 2). Ähnliches gilt von ähnlichen Ausdrücken: actio punit (D. 28, 6, 9, 1) [1]), infamiam irrogat (D. 47, 12, 1) [2]). Wenn ferner hier, im Ediktskommentar, einfach von haec actio die Rede ist, so hat das erst recht nichts Auffälliges [3]).

Ernsthafter, aber kaum entscheidend sind die Bedenken gegen das letzte Stück des ersten Satzes: sed adversus — factum est. Actio velit kommt nur hier vor, ist aber auch nicht härter als die soeben genannten Wendungen, zumal velle (= anordnen, bestimmen) nicht nur von Personen, sondern auch von Rechtsnormen, z. B. Konstitutionen (Vat. 132. 303) gesagt wird. Andererseits paßt praetor restitui velit zwar in D. 4, 2, 12, 1 vortrefflich, weil dort der Prätor will, daß der Beklagte restituiert. Bei der i. i. r. wäre dagegen restituat am Platz. Adversus omnes läßt allerdings an eine prätorische Restitution denken; aber zwischen prätorischer und richterlicher Restitution besteht kein innerer Gegensatz [4]); beide erstreben dasselbe Ziel: Wiederherstellung eines früheren Zustands. Dem entspricht es, wenn Ulpian seiner Erläuterung der Restitutionsklausel in der Wandelungsklage den Vergleich Julians vorausschickt, daß diese (richterliche) Restitution quodammodo eine i. i. r. sei [5]), und wenn für die Restitution officio iudicis in weitem Umfang eine der prätorischen eigentümliche Terminologie verwandt wird [6]). So mag sich gerade hier, wo die Grundbedeutung

[1]) Dazu freilich Rotondi Scr. giur. 2, 390 N. 2.

[2]) Vgl. auch actio poenam petit in D. 13, 1, 7, 1. — Zu l. 9, 8 vgl. noch Sen. rhet. contr. 9, 3 (26), 9, wo wörtliche Anklänge (... non persona vim facientis!) sich finden; dies auch gegen Levy 73 N. 7, dem v. Lübtow 193 zustimmt.

[3]) A. M. anscheinend Segrè Mél. Girard 2, 572 N. 1; vgl. aber D. 3, 5, 5, 7 (Lenel EP.[3] 102); 9, 3, 1, 4; 11, 3, 5, 2 und überall, wo auch im Ediktskommentar die Formel erwähnt werden mußte, wie bei der Befristung, Konkurrenz, etc. S. auch Lenel Festschr. f. A. S. Schultze 7 N. 9; korrekter freilich D. 21, 1, 23, 5: actiones quae ex hoc edicto oriuntur.

[4]) Levy SZ. 36, 31 ff.

[5]) D. 21, 1, 23, 7; vgl. 23, 1 und 60 eod.

[6]) Z. B. restituenda in pristinum statum obligatio in D. 4, 2, 9, 7, ähnlich D. 42, 8, 10, 22 (Interdikt), 23, 3, 43, 2; mehr bei Levy a. a. O.

von restituere besonders deutlich zutage tritt [1]), auch das adversus rechtfertigen [2]). — Gegen die Echtheit der Worte restitui quod factum est besteht kein Bedenken [3]). Wenn Schulz hier factum durch gestum ersetzen will, so ist das gerade in dem Sinn, den er damit verbindet, unmöglich: das m. c. gestum (= das erzwungene Rechtsgeschäft) soll und muß nicht wiederhergestellt, sondern soll vernichtet werden [4]). — Schließlich darf, wer mit dem Verfasser unseres Satzstücks wegen ungewöhnlicher Redewendungen ins Gericht geht, ihm auch zugute halten, daß er sich kurz, prägnant und leichtverständlich ausgedrückt hat. Wer dennoch über das adversus und das actio velit nicht hinwegkommt, mag sed — factum est für eine Glosse im Sinne der von Schulz aufgezeigten, allmählichen Verschmelzung von actio und i. i. r. halten.

Denn bis coerceat mindestens ist die Stelle formell in Ordnung — gerade in dem Teil, in dem das Wesentliche gesagt ist. Und was sich aus sprachlichen Bemerkungen ergab, wird durch andere Erwägungen vollauf bestätigt. Wenn die Kompilatoren, wie Schulz [5]) vermutet, in der Gegend von lex 9 § 1 eine zusammenhängende Erörterung über die absolute Wirkung der i. i. r. vorfanden — was konnte sie dann veranlassen, diese Erörterung auseinanderzureißen und unter gleichzeitiger tiefgreifender Veränderung an drei verschiedenen Stellen — in 9, 1. 9, 8. 14, 5 — und getrennt von der verwandten 14, 3 unterzubringen? Alle diese vier Stellen stehen in einem Zusammenhang, der sich aus dem Aufbau des Ulpianischen Kommentars mit Notwendigkeit ergab oder doch (bei 9, 8) [6]) gut erklären läßt. Wie Tribonian den Platz für seine Einschaltungen gewählt haben soll, bleibt rätselhaft. Der Standort von § 8 läßt sich auch nicht etwa damit erklären [7]), daß die in § 7 erwähnte Akzeptilation den § 8 mit seiner Erörterung der Akzeptilation attrahiert hätte; denn zwischen dieser und § 7 werden noch zwei andere Fälle behandelt. Auch müßten die Kompilatoren darauf geachtet haben, daß jeder der drei Kommentare ein Stück über die Wirkung gegen Dritte erhielt — und das, obwohl sie actio und i. i. r. verschmolzen und damit auch an der Unterscheidung der Kom-

---

[1]) S. oben S. 101.

[2]) Adversus gibt zudem guten Sinn (mit Wirkung gegen alle); ab omnibus dagegen wäre ohne den Zusatz ad quos pervenit kaum erträglich.

[3]) Vgl. oben S. 169; a. M. Eisele SZ. 30, 106; Schulz 242 f. — Lenel EP.[3] 111 scheint die Stelle insoweit als echt zu behandeln.

[4]) Über VIR. 5, 181, 24 z. d. St. vgl. oben S. 101 N. 2. Das Gleiche gilt auch gegen Beselers (1, 74) Ediktsrekonstruktion (oben S. 93 N. 1).

[5]) S. 244 f., 253.

[6]) Davon sogleich.

[7]) A. M. Schulz 244.

mentare kein Interesse haben konnten. Ja, sie müßten diese Unterscheidung so ängstlich aufrechterhalten haben, daß sie in 9, 8 nicht nur die an sich unschädliche Erwähnung des Prätors durch die ausdrückliche der actio, sondern darüber hinaus das gestum des ersten Edikts durch factum ersetzt haben müßten! [1])

Allerdings hat Julian auch von der i. i. r. gesprochen: in reum non esse restituendam actionem [2]). Aber daß er erst recht die Strafklage gegen den Hauptschuldner versagt hat, ist schon aus diesen kurzen — vielleicht gekürzten — Worten zu entnehmen. Die uns berichtete Kritik des Marcellus geht also vielleicht [3]) dem Wortlaut, aber gewiß nicht dem Sinne nach fehl [4]).

Die positive Entscheidung Julians gehört jedenfalls eindeutig zur actio; sie wird auch den Akzent getragen haben, da Ulpian sie viel ausführlicher wiedergibt und Paulus sie glossiert [5]). Sie handelt vor allem vom Umfang der Restitution und wird eben deshalb von Ulpian gerade hier — mitten in Erörterungen über diese Frage (9, 7. 12 pr. 1) [6]) — angeführt worden sein: der Bürge hat auch die Hauptschuld wiederherzustellen, oder (wie sich Ulpian vielleicht nicht ohne Absicht ausdrückt) er wird verurteilt, wenn er es nicht tut. Sachliche Bedenken gegen diese Entscheidung bestehen nicht. Dem Bürgen wird nichts Unmögliches [7]) zugemutet. Er kann (vgl. Jul. — Ulp. h. t. 9, 7) sofort zahlen, einen Prozeß mit reszissorischer Formel annehmen oder, wenn der Gläubiger will, für den Hauptschuldner übernehmen, oder [8]) endlich diesen (durch Androhung von Regressen?) da-

---

[1]) Gerade für Schulz müßte dieses letzte Argument besonderes Gewicht haben. — Lenel EP.³ 111 hält 9, 8 mit Schulz für itp., die Worte quod metus causa factum est aber für echt und für Zitat aus dem zweiten Edikt, und entsprechend die ganze Stelle für ein Stück des zweiten Ediktskommentars.

[2]) restituendam zu tilgen und das Stück durch Ergänzungen auf die actio zu beziehen (Eisele SZ. 30, 106; Segrè Mél. Girard 2, 572 N. 1), ist ebenso willkürlich wie die umgekehrte Behandlung des ersten Satzes durch Beseler und Schulz.

[3]) Dazu Beseler 1, 74; Schulz 242; v. Lübtow 193.

[4]) Vgl. auch Segrè a. a. O. (gegen Beseler).

[5]) Dazu unten S. 129.

[6]) Während die Zuständigkeit der Klage gegen den Dritten ex professo erst bei der unpersönlich gefaßten Formel zu erörtern war; das Edikt gab dafür keine Handhabe, da seine unpersönliche Fassung gar nichts bewies (vgl. Schulz 261; v. Lübtow 193).

[7]) So Biondi actt. arbb. 46 (vgl. auch unten S. 130 N. 1), der damit die Stelle diskreditieren will.

[8]) Vgl. dazu auch h. t. 10, 1. Denn daß Julian bei erzwungenem Erlaß gültiger Verpflichtungen stets nur sofortige Zahlung oder Prozeßannahme als Restitution gelten ließ, wird man trotz 9, 7 nicht glauben dürfen (a. M.

zu bewegen, eine neue Verpflichtung einzugehen. Gelingt ihm das alles nicht, bringt er z. B. keine Prozeßbürgen auf, so trägt er — gewiß nicht unbillig — die Folgen. Skandalös aber wäre, was Biondi Julian zutraut: die Klage gegen den Hauptschuldner zu versagen und den Bürgen freizusprechen, der nichts als seine eigene Schuld wiederherstellt.

2. D. 4, 2, 11 ist eine Note des Paulus zu der eben besprochenen positiven Entscheidung Julians [1]):

> (si fideiussor vim intulit, ut accepto liberetur .... fideiussorem, nisi adversus reum quoque actionem restituat, debere in quadruplum condemnari)
>
> Si quis alius sine malitia fideiussoris ut fideiussori accepto fieret vim fecit, non tenebitur fideiussor, ut rei quoque obligationem restituat.

Der seine Befreiung erpressende Bürge hat nach Julian auch die Hauptschuld wiederherzustellen; der ohne sein Zutun durch Zwang von dritter Seite befreite Bürge — das ist der Sinn der Paulusnote — ist dazu nicht verpflichtet. — Beseler beschränkt sich hier auf ein lakonisches „Entstellt“ [2]), Schulz auf die Bemerkung: „Interpolationsindizien fehlen... vielleicht sind... nur die Schlußworte ut — fin. zu streichen“ [3]). Danach hätte Paulus gesagt: der Bürge, der durch Erpressung eines Außenstehenden befreit wird, haftet nicht. Denkt man dabei auch an die reszissorische Klage, so ist der Satz falsch; sieht man von ihr ab, so ist er, wenn Paulus die „actio in rem scripta“ nicht kannte, selbstverständlich. Er hätte nicht nur vom Bürgen, sondern von jedem Schuldner gegolten, und Paulus müßte an einer Stelle, wo die Juristen sonst letzte Finessen anzubringen pflegen, in einer Note zu einem der älteren Meister, eine Binsenweisheit angemerkt haben. Gerade umgekehrt wird man schon aus der Erwähnung des Bürgen folgern dürfen, daß für ihn etwas galt, was nicht von jedem Schuldner galt, und dies Besondere kann nur in der Frage nach dem Schicksal der durch die Befreiung des Bürgen gleichfalls erloschenen (D. 46, 4, 13, 7) Hauptschuld liegen. Vor allem sind eben die davon handelnden Schlußworte durch die Übereinstimmung mit 9, 8 gesichert [4]) -- umsomehr, als die

wohl auch Levy Konk. 2, 1, 170 und N. 6). Julian baut sonst immer die sachverfolgende Funktion der Metusklage aus und kann hier dem Beklagten nicht etwas zumuten, was über die Wiederherstellung weit hinausgehen (Biondi a. a. O.) und — vor Eintritt der Fälligkeit — zu formularen Schwierigkeiten führen würde. Vielleicht ist gerade deshalb nur an fällige Schulden zu denken, bei denen eine erneute Stipulation ein allerdings entbehrlicher Umweg war.

[1]) Statt Aller Lenel Iul. 46; Kr.

[2]) 1, 75.

[3]) S. 251; mehr auch nicht bei v. Lübtow.

[4]) Und damit der Nachweis, daß l. 11 nicht etwa von der reszissori-

Kompilatoren beide Fragmente nicht zusammenstellten und also ihre Zusammengehörigkeit nicht voll erkannten. Gerade in der verschiedenen Behandlung der Hauptschuld, je nachdem der Bürge oder ein Dritter Erpresser ist, liegt die feine Pointe, um deren willen Paulus seine Anmerkung machte.

Zweierlei wird also durch unsere l. 11 in Verbindung mit der l. 9, 8 bewiesen: die Zuständigkeit der Metusklage gegen einen unschuldigen Dritten, an der allein uns im Augenblick gelegen ist — und seine Haftung nach einem Maßstab, der milder ist als der für den Erpresser geltende [1]) und der die Strafklage gegen den Dritten erst erträglich macht.

3. Den umgekehrten Fall — Befreiung des Bürgen infolge erzwungener Befreiung des Hauptschuldners — behandelt Gaius in D. 4, 2, 10 pr.:

> Illud verum est, si ex facto debitoris metum adhibentis fideiussores acceptilatione liberati sunt, etiam adversus fideiussores agi posse, ut se reponant in obligationem.

Beseler [2]) und Schulz [3]) streichen den Schluß von ut ab (Grund: Singularität des se reponere in obligationem); sie ergänzen (Beseler nur dem Sinne nach) vor agi posse: rescissa acceptilatione. Ob der so hergestellte Text allen Anforderungen moderner Interpolationenkritik genügt, mag man bezweifeln (nicht das fragt sich, ob Kläger mit dem Restitutionsdekret in Händen klagen könne, sondern ob er das Dekret bekommt). Eine singuläre Wendung läßt aber nur dann auf Justinian schließen, wenn sie ihm besonders geläufig, oder doch mundgerechter als dem Klassiker war. Das Gegenteil trifft zu.

> Reponere hat im klassischen Latein seit Plautus und besonders auch bei den Juristen die Bedeutung: wieder in die gehörige Ordnung bringen, herstellen, ergänzen, zurückgeben, steht also vollkommen synonym mit restituere und auch substituere, reddere [4]). Die Basiliken übersetzen es dann: ἀνανεοῦν, ὑποβάλλειν, ἀποδιδόναι. Bei Justinian aber und überhaupt im Codex hat reponere diese Bedeutung nie, sondern heißt immer nur niederlegen, wörtlich (im Speicher usw.) oder übertragen (in Büchern).

---

schen Klage handelt. Bei dieser könnte Restitution der Hauptschuld durch den Bürgen nicht in Frage kommen.

[1]) Dazu unten im 4. Kapitel. — Biondi actt. arbb. 59 (vgl. unten S. 136) hat diesen Punkt erkannt, aber S. 46 nicht für das Verständnis von 9, 8 und 11 fruktifiziert.

[2]) 1, 75.

[3]) S. 251.

[4]) Besonders deutlich in D. 40, 7, 40 pr., wo die quaestio reponere, das responsum restituere, die Bas. 48, 5, 41 (Scholion οὕτω) ἀποδιδόναι haben. Vgl. ferner D. 8, 2, 20, 2 (aedificium r.), 39, 3, 2, 5 (aggerem); 23, 5, 8. 25, 1, 12. 14 pr. (Bas. 28, 10, 14 ὑποβαλεῖν) u. a. (VIR. s. v. reponere III); s. a. Forcellini s. h. v.

Se reponere in obligationem klingt daher in Gaius' Munde viel natürlicher als bei Justinian. — Bezieht man dagegen die Stelle auf die i. i. r., so bleibt auch die enge Verbindung mit dem § 1 unklar, der doch zweifellos zum zweiten Edikt gehört [1]).

4. Die zweite Hauptstelle der ganzen Lehre ist D. 4, 2, 14, 5 (Ulpian). Hier interessiert zunächst nur der zweite Teil:

> (unde) quidam putant bona fide emptorem ab eo qui vim intulit comparantem non teneri [nec eum qui dono accepit vel cui res legata est]. sed rectissime Viviano videtur etiam hos teneri [, ne metus, quem passus sum, mihi captiosus sit]. Pedius quoque libro octavo scribit arbitrium iudicis in restituenda re tale esse, ut eum quidem qui vim admisit iubeat restituere, etiamsi ad alium res pervenit, eum autem ad quem pervenit, etiamsi alius metum fecit: nam....

a) Einen festen Kern finden wir hier in dem Pediuszitat. Das Latein könnte nicht besser sein. Schulz weiß hier nur arbitrium... tale esse als schwerfällig zu kennzeichnen. Das von ihm bevorzugte arbitrio contineri hätte aber nicht die gleiche volle, den ganzen Umfang der richterlichen Tätigkeit umfassende Bedeutung. „quale sit arbitrium iudicis" wird übrigens auch in D. 38, 5, 1, 12 gefragt. — Sachlich ist der Pediussatz die vollendete Formulierung des aus der unpersönlichen Fassung der Metusklage entwickelten Rechtszustands, eine scharf geschliffene Parömie, die beide Erscheinungsformen der Metusklage erfaßt und unterscheidet, elegant und in Antithesen, wie Pedius es liebt [2]): der Erpresser und der Dritte haften verschieden, jener, wie es allein der Billigkeit entspricht, auf Wiederherstellung schlechthin, ohne Rücksicht auf seine Bereicherung — dieser nur, wenn er bereichert ist.

An der Urheberschaft des Pedius hat denn auch niemand zu zweifeln gewagt; aber Beseler und Schulz müssen zu der Annahme greifen, daß er ursprünglich von der i. i. r. gehandelt hat, daß also die Stelle beim ersten Edikt in der Gegend der heutigen l. 9, 1 und neben der nach Schulz gleichfalls verpflanzten l. 9, 8 gestanden habe. Allein die Formel des Pedius ist ein Kunstwerk, das keinen Transport und keine Reparaturen verträgt: Denkt man, wie Beseler und anscheinend auch Schulz wollen, an die Tätigkeit des Prätors bei der i. i. r., so paßt iubere restituere [3]) nicht: der Prätor restituiert selbst, und auch

[1]) Vgl. auch Segrè Mél. Girard 2, 572.

[2]) Vgl. D. 2, 14, 1, 3; 43, 17, 1, 4; 39, 1, 5, 9. Pedius scheint auch sonst um seiner pointierten Aussprüche willen zitiert zu werden; vgl. 21, 1, 14, 4. 19 pr. u. a. bei Lenel Paling.

[3]) In D. 47, 13, 1 heißt es in einem Metusfall („concussio simulato praesidis iussu", also gewöhnliche Erpressung): ablatum.. restitui praeses.. iubet; doch handelt es sich hier wohl, wie in den nachklassischen (vgl. Wlassak Anklage 173; Krüger Quellen² 248) opiniones häufig, um Kognitionsprozeß.

nicht die res, sondern die Person des Gezwungenen oder die Vindikation [1]). Denkt man aber — da von einer erpreßten Sache die Rede ist — an den Richter im reszissorischen Vindikationsprozeß, so paßt wieder pervenire nicht; denn jeder Verständige hätte vom possessor gesprochen [2]).

b) Von dem, was den Pediussatz einrahmt, wird man den Schluß von nam ab [3]) und ebenso den vorhergehenden Satz ne metus — captiosus sit [4]) gern preisgeben. Ebenso kann das stilistisch verdächtige Stück nec eum qui dono accepit vel cui res legata est ein Zusatz sein, der das vom Käufer Gesagte mechanisch [5]) auf die anderen Singularsukzessoren ausdehnt — eher von der Hand eines Glossators als von der Tribonians [6]), der keinen Anlaß hatte, die unterlegene Meinung auszubauen. So bleibt als im Wesentlichen echt: quidam — non teneri... sed — hos teneri [7]). Von sachlichem Interesse ist dann die Differenz zwischen den von Ulpian wohl namentlich genannten [8]) quidam und Vivian. Leugneten jene die actio gegen den (gutgläubigen) Dritten überhaupt oder nur gegen den Käufer?

Es ist das einzige Mal, daß in den Digesten [9]) die Haftung eines Dritten erörtert wird, der nicht unmittelbar durch das erzwungene Rechtsgeschäft, also nicht vom Gezwungenen, sondern erst vom Erpresser erwirbt [10]). Mit der Erwägung, daß hier der Dritte Rechtsnachfolger des Erpressers und seine Haftung deshalb leichter als in jenen

---

[1]) Beseler läßt inkonsequent iubeat restituere stehen und rekonstruiert im Folgenden willkürlich: in eum ad quem pervenit ... actionem restituat. — v. Lübtow, der diese Klippe vermeidet, läßt von dem Pediuszitat überhaupt nur die zweite Alternative übrig (S. 202).

[2]) Vgl. auch noch den parallelen Aufbau von D. 39, 3, 6, 6, die durch Beseler 4, 283 insoweit nicht berührt wird.

[3]) Schulz 252.

[4]) Beseler 4, 59; Schulz a. a. O.; v. Lübtow 200.

[5]) Vgl. auch v. Lübtow 198 und unten S. 145 N. 2.

[6]) So Schulz, der damit im Widerspruch mit seiner These gerade den Kompilatoren eine Tendenz zur Einschränkung der Haftung des Dritten zuschreibt.

[7]) Wenn Beseler 1, 75 (ebenso Schulz 252) auch dies Stück aufs erste Edikt beziehen will, so wäre dem nach Beseler SZ. 50, 37 entgegenzuhalten, daß das zweimalige teneri zum ersten Edikt (ratum non habebo) — ebenso wie zur (reszissorischen) Vindikation, vgl. Lenel SZ. 46, 11 N. 1 — nicht paßt. Plausibel ist dieses Argument m. E. so wenig, wie die daraus von B. hergeleitete Änderung in D. 4, 2, 9, 1.

[8]) Ebenso v. Lübtow 200.

[9]) Wegen C. 2, 19, 3. 4. 5 vgl. unten S. 145 ff.

[10]) Darin und nicht in der Haftung eines gutgläubigen Erwerbers (im Gegensatz zum Komplizen, so Cuq manuel² 583) liegt das Besondere des Falls.

anderen Fällen zu bejahen sei [1]), war dieser Fall nicht erledigt. Es kam hier zunächst eine formulare Schwierigkeit hinzu: da die Formel wahrscheinlich [2]) auf N.° N.° mancipio dedisse abstellte, mußte sie, um gegen den Käufer tauglich zu werden, in: Lucio Titio (dem Erpresser) mancipio dedisse umgestaltet werden [3]).

Allein dieses Hindernis konnte nicht unüberwindlich sein: denn eine ganz entsprechende Umgestaltung mußte auch in dem unzweifelhaft klassischen Fall stattfinden, daß ein Erpresser verklagt wurde, der Manzipation nicht an sich, sondern an Titius erzwungen hatte [4]). — Schwerer wiegt das Bedenken, daß in dem zu erörternden Fall nicht nur das erzwungene Geschäft anulliert, sondern auch in das gültige Kausalverhältnis Erpresser—Dritter eingegriffen wird, und dies Bedenken besteht natürlich gerade für den Käufer — nicht aber für die unentgeltlichen Erwerber, die in dem vermutlich apokryphen Zusatz erwähnt sind. Aus anderen Gründen, die unten (S. 145 ff.) zu würdigen sind, dürfen wir annehmen, daß die Haftung des gutgläubigen Erwerbers noch in spätester klassischer Zeit nur auf Herausgabe der gekauften Sache gegen Rückstellung des Preises ging. Als Vorstufe einer solchen Einschränkung ist es leicht, das völlige Fehlen einer Haftung des Käufers zu denken: das pervenire an ihn wäre dann ganz verneint worden. So wird vielleicht auch der Zusammenhang mit dem Satz des Pedius und die sonst rätselhafte [5]) Verbindung (unde) mit dem ersten Teil der Stelle sichtbar.

5. Aus der Natur der Metusklage als einer Arbiträrklage folgt trotz ihres pönalen Charakters, daß mehrere Verpflichtete befreit werden, wenn einer von ihnen restituiert. Mehrere Verpflichtete können nun entweder mehrere Erpresser oder ein Erpresser und ein Dritterwerber sein. Es ist also nur logisch, wenn Ulpian in D. 4, 2, 14, 15 und 16 pr. ausführt:

> ... si plures metum adhibuerint et unus fuerit conventus, si quidem sponte rem ante sententiam restituerit, omnes liberati sunt; [—]. (16) Quod diximus si plures metum admiserunt, idem dicendum erit et si ad alium res pervenit, alter metum adhibuit.

§ 15 ist deutlich überarbeitet, aber doch allem nach in der Rich-

[1]) Vgl. auch Schmidt Civ. Abh. 1, 16.

[2]) Oben S. 124.

[3]) Es ist schon deshalb nicht schlüssig, wenn Schulz 252 meint, daß die Lenelsche Formel einen Streit unter den Klassikern nicht habe entstehen lassen können; vgl. im übrigen unten S. 152 ff.

[4]) Betti lit. aest. (1915) 2, 13 N. 1 nimmt als proponierte Formel an: .. Am. Am. No. No. (Lucio Titio) .. dedisse ..; vgl. auch unten S. 152 N. 3.

[5]) Vgl. Biondi actt. arbb. 55; Schulz 252; v. Lübtow 199. —

tung, daß Ulpian unterschieden hat: restitutio rei durch einen Mitschuldner befreit, praestatio quadrupli nicht — während Tribonian hier wie sonst die Häufung der Strafen beseitigt [1]). Die uns allein interessierende l. 16 pr. ist formell bis auf eine kleine Unebenheit [2]) untadelig. Sachlich konnte von unserem Standpunkt aus gar nicht anders entschieden werden [3]) — und nur das ließe sich anmerken, daß restitutio durch den Dritterwerber in dem Umfange, in dem sie von ihm verlangt werden konnte, nicht immer eine solche restitutio war, die auch den Erpresser befreite [4]). Wenn Ulpian aber diesen Unterschied in seiner kurzen Bemerkung über die Konkurrenz vernachlässigt, so wird dies hier ebenso verzeihlich sein wie in dem Pediuszitat in D. 4, 2, 14, 5.

Eine willkommene Ergänzung bietet der folgende § 1, wo ein Sklave etwas erpreßt und das erpreßte Gut in das Vermögen des dominus fließt. Die Noxalklage ist hier selbstverständlich. Mit ihr konkurriert eine actio gegen den dominus, wie gegen jeden Dritten, ad quem res pervenit. Restitutio rei wird auch hier beide Klagen zum Erlöschen bringen, praestatio quadrupli nicht:

> .. si servi metum adhibuerint, noxalis quidem actio ipsorum nomine erit, poterit autem quis dominum ad quem res pervenerit convenire: qui conventus si[ve] rem, [sive secundum quod iam dictum est quadruplum praestiterit] <restituerit>, proderit et servis...

Von der angezeigten Veränderung abgesehen, ist von unserem Standpunkt aus gegen das Fragment sachlich nichts zu erinnern. Stilistisch sind nicht eigentliche Mängel [5]), sondern nur die unscharfe Antithese: noxalis actio ipsorum nomine gegenüber dominum convenire zu rügen. Denn auch bei der Noxalklage wird natürlich der dominus verklagt. Aber der Gegensatz, und zugleich die Beschränkung der Haftung des dominus, kommt durch das „ad quem pervenerit" zum Ausdruck, während „suo nomine" oder gar „in solidum" unmöglich gewesen wäre. —

---

[1]) So Beseler 3, 155 (anders und überzeugender als 1, 76); Bonfante Scr. giur. 3, 218 (1916), dem Schulz 248 N. 3. 261 N. 4 zustimmt. S. auch oben S. 194. — Anders Perozzi Ist.² 2, 146 N.; ganz anders natürlich Biondi und die ihm Zustimmenden (oben S. 111 N. 7). Unklar Krüger Suppl. und Nov. Suppl. v. Lübtows (283) Rekonstruktion, inhaltlich unbedenklich, scheint mir allzu einfach.

[2]) Alium — alter (statt alius), worauf Beseler 1, 76 (aber nicht mehr 3, 155) und Schulz 251 N. 4 Gewicht legen. v. Lübtow 291 rügt auch den Plural diximus.

[3]) Anders — natürlich und notgedrungen — Beseler, Schulz, v. Lübtow ll. cc.

[4]) Darüber unten S. 135 ff.

[5]) Schulz rügt das Fehlen von actione; über dieses „Collinet'sche" Indiz vgl. Rabel Stud. Bonfante 4, 300 N. 64.

Es ist einleuchtend, daß Beseler und Schulz hier tiefer greifende Änderungen vornehmen müssen [1]).

6. Zwei andere Stellen, die man auf die Metusklage gegen den Dritten bezogen hat, scheinen mir deshalb nicht beweisend, weil gerade diese Beziehung zweifelhaft ist: D. 4, 2, 9, 3 und eod. 18. In 9, 3 wird, cum Campani metu cuidam illato extorsissent cautionem, eine actio quod metus causa gegen sie erwogen. Mitteis [2]) hielt eine von den Campanern als solchen verübte Erpressung für unmöglich — quid enim municipes metus causa facere possunt? — und dachte an eine Handlung der Magistrate, für die das municipium als bereicherter Dritter haften sollte. Ohne auf die Deliktshaftung von Korporationen eingehen zu können, halte ich es nach Ulpians Ausdrucksweise für nahezu ausgeschlossen, daß die „Campani" als Dritterwerber und nicht einfach als Erpresser verklagt werden sollten [3]). — In D. 4, 2, 18 aber lesen wir einfach: Si ipsa res, quae ad alium pervenit, interiit... Das Fragment, dessen ursprünglicher Zusammenhang noch immer ungeklärt ist [4]), steht in der Kompilation mitten unter Fragmenten, die von der actio auf id quod pervenit gegen den Erben handeln. Es ist deshalb unwahrscheinlich, daß das alium von den Kompilatoren an die Stelle von heredem gesetzt worden wäre [5]). Denn das wäre sinnvoll nur, wenn die Kompilatoren die Klage gegen den gutgläubigen Dritten und die besondere Erbenklage zu einer einheitlichen Klage auf id quod pervenit verschmolzen hätten. Und gerade das haben sie sicher nicht getan [6]).

4. Kapitel.

Der Unterschied der Haftung des Erpressers und des gutgläubigen Dritten.

§ 29.

Der Unterschied im Allgemeinen.

Erpresser und gutgläubiger Dritter haften mit derselben Formel. Aber sie haften nicht nach demselben Maßstab. Wäre es anders, so

[1]) Immerhin sind weitere Korrekturen möglich; z. B. kann am Schluß si ad—fin. entbehrt werden (Schulz 247). Die bisherigen Rekonstruktionen können nicht befriedigen: Schulz 247 und Beseler 3, 155 nicht, weil sie die actio gegen den Dritten, Biondi actt. arbb. 44. 90 und seine Anhänger (Kr. Suppl.) nicht, weil sie die Restitution nach Litiskontestation leugnen müssen. — Ganz anders v. Lübtow 292 ff.

[2]) RPR. 341 N. 6; 403 N. 51.

[3]) Insoweit stimme ich von Lübtow 229 zu.

[4]) S. oben S. 44.

[5]) So Lenel Pal. 1, 472 N. 4.

[6]) Die gegenteilige Meinung v. Lübtows (202 ff.) ist gegenüber dem Quellenstand einfach unrichtig; s. auch unten S. 154.

müßten wir an dem gewonnenen Ergebnis trotz allem wieder irre werden. — Allerdings haftet auch der Dritterwerber wie der Erpresser auf das quadruplum; aber der Multiplikand, das quanti ea res erit, ist verschieden, weil — was noch wichtiger ist — die dem Beklagten zugemutete Restitution einen verschiedenen Umfang hat. Eine charakteristische und zugleich sicher bezeugte Anwendung dieses Unterschieds haben wir bereits kennen gelernt [1]): der durch Erpressung befreite Bürge hat auch die miterloschene Hauptschuld wiederherzustellen, wenn er selbst der Erpresser, aber nicht, wenn er unschuldig ist. Darin liegt für einen besonderen Fall eine Bestätigung des im gemeinen Recht [2]) und von der modernen Forschung [3]) — vor Schulz — gelehrten Satzes, daß der Erpresser auf Schadensersatz, der Dritterwerber nur auf seine Bereicherung hafte. Gilt dieser Satz im klassischen Recht allgemein?

1. Daß der Erpresser mehr als Beseitigung der ihm vorteilhaften Folgen der Erpressung und mehr als Restitution im Rahmen des ihm Möglichen schulden kann, daß er trotz unverschuldeten Restitutionsunvermögens, also einfach wie ein Dieb auch für Zufall haften muß, ist eigentlich selbstverständlich. Es ist auch seit Pernice immer wieder und namentlich in allerjüngster Zeit betont [4]), freilich auch immer wieder übersehen worden [5]). Die Quellenbasis ist freilich schmal; neben der vom Bürgenfall handelnden D. 4, 2, 9, 8 bleibt allein die „heillose" (Pernice) D. 4, 2, 14, 11. Das Kernstück

> si autem ... homo sine dolo malo et culpa mortuus fuerit, tenebitur, et hoc fit his verbis edicti „neque ea res arbitrio iudicis restituetur".

lässt aber doch noch den klassischen Inhalt und die Ableitung der Haftung aus dem Formelwortlaut [6]) erkennen, wenn man nicht mit Mommsen und Lenel [7]) gegen Florentina und Basiliken und gegen den Zusammenhang vor tenebitur ein non einschiebt [8]).

---

[1]) S. oben S. 128 ff.

[2]) Windscheid II § 462; Schliemann Zwang 46 ff.

[3]) Mitteis RPR. 341 N. 6. Girard manuel [8] 447; Perozzi Ist. [2] 2, 381 N. 3; Biondi actt. arbb. 59; Betti litis aest. (1919) 43 f.

[4]) Pernice Labeo 2, 2, 91 N. 3; Biondi a. a. O.; Betti a. a. O.; Kaser Krit. Viert. 60, 331 N. 4 a; Restituere 82 ff.; v. Lübtow 145 ff.

[5]) So neuestens besonders deutlich von Herdlitczka Zwischenurteil 79, aber auch von Mommsen und Lenel (im Text sofort) und gelegentlich auch wohl von Eisele SZ. 30, 106; Schulz 242, nach denen Objekt der Restitution das an den Erpresser Gelangte ist. Betti litis aest. (1915) 2, 13 N. 1 hat dieselbe Auffassung sogar in seiner Ediktsrekonstruktion zum Ausdruck gebracht (vgl. unten S. 152 N. 3).

[6]) Dazu Biondi a. a. O.

[7]) Lenel Ulp. 378, der Tilgung durch Tribonian annimmt.

[8]) Dagegen auch Dig. Mil., Biondi a. a. O., Kaser Restituere 85 N. 1,

2. Die Haftung des gutgläubigen Dritten und ihre Besonderheit gegenüber der des Erpressers sind in letzter Zeit begreiflicherweise vernachlässigt worden [1]). Auch hier ist der Bürgenfall ein wertvoller Stützpunkt. Die Hauptstelle aber ist der erste Teil von D. 4, 2, 14, 5 (Ulp.), deren zweiten wir bereits kennen [2]):

> Aliquando tamen et si metus adhibitus proponatur, arbitrium absolutionem adfert. quid enim si metum quidem Titius adhibuit me non conscio, res autem ad me pervenit, et haec in rebus humanis non est sine dolo malo meo: nonne iudicis officio absolvar? aut si servus in fuga est, aeque, si cavero iudicis officio me, si in meam potestatem pervenerit, restituturum, absolvi debebo. unde ....

Freilich ist dieser erste Teil der Stelle ganz von der Hand der Kompilatoren redigiert [3]). Den stilistischen Kriterien, die Schulz zusammengetragen hat, sind sachliche hinzuzufügen: absolutio trat nach klassischem Recht nicht nur „aliquando", sondern immer dann, wenn der Beklagte dem Restitutionsgutachten entspricht, also praktisch in aller Regel ein. Denn daß es hier überhaupt noch zu einem Termin mit absolutio kam, wird durch Gai. 4, 114 erwiesen [4]). Ja, diese absolutio hatte keineswegs nur formelle Bedeutung [5]), da sie die Frage, ob der Beklagte entsprechend dem iussum restituiert hatte, implicite bejahte und also eine vorherige Prüfung dieser Frage [6]) voraussetzte. Für die

---

v. Lübtow 151. — Auch der Inhalt der Restitutionskaution (unten S. 144 f.) paßt nicht zu der Einschaltung eines non.

[1]) So besonders von Herdlitczka a. a. O.; Kaser Krit. Viert. 60, 331. Restituere 85 N. 2. — Vgl. aber auch v. Lübtow 160, der freilich nur vom byzantinischen Recht spricht.

[2]) S. oben S. 131.

[3]) Beseler 1, 48; Schulz 250; vgl. VIR. 3, 2 Addenda zu 1, 204, 15; v. Lübtow 159; officio iudicis absolvi ist aber an sich nicht zu verdächtigen; vgl. vor allem Gaius 4, 114.

[4]) Vgl. Erman SZ. 27, 409 f.; Kaser Restituere 106 ff. — A. M. Mitteis SZ. 33, 206; nach ihm kam es „regelmäßig zu keinem Urteil"; der Prozeß sei dann „über den Iussus de restituendo nicht hinausgekommen". Ähnlich auch Sohm-Mitteis-W. Inst.[17] 697 N. 4 a. E.

[5]) A. M. Düll Jur. Woch. 1932, 36.

[6]) Diese Prüfung konnte ebenso umfangreich werden, wie die dem iussum de restituendo vorangehende; über diese vgl. Maier SZ. 50, 497 und seither Herdlitczka Zwischenurteil 29 N. 48; Kaser Krit. Viert. 60, 326 ff.; Eißer SZ. 52, 482. — Kaser nimmt sogar eine Prüfung des Umfangs der Restitution ausschließlich im letzten Stadium an, sieht also (anders als Herdlitczka) im iussum nur eine abstrakte Aufforderung: Restitutiere!, die sich im dinglichen Prozeß von der pronuntiatio nur dadurch unterschied, daß sie auch über Exzeptionen usw., also über den gesamten Anspruchs g r u n d entschied. Das wäre aber sehr unpraktisch und stünde in Widerspruch mit zahlreichen Stellen, in denen der iudex Einzelheiten der Restitution, wie Kautionen (dazu unten S. 140 f. und allgemein Levy SZ. 36, 58) ordnet, also doch ein ins Detail gehendes iussum ausspricht.

Byzantiner ist aber das iussum de restituendo soviel wie Kondemnation [1]) — absolutio in ihrem Sinne trat nur in den wenigen Fällen unverschuldeten Restitutionsunvermögens ein, von denen sie in unserer Stelle offenbar reden wollen. Ihre Besonderheit konnte für Ulpian nur darin liegen, daß absolviert wird, obwohl der Beklagte nicht restituiert hatte.

Auch der zweite Satz quid — absolvar ist echt byzantinisch, mit seinem abstrakten Tatbestand, der weder die erpresserische Handlung noch die res noch die Art ihres Untergangs (in rebus humanis non est!) konkret bezeichnet. Allein hier mahnt schon ein klassisches Bruchstück zur Vorsicht: dolus malus ist überhaupt und ganz besonders in der altertümlich-legalen Wendung sine dolo malo den Byzantinern nicht mundgerecht [2]). Auch sachlich verrät es klassischen Ursprung, wenn jeder nicht dolose Verlust den Gutgläubigen befreit; Justinian verlangt Verlust sine dolo et culpa — bei der Vindikation [3]) und sonst [4]). Schließlich enthält auch der dritte Satz, von dem noch die Rede sein wird, klassisches Gedankengut.

Eine Bestätigung für alles Gesagte ergibt sich, wenn wir versuchen, den ursprünglichen Zusammenhang wiederherzustellen. In § 4 war — in der Sprache der Kompilatoren, die hier wie in § 3 [5]) Formeltechnisches gestrichen haben müssen — von der Restitutionsmöglichkeit die Rede. Ulpian muß hier, bei der ersten Arbiträrformel, die ihm auf seinem Weg begegnete [6]), die formulare Bedeutung der Restitutionsklausel erläutert und etwa gesagt haben, daß sie — ähnlich wie nach Gaius 4, 119 die exceptio — eine negative Bedingung der condemnatio sei, die bei Nichtrestitution automatisch eintreten müsse. Hieran schlossen sich passend [7]) die Fälle, in denen trotz Nichtrestitution [8]) absolutio erfolgte, weil das pervenit nicht oder ohne Schuld des Beklagten nicht mehr bejaht werden konnte. Natürlich konnte

---

[1]) Oben S. 114. — Damit muß es zusammenhängen, daß die absolutio nach Restitution in den justinianischen Quellen so selten zu finden ist.

[2]) Oben S. 18; vgl. Mitteis RPR. 319.

[3]) Siber Röm. PrivR. 100; Kaser SZ. 51, 112 ff. mit Quellen. Auf den Versuch Kasers, in anderen Stellen das nach Siber itp. culpa als echt, aber in einem besonderen Sinne aufzufassen, kann hier nicht eingegangen werden. Zu vergleichen sind auch die Stellen oben S. 14 N. 4.

[4]) D. 17, 1, 8, 10; dazu Lenel SZ. 38, 273 u. A. (s. Ind. itp.).

[5]) S. oben S. 122.

[6]) Vgl. Lenel Festg. f. Sohm 211.

[7]) Den Zusammenhang betonen auch Biondi actt. arbb. 55 und, wiederum nur für das justinianische Recht, v. Lübtow 160.

[8]) oder einer Kaution, die im Ergebnis der Nichtrestitution gleichkam; s. u. S. 144 f.

dies nur bei dem Dritterwerber vorkommen, von dem allein auch in der Stelle die Rede ist. So erklärt es sich aufs beste, daß Ulpian im Formelkommentar zweimal auf die Klage gegen den Dritten kommen mußte: In § 3, um die „intentio", die Anwendbarkeit des si paret m. c. factum esse gegen den Dritten darzutun, in § 5, um die Beschränkung seiner Haftung zu erläutern [1]). Und es erklärt sich, warum Tribonian hier den § 5 wie auch § 4 umgestalten mußte: mit der Beseitigung des Formelmechanismus war die Erörterung darüber überflüssig und zudem die absolutio aus der Regel zur Ausnahme geworden. Daß die Kompilatoren hierbei unter Verwertung klassischer Stücke ohne sachliche Änderung, aber verallgemeinernd (Satz quid — absolvar) den § 5, ersten Teil, neugeschrieben haben, das paßt zu gut zu unserem allgemeinen Bild von ihrer Tätigkeit, als daß wir den § 5 auch inhaltlich auf ihre Rechnung setzen möchten.

§ 30.

Die Abstufung der Restitutionskautionen.

Ist der erpreßte Sklave bei dem gutgläubigen Erwerber entflohen, so wird dieser nach D. 4, 2, 14, 5 absolviert, wenn er officio iudicis sich verpflichtet, den Sklaven zu restituieren, sobald er ihn in seine Gewalt bekommt.

1. Restitutionskautionen [2]) — mit oder ohne Satisdation [3]) — finden sich in unseren Quellen häufig; sie verfolgen den Zweck, dem iudex einen endgültigen und gerechten Spruch [4]) zu einer Zeit zu ermöglichen, wo die Durchführung der Restitutionspflicht noch von künftigen und ungewissen Faktoren abhängt; sie führen je nach der Formel- und Prozeßlage bald (wie bei der redhibitoria) [5]) zur sofortigen Kondemnation, bald (wie in den meisten Fällen) zur absolutio, immer aber [6]) zur sofortigen Endentscheidung. Es hätte an jedem Grund ge-

[1]) Dieser Gedankengang des Kommentars ist die Grundlage von Lenels (und schon Rudorffs) Formelrekonstruktion. Er kann für Schulz keine Beweiskraft haben (vgl. oben S. 92 N. 1). Warum aber die Kompilatoren ihre Ausführungen über die Klage gegen den Dritten hier noch einmal (vgl. schon oben S. 127) auseinandergerissen haben sollen, darüber bleibt Schulz die Antwort schuldig.

[2]) Vgl. Keller Civ. Proz.[6] 390 N. 900; Herdlitczka Zwischenurteil 72 ff.

[3]) Kniep Gaius 5, 198 mit Stellen, ferner D. 44, 4, 4, 7.

[4]) Dessen Notwendigkeit Levy SZ. 36, 58 betont.

[5]) D. 21, 1, 26 und sonst.

[6]) Kaution ohne sofortige Endentscheidung wäre also sinnlos (vgl. auch Kaser Krit. Viert. 60, 330). Sie wird zwar in der wohl itp. (Herdlitczka a. a. O. 88) D. 6, 1, 27, 4, aber nicht in I. 4, 17, 2. 3 (a. M. Kaser a. a. O.), und auch

fehlt, diese hinauszuschieben, nachdem jene geleistet war: der Berechtigte konnte daran kein Interesse haben, da er durch die Kaution gedeckt war, der Verpflichtete nicht, weil der Inhalt seiner Haftung nunmehr ausschließlich durch die neue Stipulation bestimmt und von dem Iudex im Stipulationsprozeß beurteilt wurde. Eine etwaige größere Ermessensfreiheit des ersten Richters konnte also weder zu seinen Gunsten noch zu seinen Lasten eingreifen [1]).

In dieser Funktion sind die Restitutionskautionen mit dem Wesen des klassischen officium iudicis bei den freien, namentlich den arbiträren Klagen, mit den Grundsätzen über Prozeßkonsumtion und ihren Folgen aufs engste verbunden, im justinianischen Recht aber, nach der Änderung jenes Wesens und dieser Grundsätze [2]), großenteils überflüssig. Schon aus diesem Grunde würde ihre generelle Verdächtigung schwere Bedenken erwecken [3]).

2. Herdlitczka [4]) beanstandet in einer Anzahl dieser Stellen die Restitutionskaution einfach deshalb, weil sie durch Wendungen wie iussu iudicis (D. 10, 4, 12, 5; 44, 4, 4, 7), per iudicem (D. 4, 2, 14, 11), officio iudicis (unser § 5 und öfter), auf eine Initiative des iudex

nicht in D. 44, 4, 4, 7 vorausgesetzt: Hier ist m. E. als selbstverständlich zu unterstellen, daß der Beklagte absolviert ist (a. M. Seckel Krit. Viert. 40, 399; Levy Konk. 2, 1, 119 N. 1, der aber für den ursprünglichen Text keine Restitutionskaution annimmt; Siber Röm. PrivR. 262 N. 4; Herdlitczka Zwischenurteil 86). „vindicat" kann doch schwerlich, wie Seckel, Levy und Siber wollen, heißen: den (schon zum „Restitutionsbefehl" gediehenen!) Prozeß fortsetzen, sondern nur: eine neue L. C. herbeiführen (vgl. auch H. Krüger exc. doli 209). Die exceptio rei iud. stand nicht entgegen, da im alten Prozeß zugunsten des Klägers pronuntiiert und damit (D. 44, 2, 15 und Seckel a. a. O. 398 N. 1; Wlassak Jud. bef. 265) für ihn die replicatio rei secundum se iudicatae (D. 44, 2, 9, 1) begründet war. Auch an Novation ist m. E. nicht zu denken (a. M. Levy).

[1]) Eine solche wird übrigens kaum bestanden haben, da die Kaution die verschiedenen Haftungsmaßstäbe zu reproduzieren vermochte, vgl. unten S. 144.

[2]) Namentlich auch der Grundsätze über plus petitio tempore, C. 3, 10, 1.

[3]) A. M. (unter Berufung auf Beseler 1, 56) v. Lübtow 148; vgl. auch Biondi iud. b. f. 196 ff., 203. Dagegen auch Herdlitczka Zwischenurteil 74 ff. mit Stellen (außerdem D. 21, 1, 21, 3. 26; 24, 3, 24, 4. 25, 3; 17, 1, 8, 10); Kaser a. a. O.; Eißer SZ. 52, 483. Trotzdem schreibt H. die große Mehrzahl dieser Stellen den Byzantinern zu. Ihm stimmt Düll JW. 1931, 2463 hierin summarisch zu. — Levy a. a. O. wundert sich, was in D. 44, 4, 4, 7 die judiziale Restitutionskaution neben der cautio iudicatum solvi soll. Aber auf jene folgt hier wie immer (vgl. o. S. 139 N. 6) absolutio, sodaß ein Judikat im Sinne der letzteren gar nicht vorliegt. Erst Justinian hat auch hier mit seiner judizialen cautio de litis aestimatione (I. 4, 17, 2) eine Konfusion angerichtet. Die Klassizität judizialer Restitutionskautionen (mit anschließender absolutio) will übrigens gerade Levy (vgl. z. B. SZ. 36, 58) kaum allgemein bezweifeln — obwohl seine Äußerungen Konk. 2, 1, 119 N. 1 allgemein verstanden werden könnten und von Herdlitczka in der Tat verstanden worden sind.

[4]) Zwischenurteil 84.

zurückgeführt wird, und weil nur der nachklassische Beamtenrichter auf die Parteien in dieser Richtung einen Druck habe ausüben können. Das überzeugt nicht. Allerdings kann der iudex des Formularverfahrens den Parteien nichts befehlen. Aber von Befehlen ist auch schwerlich die Rede. Denn, um von dem neutralen officio iudicis ganz zu schweigen: iussus, iussum und iubere bezeichnen in der Rechtssprache gar nicht immer und nicht einmal in erster Linie den Befehl, sondern die Ermächtigung [1]). Neben dem bekannten iubere des Delegationsrechts ist an die gewiß altertümliche rogatio populi (Gell. 5, 19, 9) velitis iubeatis, an das prätorische duci vel ferri, bona possidere iubere, wo man vielfach [2]) unpassend von Duktionsbefehl spricht, und endlich wohl auch an das iudicare iubere zu erinnern, das nicht nur den Judikationsbefehl, sondern auch die Judikationsermächtigung enthält. Um Ermächtigungen handelt es sich auch bei dem iussum iudicis: der Privatrichter gibt hier die Erklärung ab, unter welchen Voraussetzungen er trotz Bejahung der intentio freisprechen wird; er bindet sich durch diese Erklärung. Der Beklagte kann im Vertrauen auf sie (freiwillig) restituieren; sie ist für ihn die Ermächtigung, mit befreiender Wirkung zu leisten. Nicht Restitutionsbefehl, aber auch nicht Restitutionsgutachten, wie Herdlitczka meint, sondern Restitutionsermächtigung [3]) scheint mir daher am besten den richterlichen Bescheid zu charakterisieren, der den „Arbitrārklagen" ihr Gepräge gibt, und der seinerseits im klassischen Recht nicht treffender bezeichnet werden konnte als mit den Worten iussum und iubere.

Eine Verdächtigung der Klassizität der Kautionen, die iussu iudicis geleistet wurden, ist umso weniger am Platz, als wir für sie, wenn auch freilich nicht gerade für die Restitutionskautionen, ein verhältnismäßig altes Dokument [4]) haben: nach Gai. 3, 125 gehörte zu den Ausnahmen, die die lex Cornelia de adprom. von der quantitativen Beschränkung der Bürgschaften zuließ, auch der Fall, si iussu iudicis

[1]) Kaser Krit. Viert. 60, *326*. — Seckel s. v. iubere führt die Bedeutung ermächtigen als letzte an und versteht lex iubet (anders als praetor, iudex, creditor iubet) nur von „gesetzlich gebietenden Vorschriften". Vgl. dagegen Gai. *2*, 54 (lex .... usucapi iussit) und den Zusammenhang zwischen lex iubet und populus iubet (Wlassak Jud. bef. 185 f.); s. auch Steinwenter RE. 9, 1307 s. v. iussum.

[2]) Z. B. Wenger Inst. *219*. *222*; richtig aber Rabel Grundz. *432*, Wlassak SZ. *42*, 440; Kaser a. a. O.

[3]) So auch (zweifelnd) Kaser Krit. Viert. 60, *327*.

[4]) Das erste Digestenzeugnis für die Restitutionskaution ist wohl Labeo D. 44, 4, 4, 7. — Geringeres Gewicht hat es m. E., wenn in den Trümmern von Gai. 4, 114 vielleicht ein c a v e a t zu lesen ist; a. M. Herdlitczka a. a. O. und, ihm zustimmend, Eißer SZ. 52, 483.

satis accipiatur. Gewöhnlich denkt man hier an die „judizialen" (D. 46, 5, 1, 1) Kautionen [1]). Diese werden aber vor dem Prätor geleistet, und wenn Seckel unter iudex den Prätor verstehen und eine solche bei Gaius und den Klassikern unerhörte Ausdrucksweise aus einem altertümlichen Wortlaut der lex Cornelia erklären will, so befriedigt das gewiß nicht. Dagegen spricht auch einmal, daß das Gesetz die cautio legatorum, die doch „iussu praetoris" geleistet wird, daneben besonders hervorhebt. Vor allem galt sodann das Gesetz nur für pecunia credita, worunter die Jurisprudenz [2]) alle unbedingten Schulden verstand. Die prätorischen Stipulationen sind aber größtenteils, wenn nicht durchweg, unter einer Bedingung abgeschlossen und deshalb von der Cornelia nicht betroffen [3]).

3. Eine generelle Verdächtigung der Restitutionskaution verbietet sich auch schon wegen der großen Zahl von an sich einwandfreien Stellen, in denen sie vorkommt, und angesichts der juristischen Weisheit und Eleganz, mit der sie gehandhabt wird. Gerade im Fall des flüchtigen Sklaven liefern unsere Quellen für sie ein reiches und interessantes Material. Sie findet sich hier bei folgenden „arbiträren" oder bonae fidei iudicia [4]):

1.) Der Erpresser, dem sine dolo malo et culpa der Sklave entlaufen ist, leistet nach D. 4, 2, 14, 11 Sicherheit, ut eum servum persecutus reddat, oder wie es in dem interpolierten Teil der Stelle heißt, (ut) et persequatur et omnimodo eum restituat;

2.) der Käufer, der den Flüchtling dem betrügerischen Verkäufer [5]) redhibieren will, kann, falls ihn keine culpa trifft, eine Kaution leisten (D. 21, 1, 21, 3): ut hominem persequatur et in sua potestate (sic) redactum venditori reddat;

3.) der Ehemann leistet für Dotalsklaven auch unter der Voraussetzung, daß sie ohne seine culpa entlaufen sind, Sicherheit (D. 24, 3, 25, 3): se eos boni viri arbitratu persecuturum et restituturum [6]);

---

[1]) So Rotondi Leges 362; Kübler Geschichte 171; Seckel s. v. iudex 2b.

[2]) Vgl. dazu Beseler Tijdschr. 10, 222.

[3]) So für die cautio pro praede l. et v.: Lenel EP.³ 524.

[4]) Auch im Fall 7) wird, wenn überhaupt klassisches Recht, so das der fiducia zugrunde liegen. Wo wie in D. 30, 69, 5 sich eine solche Kaution bei einer strengen Klage findet, wird sie auch hier aus dem officium iudicis abgeleitet. Vgl. jetzt auch Kaser Restituere 163 N. 3.

[5]) Dem gutgläubigen Verkäufer gegenüber scheint die Restitution nicht durch Kaution ersetzt zu werden; vgl. C. 4, 58, 5; Beseler SZ. 47, 469; Monier garantie 77 N. 3. 204 N. 1.

[6]) Mit den bisherigen Kautionen vgl. auch die in D. 30, 69, 5 (oben N. 4); rem persecuturum et, si nactus sit, legatario restituturum.

4.) der gutgläubige Vindikationsbeklagte, wenn ihm der Sklave nach [1]) der Litiskontestation entlaufen ist, verspricht (D. 6, 1, 21): si rem nanctus fuerit, ut eam restituat;
5.) der Exhibitionsbeklagte verspricht (D. 10, 4, 5, 6): se exhibiturum, si in potestatem eius pervenerit;
6.) der Einkaufsmandatar, si dolus non intervenit, nec culpa (D. 17, 1, 8, 10): si in potestatem tuam pervenerit, te restituturum;
7.) der Treuhänder nach Widerruf des Freilassungsauftrags, falls ihn keine culpa trifft (D. 12, 4, 5, 2): si in potestatem suam pervenerit, restitutum iri, endlich
8.) nach unserem § 5 der gutgläubige Erwerber erpreßten Gutes: me, si in meam potestatem pervenerit, restituturum.

Die Echtheit der vier ersten Stellen ist bisher nirgends, wenigstens nicht in den angezogenen Worten, angefochten worden und auch kaum anzufechten: die fünfte (D. 10, 4, 5, 6) beanstandet Beseler [2]) aus formellen, freilich einleuchtenden Gründen. Im Falle des Einkaufsmandatars (Nr. 6) muß die Kaution aus sachlichen Gründen echt sein [3]): Manzipation und Tradition des flüchtigen Sklaven waren unmöglich, die bloße Vindikationszession ein bekanntlich unvollkommenes Mittel, das die geschuldete Übereignung nicht bewirkte und das versagte, wenn der Sklave zum Mandatar zurückkehrte. Hätte man den Beklagten einfach freigesprochen, so wäre die actio mandati konsumiert und der Auftraggeber entrechtet gewesen — gegen alle Billigkeit; denn die Aussicht, daß der Sklave freiwillig oder unfreiwillig zurückkehrte, mochte bei den außergewöhnlichen Maßregeln, die der Staat für die Wiedereinbringung entflohener Sklaven ergriffen hatte [4]), gar nicht so gering sein. Unmöglich war es endlich [5]), den Prozeß auf unbestimmte Zeit zu vertagen, um abzuwarten, ob der Flüchtling wiederkam. Es

---

[1]) Diese für die Vindikation selbstverständliche Voraussetzung ist in D. 6, 1, 21 zwar nicht ausdrücklich genannt, aber doch, namentlich an der Rolle, die die usucapio spielt, deutlich zu erkennen. In den übrigen Fällen ist zwar gleichfalls nicht gesagt, ob die Flucht vor oder nach L. C. erfolgte, aber doch jenes wahrscheinlich; es wird (bei persönlichen Ansprüchen) sachlich jedenfalls dann keinen Unterschied machen, wenn schon vor L. C. nach dem schärferen Maßstab (dazu unten S. 160) gehaftet wird; vgl. auch Kaser Restituere 85 ff.

[2]) 1, 35; zustimmend Levy Konk. 2, 1, 189 N. 6.

[3]) Nach Lenel SZ. 38, 274 N. 2 sprach Ulpian nur vom Falle des dolus, bejahte also einfach die Haftung. Das ist natürlich denkbar. — Levy Konk. 2, 1, 189 N. 6 hält die Itp. schon wegen der Verwandtschaft der Stelle mit D. 10, 4, 5, 6 für gesichert.

[4]) Vgl. D. 11, 4, 1.

[5]) Vgl. auch Levy SZ. 36, 58.

gab nur einen Ausweg: eine Restitutionskaution, vielleicht in Verbindung mit einer Vindikationszession [1]). — Genau so lag es in unserem § 5: der gutgläubige Erwerber war Eigentümer des flüchtigen Sklaven und wäre es bei absolutio ohne die Kaution definitiv geblieben. — Bei Fall 7 endlich fragt es sich, wie weit klassische Elemente verarbeitet sind [2]).

4. Zwei Typen von Restitutionskautionen betreffend den flüchtigen Sklaven lassen sich aus jener bunten Reihe gewinnen [3]); sie sind in D. 6, 1, 21 einander gegenübergestellt und unterscheiden sich danach [4]), ob der Schuldner nur Rückgabe für den Fall der Besitzerlangung, oder ob er Verfolgung verspricht:

> (Paulus) Iulianus autem in his casibus, ubi propter fugam servi possessor absolvitur, etsi non cogitur cavere de persequenda re, tamen cavere debere possessorem, si rem nanctus fuerit, ut eam restituat, idque Pomponius . . . . . probat: quod verius est.

Verfolgung versprechen der Ehemann, der Käufer, der Erpresser — jene abgeschwächte Kaution leisten der Vindikations- und Exhibitionsbeklagte, der Mandatar und, wenn unsere D. 4, 2, 14, 5 nicht trügt, der gutgläubige Erwerber erpreßten Gutes. Innerhalb jener schärferen Gruppe finden sich wieder Unterschiede, die nicht zufällig sein werden: der Käufer verpflichtet sich, den Sklaven zu verfolgen und „in potestate redactum“ (d. h. doch wohl: w e n n er ihn zurückbekommt) herauszugeben, und eine ähnliche Einschränkung mag in dem viri boni arbitratu bei dem entlaufenen Dotalsklaven liegen. Hält man dazu jene andere Gruppe von Kautionen, die vom Mandatar, Vindikations- und Exhibitionsbeklagten geleistet werden und ihnen nicht mehr nehmen als sie haben, so ergibt sich in der Kautionspflicht eine Abstufung, die genau der der Restitutionspflicht [5]) entspricht. In dieses fein durchdachte System gliedern sich die beiden Kautionen aus dem Metusgebiet vortrefflich ein: der Erpresser wird zur Kaution nur zugelassen, wenn ihn auch keine culpa trifft [6]), und leistet sie dahin,

---

[1]) Vgl. D. 6, 1, 21, dazu freilich Beseler 3, 181.

[2]) S. oben S. 142 N. 4.

[3]) Ganz anders gruppiert Herdlitczka Zwischenurteil 78, dessen Fragestellung (ob der Beklagte „an sich“ zu verurteilen oder freizusprechen gewesen wäre) mir die Elastizität der keineswegs am Besitz als solchem haftenden Restitutionspflicht zu verkennen scheint. Kaser Krit. Viert. 60, 330, der H. im allg. zustimmt, will die Stellen der zweiten Gruppe (z. B. D. 6, 1, 21) mit dem Satz dolus pro possessione est erklären. Das leuchtet mir nicht ein.

[4]) Abwegig dazu Herdlitczka Zwischenurteil 84 N. 202. Vgl. auch Hägerström röm. Obligationsbegriff 1, 184 ff.; v. Lübtow 149.

[5]) Vgl. dazu unten S. 160 ff.

[6]) Doch ist das Erfordernis der Abwesenheit von culpa vielleicht auch hier (vgl. oben S. 138 N. 3) mit Vorsicht aufzunehmen.

ut persecutus reddat, oder, wie es noch deutlicher in dem zwar interpolierten, aber sachlich vielleicht insoweit echten ersten Teil von D. 4, 2, 14, 11 heißt: quatenus et persequatur et omnimodo restituat. Ja, wir dürfen — ohne Quellenbelege, aber nach dem Vorbild der (von der Vindikation handelnden!) D. 44, 4, 4, 7 — die Vermutung wagen, daß diese Kaution eine Fristbestimmung und eine Vertragsstrafe enthielt, und vielleicht auch, daß letztere dem quadruplum gleichkam. — Der Dritterwerber dagegen wird nach unserem § 5 auch bei kulposem Verlust zugelassen (wie nach dem unmittelbar vorhergehenden sine dolo malo anzunehmen ist) und verspricht Restitution für den Fall der Wiedererlangung — wie der Vindikationsbeklagte, und mit besserem Grund als er [1]).

Der verschiedene Inhalt der Restitutionskaution des Erpressers und des gutgläubigen Dritterwerbers gibt so der uns von dem Bürgenfall her bekannten Verschiedenheit der Haftungsmaßstäbe vollendeten Ausdruck.

§ 31.

Das Lösungsrecht des gutgläubigen Käufers.

Ein Rätsel, das lehrreich bleibt, auch wenn eine Lösung nicht gelingt, bildet das letzte für die Metusklage gegen den Dritten in Betracht kommende Fragment, das Reskript Gordians C. 2, 19, 3:

> Si vi vel metu fundum avus tuus distrahere coactus est, etiamsi maxime emptor eum alii vendidit, si tamen tu avo tuo heres extitisti, ut tibi reddito a te pretio restituatur, postquam placuit in rem quoque dari actionem, secundum formam perpetui edicti adito praeside provinciae poteris postulare, si modo qui secundo loco comparavit longae possessionis praescriptione non fuerit munitus.

Wie in D. 4, 2, 14, 5 (unde ...) handelt es sich hier um die Haftung eines Dritten, der durch Kauf vom Erpresser erwirbt [2]). Sehr

[1]) Denn der Metusbeklagte war Eigentümer und konnte als solcher den Flüchtling — unter Ausschluß des Gezwungenen — verfolgen, eine gegen ihn gerichtete zweite Metusklage aber durch die exceptio rei iudicatae zurückschlagen (vgl. oben S. 143), wofern nicht auch bei den persönlichen „Arbiträrklagen" wie bei der Vindikation (vgl. oben S. 139 N. 6) eine selbständige pronuntiatio mit Rechtskraftwirkung erfolgte und eine replicatio rei secundum actorem iudicatae begründete. Herdlitczka, der dies annimmt (Zwischenurteil passim), hat es trotz Kaser Krit. Viert. 60, 332 m. E. nicht erwiesen. Doch kann das hier nicht verfolgt werden.

[2]) Schulz 253 N. 4: „Maxime ist unecht [ebenso v. Lübtow 204]; die Kompp. wollen darauf hinweisen, daß wie der Käufer auch andere Singularsukzessoren zu behandeln sind". Das wäre mehr als dunkel (maxime müßte zum mindesten vor vendidit stehen) und inhaltlich schief: nicht vor allem, sondern sogar der entgeltliche Erwerber haftet. — Vielmehr ist etiamsi

zweifelhaft aber ist, ob überhaupt von der actio quod metus causa die Rede ist. Man denkt vielmehr heute ganz überwiegend an die i. i. r. oder die durch sie restaurierte Vindikation [1]). Für uns ist diese Unklarheit an sich kein Unglück, da nach dem bisher Gesagten die Metusklage ebenso wie die i. i. r. (und selbstverständlich die Vindikation) auch gegen den Dritten ging. Es handelt sich also für uns allenfalls darum, zu den genannten einen weiteren Beleg hinzuzugewinnen, aber nicht, eine Gegeninstanz auszuräumen — auch dann nicht, wenn die Kompilatoren wirklich, wie Schulz [2]) annimmt, actionem für restitutionem gesetzt haben sollten. Denn diese Änderung würde zwar erweisen, daß Tribonian die i. i. r. durch die actio zu ersetzen suchte [3]), aber nicht auch, daß die actio von ihm einen Inhalt erhalten hat, den sie nach klassischem Recht nicht hatte.

Übrigens ist die von Schulz angenommene Interpolation wenig wahrscheinlich: Hätte der Kaiser von der i. i. r. gesprochen, so hätte er nicht postulare ut fundus restituatur, sondern ut restituaris oder ut vindicatio tibi restituatur gesagt [4]). In rem dare restitutionem wäre zudem einmalig [5]). Eher wäre also an die reszissorische Klage zu denken. Aber auch für diese mußte die Wirkung gegen Dritte seit Jahrhunderten feststehen [6]), so daß das postquam placuit nicht recht zu verstehen wäre — während bei der actio noch sehr späte Zweifel berichtet werden. — Auch die am Schluß erwähnte longae possessionis praescriptio zwingt uns, wie mir scheint, nicht dazu, den Gedanken an die actio aufzugeben [7]). Allerdings wird sie

maxime nichts als ein verstärktes etiamsi („wenn auch noch so sehr") und gut klassisch; vgl. die Stellen VIR. s. v. etiamsi VI, darunter Gaius 2, 45 und ein Reskript von Severus (D. 17, 2, 52, 5). Es steht auch bei Gordian, dem Urheber unserer c. 3, in C. 11, 34, 1. Vgl. ferner Theod. 16, 5, 41. — Auch si tamen ist trotz genereller (so Haymann Freilass. 32) und sicher übertriebener (vgl. Lotmar SZ. 33, 376 N. 5) Verdächtigung den Klassikern überhaupt und namentlich auch dann geläufig, wenn es wie hier statt eines logisch angebrachten tamen, si steht. Vgl. D. 43, 20, 1, 10; 47, 2, 21, 8 und andere Stellen in VIR. 5, 952, 26.

[1]) Vgl. Partsch l. t. praescr. 159.

[2]) S. 254; Itp. in etwas anderem Sinne nimmt v. Lübtow 204 an.

[3]) S. oben S. 110.

[4]) Dazu oben S. 131 f.

[5]) Vgl. aber Paul Sent. 1, 7, 4.

[6]) Anders Schulz, der D. 4, 2, 14, 5 auf das 1. Edikt bezieht. S. im übrigen unten S. 153 f.

[7]) Ebensowenig die Subsidiarität der postannalen Metusklage; denn diese könnte doch kaum dazu führen, daß der Prätor post annum in der Regel die i. i. r. gab (vgl. aber u. S. 147 zu N. 4), also selbst auch über das

sonst für persönliche Klagen immer abgelehnt [1]). Aber die Metusklage gegen den Dritten konnte hier leicht eine Ausnahme machen, da sie doch mit den dinglichen Klagen die Eigenschaft teilte, daß sie keine direkte Beziehung zwischen den Parteien voraussetzte. Andererseits ist die praescriptio auch gegenüber einer i. i. r. und selbst für eine reszissorische Vindikation [2]) beispiellos. Bei dieser besteht auch ein anderes Bedenken: die auf Grund des Edikts de restitutione maiorum (D. 4, 6, 1, 1) u. a. auch wegen metus gewährte vindicatio rescissa usucapione verjährte in einem Jahre (D. 44, 7, 35 pr.), und es ist mindestens wahrscheinlich, daß die aus dem ersten Metusedikt folgende Klage rescissa mancipatione aus denselben Gründen derselben Befristung unterlag [3]). Ja, sogar für die i. i. r. selbst ist es trotz D. 4, 2, 21, 1 keineswegs sicher, daß sie, anders als die meisten Restitutionen und namentlich als die in D. 4, 6, 1, 1 verheißene, ohne Befristung stattfand [4]).

Die Entscheidung bleibt danach ungewiß. Denn in der überlieferten Gestalt [5]) paßt das Reskript einwandfrei weder zur actio noch zur i. i. r., noch zum iudicium rescissorium. Wie dem aber sei, von sachlichem Interesse sind vor allem die Worte reddito a te pretio, durch die die Restitution des Grundstücks davon abhängig gemacht wird, daß auch der Beklagte den Kaufpreis — und zwar doch wohl den Kaufpreis, den er selbst dem Erpresser gezahlt hat [6]) — zurückerhält. Manche sehen in diesem Lösungsrecht, hier und auf anderen Gebieten, ein Charakteristikum der i. i. r., das sich aus dem Grundgedanken dieses Instituts, einen früheren Zustand wiederherzustellen, ergeben soll [7]). Dabei scheint die Meinung zu sein, daß ein solcher Rück-

---

metus causa factum kognoszierte, und nur ausnahmsweise die actio gewährte; D. 4, 3, 1, 6 stünde schwerlich entgegen.

[1]) Vgl. Partsch l. t. praescr. 137.

[2]) Partsch a. a. O. 159.

[3]) So Schulin Anwendungsfälle der Public. 44 N. 46, grundsätzlich auch Karlowa RG. 2, 1066 N. 4. — S. auch Lenel EP.[3] 123.

[4]) Befristung nimmt (zweifelnd) an Bekker Akt. 2, 83; vgl. auch Burchardi Wiedereins 509 ff. — Nicht entscheiden kann es, daß in unseren justinianischen Quellen eine Befristung nicht überliefert ist.

[5]) Eine einfache Emendation (... in ‹e m p t o› rem quoque dari actionem) würde die Beziehung auf die actio eindeutig machen und zugleich einen vortrefflichen Inhalt ergeben; vgl. oben S. 133, unten S. 150. Paläographisch wird eine solche Korrektur jedoch, soviel ich sehe, durch nichts empfohlen.

[6]) Anders Schliemann Zwang 51 f.; den Kaufpreis, den der Erpresser gezahlt hat. Dieser wird meist imaginär sein.

[7]) So Solazzi Bull. 15, 144, unter Berufung auf C. 2, 47, 1.

austausch von Leistungen stets [1]) und nur [2]) bei der i. i. r. stattfinde. Ein Grund dafür ist nicht ersichtlich und das Gegenteil gewiß.

Zunächst war die i. i. r. in aller Regel technisch nicht geeigneter als die ordentliche actio, um einen solchen Austausch zu bewirken. Nur wo der Imperienträger alles selbst erledigte, wie es bei der restitutio minorum u. U. (vgl. z. B. D. 4, 4, 24, 4) der Fall gewesen sein mag, mochte die größere Freiheit des Verfahrens ins Gewicht fallen. Ein iudex aber stand etwa bei einer reszissorischen nicht freier als bei einer gewöhnlichen Vindikation. Und er hatte auch bei der letzteren genügend Spielraum, um beiden Parteien eine Leistung, dem Kläger z. B. wie in D. 6, 1, 19 eine Kaution, oder Verwendungsersatz [3]) zumuten zu können — ganz abgesehen von der Fülle wechselseitiger Kautionen, die wir bei der actio redhibitoria oder auch bei der hereditatis petitio beobachten [4]). Auch ist der Gedanke der Wiederherstellung in den seltensten Fällen rein durchzuführen, und wo er es nicht ist, muß man fragen, wem die aus dieser Unmöglichkeit entstehenden Schäden aufzubürden sind. Daß dies Problem nicht bei allen prätorischen Restitutionen gleich und ohne Rücksicht auf die Art der Restitutionsgründe zu lösen ist, leuchtet ein [5]). Andererseits ist die Wiederherstellung eines früheren Zustands nichts der i. i. r. Eigentümliches, sondern das Ziel aller auf ein restituere gerichteten [6]), insbesondere der mit einer Arbiträrklausel ausgestatteten Klagen. Überall mußte hier die gleiche Frage auftauchen, ob die Restitution durch Gegenansprüche des Beklagten — falls er solche überhaupt hat [7]) — gehemmt werden darf. Sie wurde bei reinen dinglichen Klagen, wo dem Recht des Klägers einfach ein Nichtrecht des Beklagten gegenüberstand, selbstverständlich verneint, bei der actio redhibitoria z. B. schon nach dem Wortlaut der Formel bejaht. Die actio

---

[1]) So hat Solazzi a. a. O. Lenels bekannte Annahme einer i. i. r. wegen Gläubigerbenachteiligung u. a. damit widerlegen wollen, daß in D. 42, 8, 7 die Erstattung der Gegenleistung abgelehnt wird.

[2]) Schulz 254 N. 3 zu C. 2, 19, 5: „(handelt anscheinend von der i. i. r. . . .) das wäre ganz unzweifelhaft, wenn die Worte oblato pretio echt sind".

[3]) Für die Verwendungen ist es freilich streitig, ob ihre Berücksichtigung auch ohne exceptio doli aus dem officium iudicis folgt; vgl. die SZ. 50, 497 N. 3 Zitierten; Kaser 99 ff.

[4]) Vgl. D. 21, 1, 21. 26. 30, Monier garantie 71 ff.; D. 5, 3, 31. C. 3, 31, 5, dazu SZ. 50 a. a. O. und allgemein Levy SZ. 36, 58 ff. — Dabei wird der iudex „auf Restitution Zug um Zug arbitriert" haben (Beseler 1, 74 und vor allem D. 21, 1, 26); etwas anders Levy a. a. O. 58.

[5]) a. M. anscheinend Solazzi Bull. 15, 145.

[6]) Dazu Levy SZ. 36, 31 ff., auch unten S. 160 ff.

[7]) Der Erpresser z. B. hatte schwerlich eine condictio auf seine Leistung.

Fabiana verpflichtete den Käufer nur zu einem Rückaustausch der Leistung (oder, nach seiner Wahl, zur Zahlung der Differenz; D. 38, 5, 1, 12) — die formula arbitraria aus dem fraudatorischen Interdikt gibt wenigstens grundsätzlich dem Beklagten kein Lösungsrecht. Wo der Minderjährige rescissa alienatione klagte, hatte er den Preis zu erstatten (D. 4, 4, 41) — wo der curator bonorum mit einer gleichen Formel auf Grund des Fraudationsedikts vorging, wurde seit Proculus das Lösungsrecht ständig verneint (D. 42, 8, 7) [1].

An der Formel kann es also ebensowenig liegen wie an ihrem Ursprung aus einer i. i. r. Aber ein anderes Prinzip [2]) wird sichtbar: wo das Lösungsrecht bejaht wird — bei der actio Fabiana und bei der i. i. r. wegen Minderjährigkeit — handelt es sich um Beklagte, die gutgläubig sind oder sein können. Wo die Gegenansprüche nicht officio iudicis Berücksichtigung finden — beim Interdikt und der i. i. r. wegen Gläubigerbenachteiligung — ist scientia des Beklagten Voraussetzung. Nicht, ob es sich um eine i. i. r. handelt, sondern ob dem Beklagten ein deliktisches Verhalten vorgeworfen wird, ist also entscheidend. Suchen wir das auf den metus anzuwenden, so müssen wir erwarten, daß der Erpresser — gleichviel ob mit der Metusklage oder einer reszissorischen Vindikation belangt — auch ohne, der gutgläubige Dritterwerber auf beide Klagen nur gegen Preiserstattung zu restituieren hat. Daß dies tatsächlich so war, läßt sich nur wahrscheinlich machen.

Bei der Metusklage gegen den Erpresser ist von Preiserstattung durch den Kläger in den Digesten nirgends die Rede — im Codex nur einmal in 2, 19, 4 [3]) und dort sicher (unter dem Einfluß unserer c. 3?) interpoliert [4]) — sicher schon deshalb, weil die Rückzahlung des Preises im klassischen Recht nur als eine Voraussetzung oder Modalität der vom Beklagten zu bewirkenden Restitution, nicht aber, wie hier, nach Ausbleiben der Restitution als Voraussetzung der condemnatio erscheinen konnte. Aber auch bei der reszissorischen Vindikation gegen den Erpresser ist von einem Lösungsrecht nicht die Rede. Dies klingt bei einem Reskript Alexanders (C. 4, 44, 1) deutlich durch:

---

[1]) Eine andere Frage ist es, ob der Beklagte später den Kaufpreis von dem Gemeinschuldner wiederholen kann. Vgl. Kipp Revista de derecho privado 11 (1924) 3 N. 2.

[2]) Nach Lenel EP.[3] 437 handelt es sich um eine reine Billigkeitsfrage, die bald so, bald anders entschieden werden konnte.

[3]) Daß c. 4. von der Klage gegen den Erpresser spricht, ist, da eine Weiterveräußerung nicht wie in c. 3 und 5 erwähnt wird, ohne weiteres anzunehmen.

[4]) Vgl. Biondi act. arbb. 70; Levy Konk. 2, 1, 165 N. 10.

> Si pater tuus per vim coactus domum vendidit, ratum non habebitur... itaque... praeses... auctoritatem suam interponet, maxime cum paratum te proponas id quod pretii nomine illatum est emptori refundere [1]).

Hier hatte der Reskriptswerber schon in seinem Gesuch seine Bereitwilligkeit erklärt, den erhaltenen Preis zurückzuzahlen. Der Kaiser verspricht aber das Einschreiten des praeses ohne Rücksicht darauf, und nennt die angebotene Erstattung nicht als Voraussetzung, sondern als Erleichterung seiner Entscheidung. Es wäre ja auch sonderbar genug, wenn der Erpresser die Restitution mit unklagbaren [2]) Gegenansprüchen verschleppen und in Frage stellen könnte — noch sonderbarer aber [3]), wenn er es bei der i. i. r. könnte, bei der actio nicht, wenn also die i. i. r. in diesem wesentlichen Punkt den Verletzten wesentlich schlechter stellen würde. Ebenso unwahrscheinlich ist es aber, daß der (gutgläubige) Dritterwerber zwar bei der reszissorischen Vindikation, aber nicht auch bei der actio quod metus causa Erstattung der eigenen Leistung verlangen konnte. Ein Lösungsrecht des Dritten wäre vielmehr nur ein weiterer Ausdruck des uns bekannten [4]), allgemeinen Gedankens, aus dem heraus das officium iudicis die Haftung bei der Metusklage nach dem Beklagten differenziert. Erinnern wir uns nun, daß nach D. 4, 2, 14, 5 die Haftung des gutgläubigen Käufers anscheinend besonders lange umstritten war [5]); daß die actio Fabiana, deren nahe Verwandtschaft mit der Metusklage gegen den Dritten Levy [6]) mit Recht betont hat, die Idee der Bereicherungshaftung gerade auch in der Gewährung des Lösungsrechts durchführt [7]) — so wird es doch wahrscheinlich, daß dasselbe auch bei der Metusklage gegen den Dritten der Fall war.

---

[1]) Auch hier ist (vgl. oben S. 243 N. 2 zu C. 2, 19, 4) eine Weiterveräußerung nicht erwähnt und deshalb auch kaum erfolgt.

[2]) Oben S. 242 N. 2.

[3]) Mit derselben Erwägung begründet Levy Konk. 2, 1, 169 N. 5 seine gewiß zutreffende Annahme, daß der Erpresser auch bei der reszissorischen Vindikation wie bei der Metusklage zu manzipieren hatte (a. M. Beseler 1, 74). Eine künstliche Verlagerung des Zeitpunkts scheint mir aber nicht erforderlich und nicht einmal möglich; s. unten S. 163. In anderen Fällen, z. B. bei Untergang der erpreßten Sache (oben S. 113), hätte auch sie nichts geholfen.

[4]) Oben S. 135 ff.

[5]) Oben S. 133.

[6]) S. 73 ff.

[7]) Vgl. D. 38, 5, 1, 12 und unten S. 161 f.

5. Kapitel.

§ 32.

Datierung und systematische Stellung der Klage gegen den Dritten.

1. Um die Delikts- und Strafklage gegen einen Unschuldigen systematisch einzuordnen, hat Gradenwitz [1]) den Satz aufgestellt, daß die Metusklage nicht sowohl die Erpressung als den Ungehorsam gegen den „Restitutionsbefehl", die sog. Kontumaz, ahnde, und daß diese Voraussetzung in der Person des beklagten Unschuldigen genau so vorliegen könne wie beim Täter. Schulz [2]) hat sich gegen diese Vorstellung gewandt — wie mir scheint, mit Recht. Es ist nicht denkbar, daß zu irgendeiner Zeit ein römischer Jurist über den eigentlichen Deliktstatbestand hinweggesehen und den Ungehorsam allein in Betracht gezogen haben sollte. Die Kontumaz gegenüber dem Restitutionsbefehl oder vielmehr die Tatsache, daß der Beklagte die Bedingungen, von denen der Richter seinen Freispruch abhängig macht, nicht erfüllt, ist bei allen Klagen mit Restitutionsklausel dieselbe [3]). Sie ist kein Delikt und kann nicht mit krimineller Strafe geschweige denn mit dem Höchstsatz des Vierfachen, und sie könnte nicht bald mit diesem, bald mit dem simplum und Infamie (wie bei dolus), bald nur mit dem simplum (bei dinglichen Klagen) gebüßt werden. Gerade das Strafmaß der Metusklage steht in deutlichem Zusammenhang mit dem quadruplum bei Raub und incendium und erklärt sich wie bei diesen aus dem Bedürfnis der nachsullanischen Zeit, Gewalttätigkeitsdelikte möglichst scharf zu bekämpfen. Es ist auch nicht wahrscheinlich, daß der Schöpfer der quadruplatorischen Metusklage sie von Anfang an mit der Restitutionsklausel begabt hat; er hätte sonst seine eigene Energie gelähmt. Die Klausel wird vielmehr erst das Produkt einer späteren Zeit sein, die den Erpresser mit einer auffälligen [4]) Milde behandelt.

Der Ungehorsamsgedanke erklärt auch nicht, warum der Dritte

---

[1]) Ungültigkeit 36 ff.; zustimmend Levy 73 ff. und Beseler 4, 259 N. 1. — Der Kontumazgedanke gewinnt nicht durch die Rechenexempel, die Beseler anstellt (vgl. v. Lübtow 187). Er erklärt das quadruplum als ein duplum Delikts- plus ein duplum Kontumazstrafe, das postannale simplum, das eigentlich ein duplum sein müßte (?), als Strafe unverjährter Kontumaz — als ob vor Klagerhebung schon eine Kontumaz vorläge, die verjähren könnte (vgl. v. Lübtow a. a. O. und schon oben S. 33 f.). Zweifelnd übrigens Beseler selbst am Ende seiner Bemerkung.

[2]) S. 260 N. 4. Vgl. Kaser Restituere 36; v. Lübtow 186.

[3]) Kaser a. a. O.

[4]) Vgl. Siber Röm. PrivR. 234.

überhaupt in die Lage gebracht werden kann, ungehorsam zu sein, warum die Formel überhaupt gegen jedermann gebraucht werden darf. Dogmatisch, aber nicht rechtspolitisch befriedigen würde es, wenn wirklich die Furcht des Opfers schlechthin den Tatbestand der Klage gebildet hätte. Daß dies jedoch nicht der Fall war, ist nie bezweifelt worden [1]) und kann vollends bei richtigem Verständnis von metus causa facere gar nicht mehr bezweifelt werden. Stellt aber das Edikt und (wahrscheinlich) die Formel auf die erpresserische Handlung ab, so bleibt der Tatbestand grundverschieden, je nachdem der Erpresser oder der Dritte verklagt wird.

2. Auf einen beide Fälle umfassenden Begriff ist überhaupt zu verzichten. Das ist unschädlich, da die Klage gegen den Dritten jünger sein muß als die Klage gegen den Erpresser. Wir haben in ihr wahrscheinlich ein verhältnismäßig spätes, aus praktischem Bedürfnis [2]) entsprungenes Juristenprodukt vor uns — wahrscheinlich schon deshalb, weil erst eine entwickelte Epoche jene Elastizität des officium iudicis ausbilden konnte, ohne die eine verschiedene Haftung des Erpressers und des Dritterwerbers nicht möglich und deshalb eine Haftung des Dritten überhaupt nur schwer denkbar ist. Keinesfalls war die Haftung des Dritten mit der unpersönlichen Fassung der Formel ohne weiteres gegeben [3]); vielmehr wird diese älter sein als jene.

Historische Daten — soweit solche aus dem dürftigen Material zu gewinnen sind — bestätigen die Vermutung. Das Metusformular wird aus der Zeit zwischen Cicero und Labeo stammen [4]). Denn jener kennt

---

[1]) S. oben S. 95.

[2]) S. oben S. 112 f.

[3]) Dazu oben S. 120; ganz unwahrscheinlich Betti litis aest. (1915) 2, 13, N, 1, nach dem das zweite Metusedikt lautet: ... in eum ad quem ea res pervenerit iudicium dabo (s. auch oben S. 136 N. 5).

[4]) Ebenso Schulz 220, dessen Gründe aber m. E. nicht zutreffen. Denn daß Raub- und Metusklage ursprünglich e i n e Formel, die Octaviana, gewesen sei, ist sehr zweifelhaft. Schulz 219 meint, daß das lucullische Edikt (damnum datum) d e s h a l b nur die Sachbeschädigung erfassen wollte, weil Raub schon von der Octaviana ergriffen gewesen sei. Lucullus war aber im Jahre 76 v. Chr. Prätor, während die Octaviana erst für 71 (Prätur des Metellus) bezeugt, übrigens wohl gar nicht (Wlassak Prozf. 33 f.) auf einen Prätor zurückzuführen ist. Ihre Priorität vor Lucullus ist daher beweislos. Auch bezieht Cicero Tull. 42 das lucullische Edikt bereits auf Raub, und noch Julian stellt es mit der Raubklage zusammen. All das spricht für die herrschende Meinung (Levy Konk. 1, 429 ff.), daß die Raubklage nicht aus der Octaviana, sondern aus dem lucullischen Edikt stammt. Es kann also auch daraus, daß Labeo D. 47, 8, 2, 20 die Raubklage als selbständige Formel zu kennen scheint, nicht mit Schulz geschlossen werden, daß auch die Metusformel zu seiner Zeit schon ihre endgültige Gestalt hatte. — Wie Schulz v. Lübtow 126 ff.

nur die auf das auferre beschränkte formula Octaviana, dieser eine Formel, die auch auf andere Fälle (erpresserische Stipulation, D. 4, 2, 14, 9) paßt. Die Octaviana war persönlich gefaßt. Ob ihre erweiterte Nachfolgerin zu Labeos Zeit bereits die endgültige, also auch die unpersönliche Fassung hatte, wissen wir natürlich nicht mit Sicherheit. Wahrscheinlich ist es; denn bei allen Schwankungen der vorjulianischen Ediktsredaktionen [1]) haben wir in der Zeit des Pedius und Vivianus, in der zuerst die Klage gegen den Dritten genannt wird, mit Änderungen in der Formel — etwa der Streichung eines Hinweises auf den Täter — kaum noch zu rechnen [2]). Eine solche Streichung hätte man auch bei allen anderen Formeln, z. B. beim Dolus, vornehmen können, und es wäre unerklärlich, wie ein Prätor oder ein Jurist bei einer persönlich gefaßten Deliktsklage auf die Idee hätte kommen sollen, sie gegen einen anderen als den Delinquenten zuzurichten. Die unpersönliche Fassung müßte also früherer Zeit entstammen, die in ihr liegenden Möglichkeiten erst später, um das Ende des ersten nachchristlichen Jahrhunderts entwickelt worden sein — parallel dem Schicksal des Interdikts quod vi. Dort sahen wir [3]) Mucius und Labeo an der Arbeit, die Tragweite des „factum est" vorsichtig zu erweitern, und erst unter dem Namen des Paulus läuft die wirklich allgemeine Formulierung des Prinzips. Um die viel jüngere Metusformel bemüht man sich entsprechend später. Auch hier wird nicht alles an einem Tag getan. Meinungsverschiedenheiten bestehen auch nach Pedius und Vivian. Bei Julian schweben noch Zweifel, die wir nicht klar erkennen. Erst Marcellus und Paulus handhaben die Klage gegen den Dritten als anerkanntes Recht.

Das alles rundet sich historisch zu keinem schlechten Bild. In dieses fügt sich auch ein, was wir über eine ähnliche Entwicklung der i. i. r. und der exceptio wissen oder ahnen können. Die absolute Wirkung der i. i. r. scheint schon Pomponius (D. 4, 2, 9, 1) als feststehend zu kennen [4]). Für die exceptio aber läßt es der hier nicht weiter zu erörternde Bericht Ulpians in D. 44, 4, 4, 33 zweifelhaft, ob sie zur Zeit des Cassius schon absolut wirkte oder nicht [5]). Ist jenes der Fall,

---

[1]) Darüber Weiss SZ. 50, besonders 262 ff.

[2]) Vgl. auch Sohm-Mitteis Inst.[17] 85 f. und oben S. 87.

[3]) S. oben S. 77. 120.

[4]) Das Edikt war jedenfalls schon zu Beginn des ersten nachchristlichen Jahrhunderts unpersönlich gefaßt; soviel wird man aus Seneca rhet. contr. 9, 3. Exc. 4, 8. 9, 3. entnehmen dürfen.

[5]) Schulz 226 nimmt sogar an, sie sei z. Zt. des Cassius persönlich formuliert gewesen.

so hätte Cassius auf sie verzichtet, weil die seit Labeo [1]) zugleich in praesens gefaßte exceptio doli (generalis, wie sie hier und nur hier genannt wird) auch jeden Dritten zurückschlug, der sich auf ein erpreßtes Geschäft berief. Das dann erheblich höhere Alter der Wirkung gegen Dritte bei der exceptio würde das Gesamtbild nicht stören [2]); denn hier gab es kein quadruplum, das die Verwendung der actio gegen den Dritten zunächst erschweren mochte.

Warum aber war die Metusklage und exceptio anders als die anderen Formeln unpersönlich gefaßt, wenn keine ursprüngliche Absicht dabei war? Das Rätsel löst sich, wenn man bedenkt, daß sie, genau betrachtet, gar nicht unpersönlich gefaßt war. Sie erwähnte den Beklagten (N. N.), nur nicht in seiner Eigenschaft als Erpresser, sondern als Erwerber [3]). Freilich hätte man ihn zweimal nennen können, wie es wohl bei der Dolusklage geschehen ist [4]); aber es war nicht so einfach, wie bei dieser (dolo malo N.i N.i), zumal wenn Lenels Formel richtig ist: s. p. metus causa A°. A°. dedisse.

3. Ist die seit langem unpersönlich gefaßte actio erst im zweiten nachchristlichen Jahrhundert gegen Dritte zur Verwendung gekommen, so löst sich ein anderes Rätsel [5]) von selbst: die Frage nämlich, warum die normale Metusformel nicht auch und vor allem gegen den Erben des Täters verwandt worden ist. Bei dem Interdikt quod vi war seinerzeit für Mucius und Labeo die Haftung der Erben der Ausgangspunkt; bei dem demolitorischen Interdikt finden wir sie wieder (D. 39, 1, 22) — und bei der actio aquae pluviae wird sie einfach als Anwendungsfall der Haftung jedes Dritten behandelt. Bei der Metusklage aber sehen wir für diesen nächstliegenden Fall der Dritthaftung eine besondere Formel in id quod pervenit. Ja, es befremdet [6]) auf den ersten Blick, daß der Dritte und selbst der Erbe des Dritten [7]), wenn auch nur eventuell, auf das Vierfache, also mit der Strafklage, der Erbe des Erpressers aber mit einer besonderen, reinen Berei-

---

[1]) Vgl. Pernice Labeo 2, 213; Sohm-Mitteis Inst.[17] 705 N. 3.

[2]) Auch nicht, wenn die exceptio älter als die actio wäre, wie (m. E. unschlüssig) Gradenwitz Ungültigkeit 17 ff., Girard manuel [8] 446 N. 4 annehmen. Gegen G. auch v. Lübtow 93.

[3]) Vgl. oben S. 124.

[4]) Vgl. Lenels Formel (EP.[3] 115).

[5]) Für Cuq manuel[2] 583 besteht ein solches nicht; er nimmt, gewiß mit Unrecht (oben S. 44 ff.), an, daß die normale Metusklage auch gegen den Erben ging. Ähnlich, für das justinian. Recht, v. Lübtow 202 ff.; s. oben S. 135.

[6]) So v. Lübtow 185. 209, der auch eine private Äußerung Beselers in gleichem Sinne anführt.

[7]) So trotz des Fehlens von Belegen wohl mit Recht Levy 75.

cherungsklage haftet. Die Antwort liegt nun auf der Hand: als man dazu schritt, die Möglichkeiten der unpersönlichen Formulierung auszunützen, war die Erbenformel in id quod pervenit schon längst im Edikt verheißen und der Praxis geläufig. Sie nachträglich zugunsten der Vulgärformel wieder zu beseitigen, hätte der konservativen Methode der Juristen umso weniger entsprochen, als die Änderung nur eine formelle gewesen wäre: sachlich haftete der Erbe mit der besonderen, der Dritte mit der normalen Formel gleichermaßen auf id quod pervenit [1]. —

Manche interessante Frage bleibt nach der praktischen Ausgestaltung der Metusklage gegen den Dritten: wie haftet z. B. der dominus, wenn sein Sklave gutgläubig erpreßtes Gut erwarb, noxal oder de peculio? Die Quellen geben keine Antwort, und es ist nicht leicht, sie zu erraten [2]. Das ganze Institut wegen solcher Verlegenheiten zu leugnen, wird niemand geneigt sein.

Man hat endlich gegen die Haftung des Dritten eingewandt, daß der gutgläubige Erwerber erpreßten Gutes nicht schlechter stehen könne als der einer geraubten Sache; dieser aber hafte nur mit der Vindikation, im Falle der Nichtrestitution also nur auf einfache Litisästimation [3]. Nun ist solche rationalistische Erwägung von beschränktem Wert, wo die Fortbildung des Rechts unter zäher Festhaltung alter Denk- und Prozeßformen betrieben wird. Sie trifft überdies gar nicht den Hauptpunkt, die Restitutionspflicht, die gerade umgekehrt bei der Metusklage für den Dritterwerber günstiger geregelt ist, als bei der Vindikation [4].

---

[1] Darüber unten S. 162 f.

[2] Ansprechende Vermutungen darüber bei Levy 78.

[3] So Schulz 260 N. 4.

[4] Auch wissen wir gar nicht, wie weit dem Erwerber der geraubten Sache eine actio furti non exhibiti oder furti nec manifesti drohte und wie weit in älterer Zeit auf ihn das Regime der quaestio furti einen Druck ausübte.

Dritter Teil.

Quod pervenit und das restituere-System.

Quod pervenit und die Repetundenhaftung desjenigen, quo pervenit.

§ 33.

1. Zwei mannigfach verschiedene Typen der Bereicherungshaftung haben wir untersucht: die größere Gruppe der durch einen Formelzusatz i. i. qu. p. gekennzeichneten Klagen gegen den Erben des Delinquenten oder gegen diesen selbst, und die singuläre Metusklage gegen den Dritten, die in der actio Fabiana innerlich, aber nicht formular ein Gegenstück findet. Ungeachtet ihrer Verschiedenheit, werden beide Typen bald gemeinsam, bald jeder für sich, auf dieselbe historische Wurzel zurückgeführt. Beide kommen, so lehrt man[1], vom öffentlichen Strafrecht der Repetundengesetze her, deren epochemachende Bedeutung auf anderen Gebieten (etwa in der Geschichte des Quästionenprozesses) allbekannt ist, und deren oben erwähnte Klausel über die subsidiäre Haftung desjenigen, quo ea pecunia pervenit, eine nicht minder bedeutungsvolle Geschichte gehabt haben soll. Auf den ersten Blick besticht diese Lehre: quo ea pecunia pervenit scheint sich bei den Klagen gegen den Erben in der uns vertrauten Formelklausel in id quod pervenit zu wiederholen; der Erbe ist zwar in jener Klausel der Repetundengesetze nicht hervorgehoben, aber scheint doch mit erfaßt zu sein[2]; das chronologische Verhältnis scheint zu stimmen, da die prätorische Erbenhaftung erst rund ein Jahrhundert später auftaucht als die lex Servilia, die zum ersten Male jene Klausel enthielt. Andererseits spricht für die Ableitung der Metusklage gegen den Dritten aus dem Repetundenrecht neben einer gewissen Verwandtschaft der Tatbestände (das prätorische Delikt könnte

---

[1]) Zur Metusklage: Rudorff Z. G. RW. 12, 158 und sonst; zu den a^nes i. i. qu. p.: Voigt RG. 1, 698 f.; Mitteis RPR. 109 N. 35; ähnlich Perozzi Ist.² 2, 92 N. 2 („vom Pekulat");. Levy 89 N. 7; zu beiden: Schulz Diss. 1 f.; Cuq manuel² 583; v. Lübtow 127. 204. Dagegen aber Schulz 260 N. 4.

[2]) Dagegen aber schon Zumpt Criminalr. 2, 1, 202 (unten S. 157 N. 6), auf den sich Mitteis (s. N. 1) dennoch beruft.

für die römischen Ritter, etwa die Publikanen, das gewesen sein, was das volksrechtliche Verbrechen für die senatorischen Magistrate war) einfach der Umstand, daß die eigenartige Haftung des gutgläubigen Dritten mit der Strafklage nur hier ein vergleichbares Antecedens zu finden scheint.

Bei näherer Betrachtung zeigt sich doch die Kluft, die zwischen dem Repetundenrecht und den jüngeren prätorischen Gebilden besteht. Wenn es in den Volksgesetzen heißt: quo ... pervenit, so ist das pervenire in anderem Sinne als bei den prätorischen Klagen gebraucht [1]; die quantitative Beschränkung, wie sie dem prätorischen dumtaxat de eo quod pervenit charakteristisch ist, fehlt hier gänzlich [2]. Von einer „ältesten actio in id quod pervenit" [3]) ist also nicht die Rede. Der Anspruch gegen den, quo ea pecunia pervenit, konnte ferner nur nach Aburteilung des Verbrechers und nur in einem eigentümlichen Nachverfahren, einer appendicula causae iudicatae [4]) geltend gemacht werden, während für die Metusklage gegen den Dritten die vorherige Verurteilung des Täters ebenso wie die Litiskontestation mit ihm [5]) ganz unerheblich, für die Erbenklage i. i. qu. p. aber sein Vorversterben ohne Urteil und ohne Prozeß geradezu Voraussetzung ist. Auch von einem unselbständigen Nachverfahren ist bei beiden keine Rede.

Überhaupt haftet der Erbe nach Repetundenrecht gar nicht aus der Klausel quo ea pecunia pervenit [6]), die demnach nur für Dritte galt, sondern ohne Rücksicht auf einen Erwerb, in gleicher Höhe wie der Täter und, wie es scheint, auch in einem gleichartigen Prozeß wie der Täter, in einem Verfahren jedenfalls, das der jüngere Plinius (ep. 3, 9, 6) und Marcian (D. 48, 2, 20) [7]) mit einander ähnlichen Wendungen als accusatio defuncti bezeichnen konnten und das im Vergleich mit den anderen, ganz überwiegend unvererblichen iudicia publica und den ausnahmslos unvererblichen Privatdeliktsklagen von Marcian u. A. [8]) als Singularität hervorgehoben wird. Dem entspricht es, daß diese

---

[1]) S. oben S. 14.

[2]) Und wird auch nicht, wie beim metus, durch ein restituere vermittelt (darüber unten S. 162 f.).

[3]) So Voigt RG. 1, 694; Schulz Diss. 1.

[4]) Cic. Rab. Post. 8.

[5]) Vgl. D. 4, 2, 14, 15; Beseler 3, 155 und oben S. 133 f.

[6]) So anscheinend die oben S. 156 N. 1 Genannten; anders und richtig Zumpt (oben S. 156 N. 2); De Francisci 17 N. 4.

[7]) Mommsen Strafr. 731 N. 4; der für uns wesentliche Teil der Stelle wird durch den Streit zwischen Albertario SZ. 35, 316 f. und Wlassak Anklage 161 ff. nicht berührt.

[8]) Stellen bei Mommsen a. a. O.; vgl. auch Wlassak a. a. O. 163.

Strafverfolgung des Erben zeitlich beschränkt wird [1]), während die sachverfolgende actio i. i. qu. p., wie wir oben [2]) sahen, gerade unbefristet bleibt. Ist es danach schon sehr unwahrscheinlich, daß die prätorische Erbenklage sich an das Repetundenrecht anlehnte, so verdient noch die Nachricht des Plinius an derselben Stelle Beachtung:

> provisum hoc (sc. accusatio defuncti) legibus, intermissum tamen et post longam intercapedinem tunc reductum.

Wie lang diese Unterbrechung war, wann also diese Haftung des Erben in Vergessenheit geraten ist, wissen wir natürlich nicht; es ist aber schwerlich anzunehmen, daß der prätorische Gedanke der Bereicherungshaftung des Erben, der sich nach dem oben (§ 18) Gesagten gegen Ende der Republik oder in der frühesten Kaiserzeit zu entfalten begann und in der folgenden Zeit sich weiter durchsetzte, gerade einem Gesetz entstammt, das der republikanischen Ära angehört und im ersten Jahrhundert der Kaiserzeit schon vergessen war oder im Laufe desselben in Vergessenheit geriet [3]).

Eher als bei der Erbenklage scheint eine Verwandtschaft der Metusklage gegen den gutgläubigen Dritten mit dem Repetundenrecht möglich. Da es wahrscheinlich ist, daß die formula Octaviana analogen Bedürfnissen entsprang, wie die Repetundengesetzgebung, so mögen auch die beiden die gleichen legislativen Erwägungen dazu geführt haben, die pecunia ablata bis in dritte Hand zu verfolgen. Trotzdem ist eine historische Linie, die von den Volksgesetzen zu der „actio in rem scripta" verlaufen würde, durchaus unwahrscheinlich. Denn von allem anderen abgesehen: die formula Octaviana war ursprünglich persönlich gefaßt, und die Haftung des Dritterwerbers wurde wahrscheinlich erst viel später — nicht auf einmal und nicht durch einen Akt des Prätors, sondern allmählich und durch die Praxis anerkannt [4]).

§ 34.

Actio i. i. qu. p. und condictio.

Der im Repetundenprozeß verfolgte Anspruch ist, materiell- und privatrechtlich gedacht, eine condictio. Und so ist mit der Ableitung der pervenit-Haftung aus dem öffentlichen Strafrecht eine andere Lehre nahe verwandt, die von Pernice und — gleichzeitig mit jener

---

[1]) Auf ein Jahr, vgl. D. 48, 11, 2.

[2]) S. 39 ff.

[3]) De Francisci 17 N. 4 weist auch darauf hin, daß die Repetundengesetze leges speciales waren.

[4]) Dazu eingehend oben S. 152 ff.

bereits abgelehnten — besonders von Levy vertreten wird [1]): die actio i. i. qu. p. sei „eine wahrhafte condictio ex iniusta causa" — so sehr, daß ein Klassiker von dieser Klage hätte sagen können, was Gaius in D. 25, 2, 26 von der actio rerum amotarum sagt: haec actio condictio est. „Mit dem Moment des Todes des Delinquenten setzte die Bereicherungshaftung seines Erben auf das damals Vorhandene ein; von da an spielte sich alles nach reinen Kondiktionsgrundsätzen ab": Erlöschen der Forderung durch Untergang, Fortdauer bei Verbrauch oder Verarbeitung der Sache, passive Vererbung ohne Rücksicht auf die Bereicherung des Erbeserben — und es ist nach Levy kaum zu bezweifeln, daß die Lücken der Überlieferung aus der Lehre der condictio ex iniusta causa ohne weiteres ergänzt werden können. — Der Unterschied zwischen actio i. i. qu. p. und condictio und der Grund, aus dem der Prätor sich ein eigenes System von Bereicherungsklagen schuf, ist nach Levy lediglich ein historisch-zufälliger: angesichts des eingewurzelten Dogmas von der Unvererblichkeit der Strafklagen habe man vom iudex die Bejahung einer intentio s. p. dare oportere gegen den Erben nicht erwarten können.

Eine volksrechtliche condictio gegen den Erben aus dem prätorischen Deliktstatbestand kam allerdings nicht in Betracht. Aber wäre sie denn gegen den Täter selbst möglich gewesen? Bei gewaltsamer Vertreibung von einem Grundstück hätte der Verletzte mit der condictio das dare eigener Sachen begehrt, wie es sonst nur bei der condictio furtiva möglich ist; bei dolus und metus aber wäre die causa seiner Leistung volksrechtlich in Ordnung und deshalb in der Regel für ein dare oportere kein Raum gewesen. Ja, es erscheint mir recht zweifelhaft, ob die condictio überhaupt die zivilrechtliche Figur war, die bei der Schöpfung der actio i. i. qu. p. das Vorbild abgegeben hat.

Levy stellt zutreffend allen Ansprüchen, die ein restitutorisches Element, vor allem vermöge einer „Arbiträrklausel" [2]), enthalten oder, wie die bonae fidei iudicia, enthalten können, alle anderen, strengrechtlichen dare-Ansprüche, und dem restituere- ein condicere-System gegenüber [3]). Mit Recht betont er auch die Gemeinsamkeit des Zwecks, die zwischen der actio i. i. qu. p. und etwa der condictio ob iniustam

---

[1]) Pernice Labeo 3, 236; Levy 97; Konk. 2, 1, 161 N. 1, dem v. Lübtow 304 f. offenbar zustimmt.

[2]) Ob diese Bezeichnung berechtigt ist, ob die Klausel kraft eines arbitrio iudicis oder einfach kraft des restituere ihre elastische Wirkung entfalten konnte, das darf hier auf sich beruhen; vgl. Levy SZ. 36, 14 ff. und gegen ihn Lenel EP.[3] 113; dazu neuestens Schönbauer SZ. 52, 271.

[3]) Vgl. besonders auch Konk. 2, 1, 161 N. 1.

causam besteht; beide verfolgen das Ziel, das durch die nachklassische parömieartige Formulierung am besten gekennzeichnet wird: turpia lucra (heredibus quoque) extorqueri (D. 3, 6, 5 pr.). Dieses Ziel konnte aber mit restitutorischen Ansprüchen ebensogut wie mit einer condictio, ja sogar vermöge der Restitutionsklausel u. U. in vollkommenerem Sinne erreicht werden. Es war eine rechtstechnische Frage, zu welchem Mittel der Prätor greifen wollte. Und mindestens der äußere Anschein ist Levys Auffassung von der nichtrestitutorischen (Kondiktionen-)Natur der actio i. i. qu. p. ungünstig. Nicht nur, daß gewichtige Quellenbelege wie D. 4, 2, 19; 42, 8, 10, 25 geradezu das Fortbestehen der Restitutionsklausel in der pervenit-Formel verlangen [1]) — ganz allgemein wird die eigentliche Domäne dieser angeblichen prätorischen condictio gerade von den restitutorischen Deliktsklagen (und Interdikten) gebildet. Diese Klagen müßten also durch die Einfügung der pervenit-Klausel nicht nur von Straf- in sachverfolgende Klagen verwandelt, sondern auch aus dem Restitutions- in das Kondiktionssystem versetzt worden sein. Ein solcher „Systemwechsel" ist aber umso unwahrscheinlicher, als der Formelzusatz, der die Wandlung bewirken müßte, durch den Begriff pervenire beherrscht wird. Denn pervenire steht auf anderen wichtigen Gebieten in fester, formularer Verknüpfung mit restituere und gehört ganz dem Bereich der restitutorischen Ansprüche an. Ja, die formulare Verbindung und die Tatsache des Vorkommens gerade bei restitutorischen Ansprüchen ist nicht das Einzige, was den Begriff quod pervenit mit dem des restituere zusammenhält. Beide stehen vielmehr in vollster inhaltlicher Kongruenz. Wie innig ihr Verhältnis ist, wird sich zeigen, sobald wir die

§ 35.

Haftung auf restituere

etwas näher betrachten.

1. Levy [2]), der das Wesen und die zentrale Bedeutung dieses Begriffs geschildert hat, findet sein charakteristisches Element in der Richtung auf einen bestimmten „Normalzeitpunkt", der den wiederherzustellenden Zustand bezeichnet. Dieser Normalzeitpunkt kann bei den einzelnen Klagen früher oder später liegen; er liegt z. B. bei dinglichen Klagen, wo vor der L. C. überhaupt keine Pflicht des beklagten Besitzers besteht, notwendig im Augenblick der L. C., und er fällt bei

---

[1]) S. oben S. 89 und unten S. 166.

[2]) SZ. 36, 31 ff. 51 ff.

den restitutorischen Deliktsklagen wie der actio de dolo oder der Klage gegen den Erpresser ebenso natürlich mit dem Moment des Delikts zusammen [1]). Es leuchtet ein, daß dieser Unterschied von fundamentaler Bedeutung für den Umfang der Restitutionsverpflichtung ist. Zahlreiche wichtige Unterschiede der Haftung zwischen den einzelnen Arbiträrklagen sind so treffend erklärt; aber auch innerhalb einer und derselben Klage ergibt sich die Verschiedenheit der Haftung in verschiedenen Stadien von selbst: so bei der redhibitoria, wo die Aedilen die einzelnen Leistungen des Käufers genau normieren und Ulpian (D. 21, 1, 25, 8) in wörtlicher Bestätigung der Levyschen Lehre die Bedeutung dieser Aufzählung auf die Zeit vor der L. C. beschränkt: ceterum post iudicium acceptum tota causa ad hominem restituendum in iudicio versatur...

Unrichtig aber erscheint es mir, wenn Levy in dem verschiebbaren Normalzeitpunkt den einzigen beweglichen Faktor innerhalb eines einheitlichen Haftungsmaßstabs erblicken will [2]). Es gibt vielmehr wichtige Unterschiede — wir haben sie zum Teil bei dem Studium der Metusklage [3]) kennen gelernt — die nicht durch eine Verschiedenheit des maßgebenden Normalzeitpunkts erklärt werden können: der seine Befreiung erpressende Bürge muß auch die Hauptschuld, der durch fremden Zwang Befreite nur die eigene Schuld restaurieren; und doch folgt in beiden Fällen die Haftung nicht nur aus demselben neque restituetur, sondern sogar aus derselben Formel und beginnt im selben Zeitpunkt der Liberation. Der wandelnde Käufer muß Verfolgung des flüchtigen Sklaven versprechen, der Vindikationsbeklagte nicht — und doch ist der „Normalzeitpunkt" für beide die Litiskontestation, wie gerade auch bei der Wandlungsklage durch die zit. l. 25, 8 feststeht. Die Haftung des durch fraudulose Verfügung Erwerbenden beginnt mit dem Erwerb, ob er nun gutgläubig war und Preiserstattung begehren kann (actio Fabiana) oder nicht (interdictum fraudatorium). — Die Beispiele ließen sich vermehren. Der Obersatz

---

[1]) Dazu Levy a. a. O. 52 N. 1; Kaser Restituere 20 ff. Der Unterschied läßt sich meist aus der Formel ablesen (vgl. Kaser a. a. O. 30. 32. 34 zu einzelnen Interdikten): s. p. (dolo, metus causa) factum esse neque... restituetur ergibt einen vor der L. C. liegenden Zeitpunkt, s. p. Ai. Ai. esse einen mit ihr zusammenfallenden. Anders nach Lenel EP.³ 560 bei der redhibitoria und — vielleicht nur scheinbar — bei der quasi Serviana, wo trotz perfektischer Fassung keine Rückbeziehung stattfand. Rückbeziehung ohne perfektische Fassung scheint dagegen unmöglich zu sein.

[2]) Besonders deutlich Konk. 2, 1, 169 N. 5; s. auch oben S. 150 N. 3. Vgl. jetzt vor allem Kaser Restituere 82 ff.

[3]) S. oben S. 135 ff.

aber, der aus ihnen zu gewinnen ist, kann nur lauten: Es gibt nicht einen Maßstab mit variablem Stichtag, sondern mehrere verschiedene Haftungssysteme; nach dem einen hat der Beklagte alle dem Kläger ungünstigen, nach dem anderen lediglich die ihm selbst günstigen Folgen des zur Restitution verpflichtenden Ereignisses zu beseitigen; dort hat der Beklagte Schadensersatz (Naturalherstellung) zu leisten, hier nur seine Bereicherung herauszugeben.

Wann das eine — wann das andere der Fall ist, haben wir nicht zu verfolgen [1]). Die Antwort ergibt sich für die wichtigsten Fälle nach dem soeben und dem oben [2]) über die Metusklage Gesagten von selbst: der Delinquent haftet immer nach dem strengen, der dinglich Beklagte [3]) nach dem milden Maßstab. Wo eine vertragliche Bindung vorhergeht, wie bei der Redhibitoria, scheint der strenge Maßstab zur Anwendung zu kommen [4]). Innerhalb des letzteren sind wiederum verschiedene Stufen denkbar und vielleicht anzunehmen — etwa in der Richtung, daß der Käufer immer noch milder haftet als der Delinquent [5]).

Früher oder später Normalzeitpunkt, strenger oder milder Haftungsmaßstab vereinigen sich zu den mannigfaltigsten Kombinationen und geben der einzelnen Klage das Gepräge: früher Zeitpunkt und strenger Maßstab den Delikts-, später Zeitpunkt und milder Maßstab den dinglichen Klagen als den beiden Extremen; früher Zeitpunkt und milder Maßstab der Restitutionspflicht des Einkaufsmandatars, später Zeitpunkt und strenger Maßstab der Haftung des wandelnden Käufers, als zwei Beispielen der zwischen jenen Extremen liegenden Kombinationsmöglichkeiten.

Die Frage liegt nahe: Wurde die Haftung mit dem milderen Maßstab, die doch im Ergebnis eine Bereicherungshaftung war, als Haftung auf id quod pervenit bezeichnet? Eine bejahende Antwort ergeben unsere Quellen, soviel ich sehe, nicht. In dem Satz des Pedius, der allein in Betracht kommt (D. 4, 2, 14, 5) [6]) ist pervenire wohl in ande-

---

[1]) Vgl. auch Kaser a. a. O., der einen strengeren Maßstab nur für Delikte anerkennt.

[2]) S. 135 ff.

[3]) Ebenso natürlich der Schuldner aus der Prozeßkaution pro praede litis et vindiciarum.

[4]) Nach D. 21, 1, 21, 3 (oben S. 143 N. 1) wohl schon vor der Litiskontestation, aber deshalb erst recht (vgl. Kaser Restituere 97 f.) danach.

[5]) Dazu oben S. 144.

[6]) S. oben S. 131. — Ob § 5 des fragm. de form. Fab. eine solche Formulierung enthält, ist mindestens zweifelhaft; vgl. Beseler SZ. 45, 546 (oben S. 34 N. 2), der jedoch ungenau von einer auf das „Noch-haben" gegründeten Fabiana spricht.

rem Sinne gebraucht, und zwar ähnlich wie in den Repetundengesetzen, zur Bezeichnung der Passivlegitimation, nicht der Höhe der Haftung [1]). Aber die inhaltliche Übereinstimmung zwischen dieser Haftung auf restituere und der pervenit-Haftung ergibt sich aus anderem.

2. Bei der actio redhibitoria tritt die umfassende Kraft des restituere erst für die Zeit von der Litiskontestation an in Wirkung. Und doch ist der Zweck der Klage, eine restitutio des Zustands herbeizuführen, der bestünde, wenn überhaupt kein Kauf geschlossen wäre: die Summe der beiderseitigen Einzelleistungen, die die Ädilen aufzählen, kommt einem restituere gleich — so sehr, daß Julian (D. 21, 1, 23, 7) [2]) sie als quodammodo i. i. r. bezeichnen konnte. Ähnliches beobachten wir anderwärts. Die Stipulation des Erbschaftskäufers enthält ein restituere; der Grundgedanke des Erbschaftskaufes geht auch dahin, den Käufer so zu stellen, als wäre er von Anfang an Erbe gewesen, im Ergebnis also auf Herstellung eines in der Vergangenheit liegenden Zustandes. Eine Stipulation hereditatem restitui hätte aber das restitutorisch-elastische Element nur für die Zukunft wirken lassen, nur die Gegenstände erfassen können, die zur Zeit der Stipulation noch zur Erbschaft gehörten. Daher mußte man auch hier zu einer komplizierteren Formel greifen; wir haben sie bereits [3]) kennen gelernt: quanta pecunia ex hereditate ad te pervenerit dolove malo tuo factum est quominus perveniret... restitui). Aus diesem Formular kann dann Ulpian jenen Grundgedanken herausarbeiten, ja, er führt ihn so vollständig durch, daß das restitutorische Element, wie in der formula redhibitoria, auch für die Vergangenheit wirksam wird.

Aus all dem lernen wir: der „Normalzeitpunkt" kann nicht willkürlich in die Vergangenheit verlegt werden [4]), er ergibt sich aus dem einzelnen Prozeß- oder Geschäftsformular von selbst. Wo ein anderes Ziel erstrebt wird, wo die vorteilhaften Folgen eines früheren, vor dem Normalzeitpunkt liegenden Ereignisses auch für die Vergangenheit erfaßt werden sollen, wo (mit anderen Worten) die Wirkungen des restituere zurückdatiert werden sollen, da genügt das einfache restituere nicht mehr. Es bedarf besonderer Hebel, die die restitutorische Kraft auf die Vergangenheit, bis zu jenem früheren Zeitpunkt zurück, übertragen. Solche Klauseln beobachten wir bei dem Erb-

---

[1]) Vgl. oben S. 14 und Levy 91 N. 1; wegen § 5 form. Fab. s. oben S. 162 N. 6.

[2]) Vgl. oben S. 126.

[3]) Oben S. 13.

[4]) A. M. anscheinend Levy Konk. 2, 1, 169 N. 5; vgl. oben S. 150 N. 3.

schaftskauf und der Wandlungsformel, bei dem Fideikommiß und in der lex Iulia. Sie lauten bald: si quid ex eo post venditionem natum adquisitum fuerit... (im ädilizischen), bald: si quid fructus nomine ceperit (im Edikt über die administratio creditorum), usw. Keine aber war so elastisch und keine erlangte so große Bedeutung wie eben die uns am Herzen liegende: quod oder quantum pervenit.

§ 36.

Quod pervenit und seine Kongruenz mit restituere.

1. Auf die häufige technische Verwendung von pervenire wurde schon in anderem Zusammenhang [1]) hingewiesen. Hier ist zu betonen, wie sie durch die Juristen gefördert ward: das Edikt de administratione creditorum (D. 42, 5, 9 pr.) sprach nur von quod eo nomine fructus ceperit, Ulpian (9, 1) und Paulus (14, 1 eod.) erweitern es [2]) auf quaecumque ex re debitoris pervenerunt. Ähnlich wird es mit der redhibitorischen Formel gewesen sein: das Edikt sprach nur von Früchten, und die proponierte Formel wiederholte — wenigstens nach Lenel [3]) — die betreffende Klausel wörtlich; Ulpian aber sagt (D. 21, 1, 23, 9) ganz allgemein: si quid ad emptorem pervenit... restitui oportet, und gibt eine Reihe von Beispielen, die nichts mit Fruchterwerb zu tun haben. Ebenso verpflichten die Kautionen, die der redhibierende Käufer officio iudicis leistet und die doch nicht eine inhaltliche Erweiterung seiner Restitutionspflicht bewirken dürfen [4]), zu einem restituere, si quid ex eo quod egerit, pervenerit...

Diese Erweiterung des Anwendungskreises von pervenire ist innerlich wohl begründet. Denn, sagt Bechmann [5]), „in diesem Begriff des pervenire liegt vor allem die Möglichkeit von Veränderungen, insbesondere auch Verminderungen und Vermehrungen des ursprünglichen Zustandes durch Ausscheidungen, andererseits durch Attraktion, mögen diese Vorgänge auf rechtsgeschäftlicher Tätigkeit beruhen oder sich ohne solche vollziehen“. Ein Blick in Ulpians Kommentar zum Erbschaftskauf bestätigt die Richtigkeit dieser Beobachtung in den mannigfaltigsten Richtungen; namentlich D. 18, 4, 2, 3 ff. gibt eine ausführliche Darstellung des Begriffs pervenire und seines elastischen

---

[1]) S. oben S. 13 ff.
[2]) Vgl. dazu oben S. 64.
[3]) EP.[3] 559.
[4]) Vgl. dazu auch oben S. 140.
[5]) Kauf 3, 2, 270.

Charakters. Auch das Recht der lex Iulia (D. 50, 16, 171)[1]) und des SC. Iuventianum (D. 5, 3, 20, 6 b. 18 ff.) liefern wertvolle Bausteine zur Lehre vom Inhalt des pervenire. Sie bestätigen durchweg den Zweck und die Fähigkeit dieses Begriffs, auf einen früheren Zeitpunkt abzustellen und den ganzen Erwerb aus einem Tatbestand (einer Erbschaft o. ä.) vollständig und gerecht zu erfassen: seine Richtung auf einen „Normalzeitpunkt", seine Totalität und seine Elastizität — und damit seine innere Verwandtschaft mit dem restituere-Begriff.

Die Haftung auf quod pervenit hat freilich nicht die zentrale Bedeutung, die der Restitutionsverpflichtung zukommt. Sie ist nicht so häufig wie diese. Sie hat nicht wechselnd bald einen umfassenderen, bald einen beschränkteren, sondern immer denselben Inhalt. Dieser hat mit dem vollen Inhalt des restituere, mit dem Gedanken der Naturalherstellung nichts zu tun; aber er deckt sich mit dem des restituere in jenem beschränkteren Sinn, wie wir ihn bei den dinglichen Klagen oder bei der Metusklage gegen den Dritten vorgefunden haben. Mit Hilfe des quod pervenit wird das restitutorische Element über den Normalzeitpunkt hinaus in die Vergangenheit übertragen, wird derselbe Erfolg erreicht, wie wenn in dem früheren Zeitpunkt eine Verpflichtung auf restituere (immer in dem beschränkteren Sinne) begründet worden wäre. Wo umgekehrt eine solche inhaltlich beschränkte restituere-Pflicht schon vor der Litiskontestation besteht, wie bei der actio Fabiana oder der Metusklage gegen den Dritten, besteht auch trotz des Fehlens von Quellenzeugnissen kein sachliches Bedenken, diese Haftung als eine Haftung auf id quod pervenit zu bezeichnen.

2. In genau derselben Funktion erscheint nun das pervenire auch bei der postannalen und der Haftung des Erben auf i. qu. p. Das restituere der arbiträren Deliktsklagen und der Interdikte, um die es sich hier handelt, bedeutet ohne Zweifel volle Wiederherstellung; es stellt auf einen zeitlich zurückliegenden Normalstichtag ab. Würde der Erbe mit der unveränderten Formel haften, so würde er auf vollen Schadensersatz haften. Diese volle Haftung wird aber eingeschränkt: die Klausel dumtaxat de eo quod ad eum ex ea re pervenit verweist zwar gleichfalls auf den Deliktszeitpunkt zurück; sie erfaßt auch mit der Elastizität einer Restitutionsklausel den ganzen Erwerb, aber eben nur den Erwerb aus dem Delikt, also das, was Objekt des restituere bei Anwendung des milderen Haftungsmaßstabes wäre. Sie schränkt so die volle Schadensersatz- auf den Höchstbetrag der beschränkten

[1]) S. oben S. 23.

restituere-Haftung ein und bewirkt eine Verschiebung der Formel nicht aus dem restituere- in das Kondiktionen-, sondern aus dem einen in das andere restituere-System.

Von einer inhaltlichen Unvereinbarkeit der Restitutions- mit der pervenit-Klausel kann also nicht die Rede sein [1]). Gerade umgekehrt könnte man fragen, ob nicht die pervenit-Klausel überhaupt überflüssig war, da sie doch nur eine Einschränkung zum Ausdruck brachte, die das restituere aus sich heraus entwickeln konnte und anderwärts — am klarsten bei der actio Fabiana und der Metusklage gegen den Dritten — entwickelt hat. Wie man sich darauf verließ, daß der Richter bei diesen Klagen auch ohne formulare Grundlage nur den milderen Maßstab anwenden würde, so hätte man bei den Klagen gegen den Erben dasselbe Zutrauen haben können. Die Erklärung muß und kann auf historischem Wege gefunden werden: zu einer Zeit, da die pervenit-Haftung aufkam [2]), konnte das officium iudicis noch nicht die Durchbildung erfahren haben, die es im hochklassischen Recht erhielt [3]). Namentlich bei der postannalen Klage wäre ohne einen Formelzusatz vom Richter die Haftungsbeschränkung nicht von Anfang an zu erwarten gewesen.

Tatsächlich dürfte das Nebeneinander beider Klauseln in ein und derselben Formel gesichert sein. Neben die beiden Quellenbelege, die das m. E. trotz Levy [4]) geradezu beweisen, neben das soeben über das innere Verhältnis beider Klauseln Dargelegte tritt entscheidend ein anderes: die Streichung der Restitutionsklausel hätte zu Konsequenzen führen müssen, die über das, was Levy will und was die Römer verständigerweise wollen konnten, weit hinausgegangen wären. Denn die Bedeutung der Restitutionsklausel erschöpfte sich bei den prätorischen Klagen keineswegs in der bekannten Wirkung, daß auch nach Litiskontestation eine Naturalherstellung möglich und wünschenswert blieb. Ohne die Klausel wäre sie vielmehr auch vor Litiskontestation nicht denkbar gewesen. Der materielle Anspruch, dessen einzige Quelle ja die verheißene actio war, wäre ohne Restitutionsklausel von vornherein ein Geldanspruch und dadurch von der condictio ob iniustam causam, auf deren Parallele sich Levy beruft, grundsätzlich verschieden gewesen. Die Restitutionsklausel vertritt so zugleich die Stelle, die in den Formeln depositi, commodati usw., aber auch in der

[1]) Dies gegen Levy Konk. 2, 1, 161 N. 1; s. oben S. 89.
[2]) S. oben S. 85 ff.
[3]) S. hierzu auch Lenel EP.[3] 113.
[4]) S. oben S. 89.

gegen den Publicanus, den Worten: eamque rem redditam non esse, si id restitutum non erit, o. ä. zukommt; sie ist nicht nur, wie bei den zivilen dinglichen Klagen, eine von der intentio unabhängige Kondemnationsbedingung, sondern zugleich ein Stück der „intentio", des materiellen Tatbestands selbst. Ohne sie wäre der Erbe nicht berechtigt, den vorhandenen Deliktserwerb vor Litiskontestation in natura und mit befreiender Wirkung [1]) herauszugeben.

Der Anschluß der pervenit-Haftung an das (beschränkte) restituere-System scheint nach allem gesichert. Wie weit sich daraus praktische Konsequenzen ergeben, wie weit die Haftung des Erben aus Delikten etwa mit der des Erbschaftsverkäufers in den Einzellösungen übereinstimmt, das ist hier nicht zu prüfen. Für eine solche Untersuchung wäre eine genaue Kenntnis auch der Grundsätze über die restitutorische Haftung präjudiziell; und diese Grundsätze liegen namentlich bei der Vindikation noch immer im Dunkel. Selbst wenn sich aber im einzelnen Differenzen ergeben sollten, würden sie die aufgezeigten Zusammenhänge kaum in Frage stellen.

[1]) Selbst wo eine Klausel „si id restitutum non erit" in der Formel stand, trat mit der Litiskontestation die endgültige Verwandlung in einen Geldanspruch ein. Wenn bei Depositum und Kommodat eine abweichende Regelung sich durchsetzte, so blieb der Grundsatz bei der Publikanenklage in Geltung. A. M. Levy SZ. 36, 72 N. 1, der in D. 39, 4, 5 pr. den Schlußsatz durch die Berufung aus Gai. 4, 114 zu halten sucht; befreiende satisfactio war aber doch wohl nur noch durch Leistung des kondemnationssässigen duplum möglich; vgl. auch Kaser Restituere 132 ff.

Quellenregister.

Stellen, die nur als Beleg für den Gebrauch eines bestimmten, im Schlagwortregister aufgeführten und durch einen Stern (*) bezeichneten Ausdrucks dienen, sind hier nicht aufgenommen. **Fett** gedruckte Seitenzahlen zeigen an, daß Verf. zum Verständnis oder zur Textkritik der betr. Stelle etwas beizutragen glaubt.

Schlagwortregister.

(*) S. die Bemerkung vor dem Quellenregister.

Druck von Ferdinand Berger in Horn.

FSC
www.fsc.org
MIX
Papier | Fördert gute Waldnutzung
FSC® C083411

Kolibri 360 GmbH
Ferdinand-Jühlke-Straße 7
99095 Erfurt, Deutschland
produktsicherheit@kolibri360.de